BERGEN
1428
1429
30
OSLO
1284
1427/30
1368
1509-12
1284
1427/30
1368
1438-41
1438-41
KOPEN-
HAGEN
Ostsee
STRAL-
SUND
GREIFSWALD
ROSTOCK
WISMAR
LÜBECK
HAMBURG
BREMEN
1438-41
-12
1532
1472
BRÜGGE
Zeichenerklärungen
Seeschlachten bzw. -gefechte
Seelandungen
Kaperkrieg
0 50 100 150 200 km

Fritze · Krause

Seekriege der Hanse

KLEINE MILITÄRGESCHICHTE

KRIEGE

Konrad Fritze
Günter Krause

SEEKRIEGE DER HANSE

PANORAMA

Bildnachweis:
Bildstelle der Ernst-Moritz-Arndt-Universität/
Norbert Hennings, Greifswald/Repro
Titelgemälde Norbert Hennings, Greifswald/Repro

Fritze, Konrad:
Seekriege der Hanse / von Konrad Fritze ;
Günter Krause. – 1. Aufl. – Berlin :
Militärverl. d. DDR, 1989. – 272 S., 28 Fotos,
7 Zeichnungen, 7 Karten – (Kleine Militärgeschichte, Kriege)

ISBN 3-926642-02-5

Lizenzausgabe für den Panorama Verlag, Wiesbaden
mit freundlicher Genehmigung des Militärverlages der DDR, Berlin
Einbandgestaltung: W. Ritter
Printed in the German Democratic Republic
Gesamtherstellung: Offizin Andersen Nexö, Graphischer Großbetrieb, Leipzig

Inhalt

Vorwort

Die Geschichte der Hanse, des größten Städtebundes des mittelalterlichen Europa, hat schon seit mehreren Generationen immer wieder die besondere Aufmerksamkeit nicht nur eines sich ständig erweiternden internationalen Kreises von professionellen Forschern, sondern auch die einer breiten historisch interessierten Öffentlichkeit auf sich gezogen. Dieses Interesse ist in der Gegenwart nicht geringer, sondern eher noch stärker geworden. Davon zeugt allein schon die Tatsache, daß in den letzten Jahren in zahlreichen Ländern Bücher zur Hansegeschichte in zum Teil beachtlich hohen Auflagen erschienen sind – und in der Regel schnell vergriffen waren.

Heute ist das zur hansischen Geschichte in vielen Sprachen bereits vorliegende Schrifttum selbst für Spezialisten nur noch schwer überschaubar. Neben einer Reihe von älteren und neueren Gesamtdarstellungen gibt es eine Fülle von Spezialstudien zur hansischen Wirtschafts-, Sozial-, Rechts-, Verfassungs- und Kulturgeschichte sowie eine Vielzahl von Veröffentlichungen zur Geschichte der einzelnen Hansestädte. Umfangreiche Quellenpublikationen – sorgsam edierte Chroniken, Urkunden- und Amtsbücher, Rezeßsammlungen, Handelsakten, Kaufmannsbücher usw. – stehen dem Hanseforscher für seine Untersuchungen zur Verfügung. In die Hunderte geht alljährlich die Zahl der Neuerscheinungen zu allgemeinen und speziellen Fragen der hansischen Geschichte.

Die Hanse war bekanntlich während der gesamten Dauer ihrer Existenz engstens mit der Seefahrt verbunden. Angesichts dieses Sachverhalts mutet es merkwürdig an, daß Publikationen zur hansischen Schiffahrtsgeschichte über eine lange Zeit hinweg fast einen Seltenheitswert hatten. Das hat sich erst in den letzten zweieinhalb Jahrzehnten – vor allem wegen der auf dem Gebiet der Schiffsarchäologie erzielten bedeutenden Fortschritte – zu ändern begonnen. Eine zusammenfassende Darstellung des hansischen Seekriegswesens aber ist bisher noch nicht in Angriff genommen worden. Dafür gibt es mindestens zwei gewichtige Gründe: Zum ersten bereitet die Quellenlage einem solchen Unternehmen ganz besondere Schwierigkeiten. Zeitgenössische amtliche Aufzeichnungen über die Ausrüstung hansischer Kriegsschiffe, über die Zusammensetzung und den Einsatz von Kriegsflotten, über den Verlauf militärischer Operationen zur See usw. sind nicht nur sehr fragmentarisch überliefert, sondern überdies auch außerordentlich weit verstreut. Chronikalische Berichte über Seekriegsunternehmen der Hanse erweisen sich oft als nicht besonders ergiebig, denn ihre Autoren fassen sich in der Regel nur allzu kurz und waren zumeist weder Augenzeugen der von ihnen beschriebenen Kämpfe, noch verfügten sie selbst über militärische Erfahrungen. Zum zweiten läßt sich eine Geschichte der hansischen Seekriege eigentlich nur mit gewissermaßen doppelter Sachkenntnis schreiben – nämlich mit Kenntnis der Spezifik des historischen Phänomens «Hanse» und mit praktischer Erfahrung im Seefahrts- und Seekriegswesen.

Die Beschäftigung mit der Geschichte hansischer Seekriege brachte uns zu der Erkenntnis, daß eine genauere Untersuchung und eine zusammenfassende Darstellung dieses Gegenstandes nicht nur eine eigentlich längst notwendige Ergänzung und Präzisierung unseres marxistischen Geschichtsbildes von dem großen Städtebund schlechthin zum Ziel haben dürfe, sondern besonders auch der Frage nachzugehen habe, inwieweit die Hanse auf dem Gebiet des Seekriegswesens die allgemeine Entwicklung beeinflußt hat. Die Verfolgung dieser Fragestellung ergab, daß die Hanse tatsächlich auch im militärischen Bereich, der – und das sei ausdrücklich vorausbemerkt – für sie im Grunde nicht wesensbestimmend war, bedeutende Leistungen vollbracht hat, indem sie in das Seekriegswesen ihrer Zeit neue Mittel und Methoden einführte, welche die allgemeine Entwicklung der Seekriegskunst nachhaltig beeinflußten und ihren Platz in ihr zum Teil bis in die neueste Zeit hinein behaupteten.

Dieses Buch ist in erster Linie für einen historisch interessierten breiten Leserkreis bestimmt. Deshalb wurde darauf verzichtet, die Darstellung mit einem größeren wissenschaftlichen Anmerkungsapparat zu versehen. Der Hansespezialist wird jedoch leicht feststellen können, daß die Abhandlung auf einer breiten Grundlage gedruckter und auch ungedruckter Quellen basiert sowie auf der Nutzung des internationalen Schrifttums, von dem das beigegebene Literaturverzeichnis allerdings nur eine Auswahl bieten kann.

Dank schulden wir dem Militärverlag der Deutschen Demokratischen Republik für verständnisvolle und tatkräftige Förderung unseres Anliegens. Die Angehörigen der Greifswalder Forschungsgruppe «Hansegeschichte», insbesondere Prof. Dr. Johannes Schildhauer, Prof. Dr. Walter Stark und Doz. Dr. Horst Wernicke, haben uns durch sachkundigen Rat und kritische Hinweise wertvolle Hilfe erwiesen. Dafür sei ihnen herzlich gedankt.

Greifswald, im April 1988

Konrad Fritze
Günter Krause

I.
Wesen und historische Leistung der Hanse

Die geschichtliche Stellung der Hanse

Die Hanse war ein einzigartiges Phänomen in der deutschen und allgemeinen Geschichte des Mittelalters und der frühen Neuzeit. Nicht nur hinsichtlich der Zahl der Bundesmitglieder, sondern auch in bezug auf Dauerhaftigkeit und historische Wirkung kam ihr kein anderer mittelalterlicher Städtebund in Europa gleich. Als die Hanse an der Wende vom 14. zum 15. Jahrhundert auf dem Höhepunkt ihrer Kraftentfaltung stand, gehörten ihr rund 200 Städte an, die über den weiten Raum zwischen Stockholm und Visby im Norden und Krakau im Süden, zwischen Dorpat im Osten und Deventer im Westen verteilt waren. Die Anfänge des hansischen Städtebundes lassen sich bis in das 13. Jahrhundert zurückverfolgen, und erst nach dem letzten Hansetag von 1669 erlosch seine Existenz. Über vier Jahrhunderte war die Hanse, die in Nord- und Nordwestdeutschland entstand, von Rußland bis Spanien und von Skandinavien bis Oberitalien wirksam gewesen und hatte in der wirtschaftlichen, politischen und kulturellen Entwicklung vieler Länder unseres Kontinents tiefe Spuren hinterlassen. Manche von ihnen sind heute noch deutlich erkennbar, so zum Beispiel in der Architektur der alten Städte des Ostseeraumes oder auch in den Sprachen zahlreicher Völker, die hansisch-mittelniederdeutsches Wortgut übernommen haben.

Die Hanse war jedoch nicht von Anfang an eine Vereinigung von Städten. Das Wort «Hanse» bedeutete ursprünglich «Schar» oder «Gemeinschaft». Es waren über größere Entfernungen hinweg Handel treibende Kaufleute, die sich für ihre Handelsreisen in andere

Länder zu solchen Fahrtgemeinschaften vereinigten. Diese Zusammenschlüsse genossenschaftlichen Charakters sollten dazu dienen, Aufwand und Gefährdung des einzelnen Kaufmanns auf Reisen und während des Aufenthalts in fremden Ländern zu verringern und seine Geschäftstätigkeit durch gegenseitigen Beistand und gemeinschaftlichen Erwerb von Schutzbriefen und Handelsprivilegien zu fördern. Um sich in der feudalen Umwelt gegen Gewalt und Willkür behaupten zu können, mußte – wie Friedrich Engels feststellte – auch der Kaufmann Genossenschaftler sein wie alle seine Zeitgenossen.

Derartige Zusammenschlüsse von Kaufleuten in Hansen oder Gilden waren im 11. und 12. Jahrhundert in Nordwest- und Nordeuropa eine ziemlich verbreitete Erscheinung. Unter ihnen gab es aber zwei Vereinigungen, die im Laufe der Zeit eine besondere, eine zukunftweisende Bedeutung erlangten: die Hanse der Kölner Kaufleute in London und die «Gemeinschaft der Gotland besuchenden Kaufleute des Römischen Reiches».

Die Fernhändler aus Köln, die anfangs hauptsächlich Wein nach England ausführten, hatten sich um die Mitte des 12. Jahrhunderts in London schon günstige Positionen erworben. 1157 nahm König Heinrich II. (1154–1189) sie und ihre Gildehalle unter seinen Schutz. 1175 wurde der Geltungsbereich dieser Sicherheitsgarantie auf das gesamte Herrschaftsgebiet Heinrichs ausgedehnt. König Richard I. Löwenherz (1189–1199) erteilte ihnen dann 1194 das Recht zum freien Verkehr in seinem ganzen Reich und erließ ihnen alle Abgaben, auch die für ihre Londoner Gildehalle.

Im Ostseeraum war schon in vorhansischer Zeit die Insel Gotland ein wichtiger Handelsknotenpunkt. Im 12. Jahrhundert erschienen dort auch in wachsender Zahl deutsche Kaufleute, und zwar anfangs vor allem Fernhändler aus Westfalen, vom Niederrhein und aus Niedersachsen. Um 1160 bildeten sie hier ihre Gotländische Genossenschaft, deren Zentrum die rasch aufblühende Stadt Visby wurde. Von Gotland aus folgten diese deutschen Kaufleute alsbald den skandinavischen Händlern in die nordwestrussische Handelsmetropole Nowgorod, wo sie zunächst als Gäste der Gotländer in deren «Gotenhof» Aufnahme fanden, bis sie um 1184 in dieser Stadt ihre eigene Niederlassung, den berühmten Hof von St. Peter, gründen konnten.

In dieser Zeit war die gesamte Ostseeregion in eine Phase intensiver und tiefgreifender Veränderungen eingetreten. Die Entwicklung der Produktivkräfte in der Landwirtschaft, in der Fischerei und im Bergbau erfuhr einen bedeutenden Aufschwung. In historisch sehr kurzer Frist wuchs die Zahl der Städte – und mit ihr das Gewicht von Handwerk und Handel – erheblich. Hatten in den Ostseeländern um 1200 erst knapp 40 Ansiedlungen städtischen Charakters bestanden, so gab es in ihnen um 1300 schon 242 und um 1400 nicht weniger als 374 Städte.

Ein wichtiger Faktor dieser Entwicklung war die mittelalterliche deutsche Ostexpansion, deren Charakter seit der Mitte des 12. Jahrhunderts durch eine neue Erscheinung geprägt wurde: Mit der von der Feudalklasse getragenen Eroberungspolitik verband sich eine bäuerliche und bürgerliche Siedlungsbewegung, die sich vor allem auf die Länder am Südrand der Ostsee richtete. Zehntausende Bauern und Bürger vom Niederrhein und aus Flandern, aus Westfalen, Friesland und Niedersachsen kamen in die ostelbischen Territorien und gründeten dort eine Vielzahl von neuen Dörfern und Städten. Für die Anfänge der Hanse waren vor allem die an der südwestlichen Ostseeküste neu entstehenden Städte wichtig – nämlich Lübeck (1143/1159), Wismar (1229), Rostock (1218) und Stralsund (1234), die später gemeinsam mit Hamburg und Lüneburg die «wendische» Städtegruppe, den Kern des hansischen Städtebundes, bildeten.

Die Kaufleute aus den neuen Städten fanden sehr bald Zugang zum Fernhandel im Ost- und Nordseeraum. Sie schlossen sich entweder den schon bestehenden Vereinigungen ihrer nordwestdeutschen Berufsgenossen an – so etwa der Gotländischen Genossenschaft – oder bildeten zunächst eigene Hansen. In London zum Beispiel hatten Hamburger und Lübecker Fernhändler seit 1266 beziehungsweise 1267 ihre besonderen Vereinigungen, die vom englischen König nach dem Vorbild der Kölner Niederlassung privilegiert worden waren. Von den rheinischen Kaufleuten wurden die Neuankömmlinge aus dem Osten, die sogenannten Osterlinge, zunächst mit Argwohn und Ablehnung bedacht, aber ziemlich bald dominierte doch die Erkenntnis der prinzipiellen Gemeinsamkeit der Interessen: Schon vor dem Jahre 1282 begann sich die Vereinigung der drei niederdeutschen Hansen in London anzubahnen, deren Hauptsitz dann für drei Jahrhunderte der berühmte Stalhof wurde.

Die genossenschaftliche Organisationsform der Kaufmannshansen erwies sich zunächst als ein überaus nützlicher Rückhalt für die Wahrnehmung der Interessen der niederdeutschen Fernhändler. In ihrem Bestreben nach Ausbau und Festigung ihrer Positionen im Handel auf der Nord- und Ostsee wurden sie auch durch die zunehmende Ausweitung und Verdichtung des Städtenetzes in den küstennahen Regionen begünstigt. Bis ins östliche Baltikum hinauf waren im 13. Jahrhundert neue Bürgerkommunen entstanden, in deren Ober- und Mittelschichten das deutsche Bevölkerungselement dominierte. Die Hansekaufleute verstanden es auch sehr rasch, sich an allen wichtigen Knotenpunkten des Handelsverkehrs im Nord- und Ostseeraum festzusetzen. London, Visby und Nowgorod waren zwar ihre ältesten Niederlassungen, blieben aber keineswegs ihre einzigen. Vielmehr gesellten sich ihnen dann bald weitere hinzu. Unter diesen ragten Brügge, die Metropole der flandrischen Tuchproduktion und das bedeutendste Handelszentrum im damaligen Westeuropa, Bergen in Norwegen, der Hauptumschlagsplatz für den berühmten Stockfisch, und die zu Dänemark gehörende Halbinsel Schonen, wo alljährlich im Herbst der Hering in großen Massen gefangen, angelandet und versandfertig gemacht wurde, besonders hervor. Die Kraft der Kaufmannshansen reichte aus, um diese Schlüsselpositionen zu beziehen, um erste einigermaßen sichere Garantien für den Schutz des Kaufmanns, seiner Waren und Niederlassungen zu erwerben und um die fremde Konkurrenz – vor allem die flämischen, englischen und russischen Kaufleute sowie die skandinavischen Adels- und Bauernhändler – vorerst zurückzudrängen. Im weiteren Verlauf der Zeit wurden dann aber doch die Grenzen der Wirkungsmöglichkeiten der Kaufmannshansen immer deutlicher sichtbar.

Im Jahre 1299 faßten die in Lübeck versammelten Abgesandten der wendischen Städte den Beschluß, daß fortan auf Gotland nicht mehr mit dem Siegel der «gemeinen Kaufleute» – das heißt mit dem der Gotländischen Genossenschaft – gesiegelt werden dürfe. Jede Stadt, so hieß es, habe ihr eigenes Siegel, womit sie die Geschäfte ihrer Kaufleute siegeln könne.

Dieser Beschluß signalisierte einen bedeutsamen Vorgang: Die Vertretung der Kaufmannsinteressen, die bisher durch die genossenschaftlichen Vereinigungen wahrgenommen worden war, begann auf die Städte überzugehen, die unterdes mit der Entstehung und

Durchsetzung der Ratsverfassung wesentlich an Autonomie, innerer Stabilität, selbständiger Aktionsfähigkeit und demzufolge auch erheblich an Möglichkeiten der Einflußnahme auf ihre Bürger und die feudale Umwelt gewonnen hatten. Die Kaufmannshansen wurden nun durch die Städtehanse abgelöst. Dieser Prozeß, der um die Mitte des 13. Jahrhunderts einsetzte und sich über mehrere Jahrzehnte hinzog, hatte verschiedene Gründe, vor allem aber solche politischer Natur. Die Situation im Reich hatte sich wesentlich gewandelt: Die staufische Kaisermacht, die sich in endlosen Kämpfen um die Behauptung ihrer Herrschaftsansprüche über Italien völlig erschöpft hatte, verlor in Deutschland immer mehr an Macht und Einfluß. Besonders im Norden des Reiches schwand die Autorität der Zentralgewalt unaufhaltsam dahin. Hier behauptete sie schließlich nur noch einen Stützpunkt: die Stadt Lübeck, die 1226 zur Reichsstadt erhoben worden war. Unter diesen Umständen konnte das Reichsoberhaupt den niederdeutschen Kaufleuten kaum noch wirksamen Rückhalt geben – weder im Ausland noch in den nördlichen Teilen des Reiches. Dieses Schutzes aber hätten die Kaufleute jetzt mehr denn je bedurft, weil nämlich die deutschen Fürsten weltlichen und geistlichen Standes den sinkenden Einfluß der Zentralgewalt dazu ausnutzten, um ihre eigene Stellung als Landesherren auf Kosten des Reiches, der weniger mächtigen Feudalherren und nicht zuletzt auch der Städte auszubauen. Durch fortwährende Rivalitäten und kriegerische Auseinandersetzungen beschworen sie nicht nur eine permanente Unsicherheit in weiten Gebieten des Reiches herauf, sondern begünstigten auch das Bestreben der feudalen Herrscher Dänemarks, möglichst große Territorien an der Südküste der Ostsee zu okkupieren.

Angesichts dieser Entwicklung ergab sich für die Bürger, deren wirtschaftliche Interessen über das Weichbild ihrer Städte hinausgingen – das waren vor allem die Fernhändler –, die Notwendigkeit, wirksame Mittel der Selbsthilfe zu finden und auch anzuwenden. Die Erkenntnis, daß genossenschaftliche Vereinigungen ebensowenig wie einzelne Städte in der Lage waren, der feudalen Willkür erfolgreich zu begegnen, wies sie auf den Weg zur Bildung von Städtebünden.

Derartige Städtevereinigungen entstanden zuerst in den nordwestlichen und westlichen Territorien des Reiches. Bis in das Jahr 1246 lassen sich die Anfänge der ersten beiden regionalen Zusammenschlüsse von Städten zurückverfolgen – die Bildung des westfälischen und des niedersächsischen Städtebundes. Wenige Jahre später, nämlich 1254, entstand der größte und bekannteste deutsche Städtebund des 13. Jahrhunderts, der erste Rheinische Städtebund, der allerdings nur relativ kurze Zeit existierte.

So sehr das Vorbild dieser Städtebünde auch die Anfänge und den Aufstieg der Städtehanse gefördert haben mag – die entscheidenden Impulse für deren Entstehung gingen nicht vom Binnenland aus, sondern von den Seestädten an der südwestlichen Ostseeküste, insbesondere von Lübeck.

Engere Verbindungen nahm Lübeck zuerst zu Hamburg auf. Die Lage beider Städte an der wichtigsten Handelsstraße zwischen dem Nord- und dem Ostseeraum war der bedeutendste Faktor ihrer Interessengemeinschaft. Hinzu kam, daß beide Kommunen zu Beginn des 13. Jahrhunderts von einem gemeinsamen Feind aufs schwerste bedrängt wurden – von dem Dänenkönig Waldemar II. (1202–1241), der hartnäckig das Ziel verfolgte, nicht nur Holstein, Hamburg und Lübeck, sondern die gesamte südwestliche Ostseeküste fest in sein Herrschaftsgebiet einzugliedern. Im Verein mit zahlreichen norddeutschen Fürsten und den dithmarschen Bauern gelang es den Bürgern jedoch, 1227 in der Schlacht bei Bornhöved dem Dänenkönig eine schwere Niederlage zu bereiten und dadurch dessen Expansionspläne zu durchkreuzen. Drei Jahre später schlossen Lübeck und Hamburg miteinander das erste formelle Bündnis, in dem die rechtliche Gleichstellung ihrer Bürger im gegenseitigen Geschäfts- und Rechtsverkehr vereinbart wurde. Dieses erste Abkommen wurde durch einen Vertrag von 1241 wesentlich erweitert: Beide Städte verpflichteten sich zum gemeinsamen Schutz der sie verbindenden Handelsstraße und zur gemeinschaftlichen Bekämpfung von Straßenräubern.

Etwas längere Zeit brauchte die Annäherung zwischen Lübeck und seinen östlichen Nachbarstädten Wismar, Rostock und Stralsund. Hier waren die gegenseitigen Beziehungen zunächst durch einen scharfen Konkurrenzkampf geprägt, der 1249 sogar bis zu einem bewaffneten Überfall der Lübecker auf Stralsund eskalierte. Erst allmählich begann sich die Einsicht in die Notwendigkeit gemeinsamen Handelns durchzusetzen. 1259 schließlich gelangten die drei Städte Lübeck, Wismar und Rostock zu dem ersten gemeinschaftlichen Abkommen, das die Sicherung ihrer Schiffahrt gegen

Piraten zum Inhalt hatte. Ein neuer Vertrag von 1264 steckte die Ziele des gemeinsamen Vorgehens schon wesentlich höher: Es ging nicht mehr nur um den Kampf gegen Seeräuber, sondern auch um die gegenseitige Gleichstellung der Bürger in privatrechtlicher Hinsicht und – was besonders wichtig und bezeichnend war – um die Verpflichtung zu gegenseitigem Beistand im Fall eines Krieges gegen einen der fürstlichen Stadtherren. Dieser Vertrag wurde 1265 auf unbegrenzte Zeit verlängert und durch die Vereinbarung ergänzt, fortan alljährlich über gemeinsam interessierende Angelegenheiten zu beraten und zu befinden.

Ein weiterer wichtiger Meilenstein auf dem Weg zur Herausbildung der Städtehanse war das Rostocker Landfriedenbündnis von 1283. Dieser Vertrag vereinte erstmalig die Städte Lübeck, Wismar, Rostock, Stralsund, Greifswald, Stettin, Demmin und Anklam in einem gemeinsamen Abkommen. Von besonderer Bedeutung war die Tatsache, daß die an diesem Landfriedensbündnis beteiligten Landesherren den Städten das Recht zugestanden, zur gegenseitigen Unterstützung bei der Wahrung ihrer Sicherheitsinteressen miteinander Bündnisverträge abzuschließen. Von diesem Recht machten die nach ihrer Befreiung von fürstlicher Vormundschaft strebenden Städte in der Folgezeit nachdrücklich Gebrauch.

Die in der Herausbildung begriffene Städtehanse erweiterte ihren Wirkungsradius allmählich beträchtlich: Die wendische Städtegruppe nahm engere Kontakte zu den Städtebünden in Westfalen und Niedersachsen und später auch zu der sich im 14. Jahrhundert formierenden Gruppe der Städte im Staat des Deutschen Ordens – zu Elbing, Thorn, Königsberg, Braunsberg, Kulm und Danzig – auf. Wesentliche Impulse für diese Entwicklung gingen von Lübeck aus. Jedoch war die Führungsrolle der Travestadt in der Städtehanse anfangs noch keineswegs unbestritten. Vielmehr versuchte zunächst auch Visby von seiner Autorität als Sitz der Gotländischen Genossenschaft Führungsansprüche herzuleiten. Sein Aufbäumen gegen die von einer neuen Situation diktierten Notwendigkeiten war aber vergebens: 1293 beschloß eine Versammlung der wendischen Städte, das Appellationsgericht – den sogenannten Oberhof – für die Nowgoroder Niederlassung der Hansekaufleute von Visby nach Lübeck zu verlegen. Da dieser Beschluß die Zustimmung der überwiegenden Mehrheit der Städte vom Niederrhein bis nach Preußen fand, war Visbys Unterliegen besiegelt – und damit zugleich das Schicksal der Gotländischen Genossenschaft. Ihre Aufhebung im Jahre 1299 war dann eigentlich nur noch der formelle Schlußpunkt dieser Entwicklung.

Die noch ungefestigte Städtehanse wurde gleich zu Beginn ihrer Geschichte vor harte Bewährungsproben gestellt. Ein erster Konflikt mußte mit Brügge ausgefochten werden, wo die Hansekaufleute seit dem Ende der siebziger Jahre des 13. Jahrhunderts in zunehmendem Maße Repressalien durch die Einheimischen ausgesetzt waren, weil diese die großzügige Privilegierung der Fremden durch die Landesherrschaft um so mehr als Schädigung ihrer eigenen Geschäftsinteressen ansahen, je länger sie dauerte. Als sich die Rivalität bis zu gewaltsamen Auseinandersetzungen gesteigert hatte, griffen 1280 die Heimatstädte der hansischen Kaufleute ein. Zum ersten Male wandten sie in diesem Konflikt die Handelssperre als Kampfmittel an. Sie untersagten ihren Bürgern jeglichen Geschäftsverkehr mit Brügge, verlegten die hansische Niederlassung in das benachbarte Aardenburg – und hatten damit vollen Erfolg. 1282 gab Brügge nach. Die Privilegien der Hansekaufleute wurden nicht nur wiederhergestellt, sondern beträchtlich erweitert. Den gleichen Ausgang nahm ein Streit mit Norwegen, der 1284 ebenfalls wegen der Beeinträchtigung der hansischen Handelsvorrechte in diesem Land entbrannte. Zur Durchsetzung ihrer Interessen bedienten sich die Hansestädte diesmal nicht nur der Handelssperre, sondern brachten erstmalig auch militärische Machtmittel zum Einsatz.

Ungleich schwerer war die Auseinandersetzung, die die wendischen Städte von 1311 bis 1317 gegen eine starke dänisch-norddeutsche Fürstenkoalition zu bestehen hatte. In diesem Konflikt standen die Selbständigkeit der Städte und mit ihr zugleich die weitere Existenz ihres Bundes auf dem Spiel. Erst nach langen und wechselvollen Kämpfen gelang es, den Angriff der Fürsten auf die Freiheit der Bürgerkommunen 1316 vor den Mauern von Stralsund endgültig abzuschlagen.

Stetig, wenn auch keineswegs unbehindert, vollzogen sich nun der weitere Aufstieg und die Entfaltung des hansischen Städtebundes. Markantester Ausdruck dieser Entwicklung war die 1356 in Lübeck zusammengetretene Versammlung von Städtevertretern, die als erster allgemeiner Hansetag in die Geschichte eingegangen ist. Abgesandte der Städte aller sogenannten hansischen Drittel – des wendisch-niedersächsischen, des westfälisch-preußischen und des gotländisch-livländischen – waren an dieser historischen Zusammenkunft beteiligt. Mit den «steden van der dudeschen hense» war im Nord- und Ostseeraum ein neuer Machtfaktor in Erscheinung getreten, den auch die Könige und Fürsten jener Region bei der Verfolgung ihrer politischen Zielsetzungen zu berücksichtigen hatten.

Die Stärke der Hansen beruhte in erster Linie auf ihrer wirtschaftlichen Leistungsfähigkeit. Unter Nutzung der verkehrsgeographischen Vorteile der Lage ihrer Städte hatten es die Hansekaufleute immer besser verstanden, sich als Mittler des Warenaustausches zwischen den Nord- und Ostseeländern unentbehrlich zu machen. Auch in der Schiffahrtstechnik errangen sie mit ihrer Kogge bald einen deutlichen Vorsprung vor allen Konkurrenten. Der Zusammenschluß zu einem Städtebund, der im Verlauf des 14. Jahrhunderts auch die Niederlassungen im Ausland seiner Aufsicht unterstellte, führte nicht nur zu einer Summierung, sondern zu einer Potenzierung der Kräfte der einzelnen Hansestädte. So konnte die Hanse schließlich auch in der offenen Auseinandersetzung mit der damals stärksten Feudalmacht des Nordens, dem Königreich Dänemark, triumphieren.

Der Stralsunder Frieden von 1370, der den hauptsächlich um die Respektierung der hansischen Handelsprivilegien in Dänemark geführten Kampf zwischen den Städten und König Waldemar IV. Atterdag (1340–1375) beendete, bezeichnet nicht nur den Höhepunkt der politischen Machtentfaltung der Hanse, sondern war überhaupt der bedeutendste Sieg, den deutsche Bürger während des gesamten Mittelalters im Kampf gegen den Feudaladel errangen.

Das auf den Stralsunder Frieden folgende Jahrhundert ist in der Geschichtsschreibung oft die Blütezeit der Hanse genannt worden. Zutreffender wäre es sicher, diese Periode als die Zeit der Behauptung der Hanse gegen eine zunehmende Gefährdung von innen und außen zu bezeichnen. Gewiß nahmen Umfang und Intensität des hansischen Handels weiterhin beträchtlich zu, das Wachstum der Bevölkerungszahl der Städte und ihrer wirtschaftlichen Leistungsfähigkeit setzte sich fort und war begleitet von einem beeindruckenden kulturellen Aufschwung. Dieser äußerte sich in der Entwicklung der städtischen sakralen und profanen Architektur, der Malerei und Plastik, der Chronistik und nicht zuletzt auch in der Entstehung der hansestädtischen Universitäten Rostock (1419) und Greifswald (1456).

In einem bemerkenswerten Kontrast hierzu scheint die Tatsache zu stehen, daß viele Hansestädte gerade in dieser Zeit von schweren inneren Konflikten erschüttert wurden. Soziale Harmonie hat es jedoch auch in diesen Städten niemals gegeben, vielmehr wies die Zusammensetzung ihrer Bevölkerung in sozialökonomischer wie in politischer Hinsicht Abstufungen auf, die sich im Laufe der Zeit zu schroffen Gegensätzen entwickelten. Einer Oberschicht von reichen Fernhändlern und Grundbesitzern stand eine anfangs ziemlich breite Mittelschicht von weniger vermögenden Kaufleuten und Zunfthandwerkern gegenüber. Beide zusammen bildeten den Kern der eigentlichen Bürgerschaft, während dic Angehörigen der allmählich immer mehr anwachsenden Unterschichten, die wirtschaftlich unselbständigen Tagelöhner, Knechte, Mägde, Seeleute usw., zumeist nicht einmal im Besitz des Bürgerrechts waren. Politische Macht in den Städten aber übte nur eine Minderheit unter den Bürgern aus: die reichsten und angesehensten Männer aus der Oberschicht, die sich zu einer patrizischen Oligarchie verbanden, welche die Bürgermeister- und Ratsherrenwürden unter sich zu verteilen pflegten und selbst die Masse der Bürgerrechtsinhaber bei ihren Entscheidungen über die städtische Innen- und Außenpolitik kaum noch zu Rate zogen. Gegen dieses patrizisch-oligarchische Stadtregiment war es in einigen Hansestädten schon seit dem Beginn des 14. Jahrhunderts gelegentlich zu Erhebungen gekommen, deren Initiatoren und Träger zumeist Angehörige der Mittelschichten waren. Nach 1370 aber nahmen diese innerstädtischen Auseinandersetzungen an Zahl und Umfang wesentlich zu und fanden ihren Höhepunkt in einer Welle von Empörungen, von der zwischen 1408 und 1416 die Städte Lübeck, Hamburg, Wismar und Rostock erfaßt wurden. Erfolge der Opposition waren in diesen Kämpfen meist nur kurze Episoden. Zu einer dauerhaften Demokratisierung des Stadtregiments in den hansischen Seestädten kam es nicht.

In ihrer Außenpolitik hatte sich die Hanse in jener Zeit auf den Aufstieg neuer Märkte im Nord- und Ostseeraum einzustellen. 1386 entstand durch die polnisch-litauische Union im Osten ein neuer Großstaat, der 1410 in der Schlacht bei Tannenberg/Grunwald einen ersten bedeutenden Sieg über seinen gefährlichsten Gegner, den Deutschen Ritterorden, errang. Im sogenannten Dreizehnjährigen Krieg (1454–1466) wurde dann der Orden endgültig geschlagen – und zwar von einer Koalition, in der sich die gegen die Ordensherrschaft aufbegehrenden preußischen Städte und Landadligen mit dem polnischen König verbunden hatten. Im Zweiten Thorner Frieden von 1466 mußte der Orden einen beträchtlichen Teil seines Territoriums, und mit ihm so bedeutende Hansestädte wie Danzig und Thorn, an Polen abtreten und für den Rest seiner preußischen Besitzungen die Oberhoheit des polnischen Königs anerkennen.

Ein weiterer Zusammenschluß von großen Feudalherrschaften entstand im Norden: die Kalmarer Union, in der sich 1397 Dänemark, Norwegen und Schweden unter einem gemeinsamen Herrscher vereinigten. Dieses neue Herrschaftsgebilde schien die Chancen der skandinavischen Länder, sich erfolgreich dem drückenden Übergewicht der Hansekaufleute auf den nordischen Märkten zu widersetzen, wesentlich zu steigern. Der erste Unionskönig Erich von Pommern, der 1412 der eigentlichen Architektin der Union, der berühmten Königin Margarete (1375–1412), auf dem Thron folgte, unternahm große Anstrengungen, den hansischen Einfluß im Norden zurückzudrängen. Auch förderte er das einheimische Städtewesen und führte einen Zoll für die Passage des Öresundes ein, der schon lange zum wichtigsten Verbindungsweg zwischen Ost- und Nordsee geworden war. Diese Politik führte 1426 erneut zu einem Krieg mit der Hanse. In dieser Auseinandersetzung zeigte sich jedoch, daß die Nordische Union längst nicht so stark war, wie es zunächst den Anschein gehabt hatte. Da die Vereinigung der drei Königreiche fast ausschließlich dem dänischen Adel Vorteile brachte, erhob sich gegen sie vor allem in Schweden bald ein starker Widerstand, der in der letzten Phase des Krieges von 1426 bis 1435 schließlich zu einer großen Volkserhebung führte. Diese Gegensätze innerhalb der Union waren eine sehr wichtige Ursache dafür, daß es den wendischen Hansestädten, die den Konflikt mit König Erich faktisch allein ausfochten, noch einmal gelang, die Oberhand zu gewinnen.

Freilich hatten sich während dieser Auseinandersetzung zwei neue Gefahren für die Stellung der Hanse deutlich zu erkennen gegeben. Die erste war eine fortschreitende Auflockerung innerhalb des Städtebundes, die sich bis zu einer ausgesprochen separatistischen Haltung ganzer Städtegruppen steigerte. Der Zusammenhalt in der Städtehanse war immer nur insoweit gewährleistet gewesen, wie sich die Sonderinteressen der einzelnen Bundesmitglieder miteinander in eine weitestmögliche Übereinstimmung hatten bringen lassen. Das aber wurde im Laufe der Zeit um so schwieriger, je mehr sich Besonderheiten der Wirtschaftsstruktur, der Haupthandelsrichtungen und der politisch-rechtlichen Stellung und Einbindung einzelner Städte oder gar ganzer Städtegruppen ausprägten. Der Krieg gegen den Unionskönig Erich von Pommern brachte diese Entwicklung auf drastische Weise ans Licht: Die wendischen Städte führten den Kampf allein – und selbst aus ihrem Kreis schieden noch zwei Bundesgenossen, nämlich Rostock und Stralsund, vorzeitig und auf eigene Faust aus der Auseinandersetzung aus.

Eine weitere, überaus ernste Bedrohung ihrer Handelssuprematie erwuchs der Hanse aus dem Aufkommen der holländischen Konkurrenz. Die Städte Hollands, von denen mehrere im Kampf gegen König Waldemar IV. noch an der Seite der Hansen gestanden hatten, entwickelten sich rasch und dynamisch. Die Holländer verfügten bald über ein sehr bewegliches und effektives System in der Frachtschiffahrt, sie stützten sich auf eine leistungsfähige Produktionsbasis – besonders im Textil-, Fischerei- und Schiffbaugewerbe –, und sie fanden Rückhalt an einer starken Staatsgewalt, nachdem die niederländischen Territorien zwischen 1428 und 1430 unter der Herrschaft Herzog Philipps des Guten von Burgund (1419–1467) vereinigt worden waren. Als sich seit dem Beginn des 15. Jahrhunderts holländische Kaufleute in allerdings zunächst nur langsam wachsender Zahl stärker im Ostseehandel zu engagieren begannen, wurde man in den hansischen Ratsstuben die Besorgnis wegen dieser Konkurrenz nicht mehr los. Besonders schroff reagierte Lübeck auf diese Entwicklung. Daher bestand eines der Kriegsziele der wendischen Städte in der Auseinandersetzung mit dem Unionskönig Erich von Pommern darin, durch die Gewinnung der Kontrolle über die Zugänge zur Ostsee den Ausschluß der Holländer vom Ostseehandel zu erzwingen. Eine derartige Politik barg in sich aber eine große Gefahr: Sie konnte nicht nur, sondern sie mußte mit Notwendigkeit die Gegner der Hanse – das nordische Unionskönigtum und die Holländer – in einer Front zusammenführen. Zur Regierungszeit Erichs von Pommern wurde diese neue Konstellation zwar erst in ihren ersten Ansätzen erkennbar, aber Erichs Nachfolger in der Herrschaft über die nordischen Reiche haben dann immer bewußter und auch wirkungsvoller die hansisch-holländische Rivalität in ihrer Politik zu nutzen verstanden, indem sie den Zugang der Holländer zum Ostseehandel nicht nur duldeten, sondern durch entsprechende Verträge geradezu förderten.

Die Hanse hat sich zur Abwehr der westeuropäischen Konkurrenz – zu den holländischen Rivalen gesellten sich bald genug auch die englischen – aller Mittel bedient, die ihr zur Verfügung standen: diplomatischer Aktionen, wirtschaftlicher Zwangsmaßregeln und auch des Krieges. Über das durch den Hundertjährigen Krieg gegen Frankreich (1337–1453) und die anschließenden inneren Auseinandersetzungen in den sogenannten Rosenkriegen (1455–1485) geschwächte England konnte sie 1474 im Frieden von Utrecht zwar noch einmal triumphieren, aber gegenüber den Konkurrenten aus Holland geriet sie unaufhaltsam ins Hintertreffen. Auf entscheidenden Gebieten, auf denen sie einst selbst führend gewesen war, wurde sie schließlich von den Holländern überrundet: im Handel, in der Schiffahrt und in der Schiffbautechnik. Bereits im letzten Jahrzehnt des 15. Jahrhunderts passierten mehr holländische als hansische Schiffe den Öresund.

Zur gleichen Zeit traf die Hanse im Osten ein schwerer Schlag: Nachdem der Moskauer Großfürst Iwan III. (1462–1505) im Jahre 1478 Nowgorod erobert und seiner Herrschaft unterworfen hatte, verfügte er 1494 die Schließung der dortigen hansischen Niederlassung. Der östliche Eckpfeiler des hansischen Handelssystems war damit zum Einsturz gebracht worden.

Im 16. Jahrhundert, in dessen drittem und viertem Jahrzehnt die inneren Auseinandersetzungen in den Hansestädten im Zeichen des Kampfes um die Durchsetzung der lutherischen Reformation einem neuen Höhepunkt zustrebten, bäumte sich insbesondere die wendische Städtegruppe noch einmal mit allen Kräften gegen die fortschreitende Verschlechterung der hansischen Positionen auf. Unter der Führung des Lübecker Bürgermeisters Jürgen Wullenwever versuchten sie in einem Krieg gegen Dänemark, der sogenannten Grafenfehde von 1534 bis 1536, die wirtschaftliche Vormachtstellung der Hansen im Norden vollständig wiederherzustellen und damit zugleich die holländische Konkurrenz für alle Zukunft vom Ostseehandel auszuschließen. Diese Zielstellung war jedoch völlig anachronistisch und berücksichtigte in keiner Weise das inzwischen grundsätzlich veränderte Kräfteverhältnis zwischen der Hanse und ihren Kontrahenten. Die Grafenfehde endete dann auch mit einer schweren Niederlage Lübecks und seiner Verbündeten, die den Niedergang der Hanse nur noch beschleunigte.

Als vergeblich erwiesen sich auch die Bemühungen um eine Reorganisation und Festigung des hansischen Städtebundes, die zu Beginn der zweiten Hälfte des 16. Jahrhunderts wiederum maßgeblich von Lübeck initiiert wurden. 1556 hatte man zum Zweck der Neuordnung des Bundes sogar ein neues Amt geschaffen, das eines Syndikus der Hanse, der gewissermaßen als hauptberuflicher Geschäftsführer die Interessen der Gemeinschaft wahrnehmen sollte. Obwohl in diese Funktion ein sehr befähigter Rechtsgelehrter und Diplomat, der Kölner Bürgermeisterssohn Dr. Heinrich Sudermann, berufen wurde, schritt die Auflockerung des Städtebundes unaufhaltsam voran. Zwei Vorgänge machten diese Tatsache besonders augenfällig: der Nordische Siebenjährige Krieg (1563–1570) und die weitere Entwicklung der hansisch-englischen Beziehungen.

Im Nordischen Siebenjährigen Krieg, der im Grunde ein Rivalitätskampf zwischen den Königreichen Dänemark und Schweden war und gesamthansische Interessen kaum betraf, stellte sich Lübeck im Alleingang auf die dänische Seite. Dazu veranlaßten die Travestadt hauptsächlich ihre eigenen Sonderinteressen im Handel mit Rußland. Nachdem Narva – übrigens ebenso wie Dorpat – im Jahre 1558 dem Russischen Reich eingegliedert worden war, versuchte Lübeck bald über den Hafen dieser Stadt und unter Umgehung Revals, das traditionell eine besondere Stellung im Rußlandhandel innegehabt hatte, wieder stärker in Geschäftsbeziehungen zu der aufstrebenden Großmacht des Ostens zu kommen. Diesen Bemühungen trat jedoch der König Erich XIV. von Schweden (1560–1568), der 1561 Estland annektiert hatte und sich zum Schutzherrn der Interessen Revals aufwarf, energisch entgegen. Das wiederum veranlaßte Lübeck dazu, Reval – also eine hansische Bundesstadt – 1559 durch ein Flottengeschwader beschießen zu lassen und schließlich auf der Seite Dänemarks in den Krieg gegen Schweden einzutreten, in dem es freilich nicht einmal mehr seine Sonderinteressen im Rußlandhandel für längere Zeit sicherzustellen vermochte.

England, das klassische Land der frühen kapitalistischen Entwicklung, begann seit der Mitte des 16. Jahrhunderts auch als neue Handelsmacht des Westens rasch aufzusteigen. Während die englischen Kaufleute ihren Widerstand gegen die Handelsprivilegien der Hansen im Inselreich immer mehr verschärften, drangen sie selbst mit wachsendem Erfolg in die hansische Interessensphäre im Osten ein. Auch hier waren es Sonderinteressen einzelner Hansestädte und Städtegruppen, die das Vordringen der Engländer begünstigten: Englische Fernhändler, die Merchant Adventurers, wurden 1567 in Hamburg und 1579 in Elbing privilegiert. Lübeck, das noch immer als Haupt der Hanse galt, war dieser Entwicklung gegenüber machtlos. Deshalb ersuchte es schließlich sogar den Kaiser, gegen die englische Konkurrenz Maßnahmen zu ergreifen. Nach langem Zögern – und sicher nicht in erster Linie durch Lübeck, sondern durch Spanien, den damaligen Erzfeind Englands, veranlaßt – erließ Kaiser Rudolf II. (1576–1612) endlich 1597 ein generelles Handelsverbot für die Engländer im Reich. Die Antwort Englands folgte sofort: 1598 verfügte Königin Elisabeth I. (1558–1603) die Schließung des Stalhofs in London und verbot den Handel der Hansen in ihrem Herrschaftsgebiet. Außerdem wies sie die hansischen Kaufleute aus England aus.

Damit war auch die letzte bedeutende hansische Niederlassung im Westen aufgehoben worden. Das Brügger Kontor hatten die Hansen schon vorher aufgeben müssen, weil die einstige Handelsmetropole Flanderns durch Versandung ihres Hafens unaufhaltsam niederging. Die Verlegung der Brügger Niederlassung nach Antwerpen, wozu sich die Hanse erst sehr spät – nämlich endgültig erst 1563 – entschloß, erwies sich als nicht zukunftsträchtig. Als das neue Haus der Hansen in der Stadt an der Schelde 1568 vollendet war, standen die niederländischen Provinzen schon zwei Jahre im erbitterten Kampf gegen die spanische Fremdherrschaft. 1576 erlebte Antwerpen eine grausame Heimsuchung durch die spanische Soldateska. Zum bedeutendsten Wirtschaftszentrum Nordwesteuropas stieg nun das holländische Amsterdam auf.

Es zeigte sich immer deutlicher, daß die Hanse aufgehört hatte, ein in der internationalen Arena zu respektierender eigenständiger politischer Faktor zu sein. Ohnmächtig und sich mehr und mehr auflösend, trieb sie im Strom neuer Entwicklungen, denen sie von sich aus keine Impulse mehr geben konnte, ja denen sie sich nicht einmal mehr anzupassen vermochte.

Der Dreißigjährige Krieg vollendete den Ruin der Hanse – vor allem dadurch, daß er erbarmungslos den Anachronismus der autonomen Bürgerkommunen bloßlegte und diese bis auf einen kleinen Rest hinwegfegte. Damit war dann auch die elementare Basis für den Fortbestand des Städtebundes zerstört.

Verfehlt wäre jedoch die Annahme, daß der Niedergang der Hanse ausschließlich durch äußere Faktoren verursacht worden sei – also durch das Aufkommen der holländischen und englischen Konkurrenz, durch die Entstehung starker zentralisierter Monarchien in West-, Nord- und Osteuropa sowie durch den Triumph der Fürstenmacht in Deutschland und die Herausbildung der junkerlichen Gutsherrschaft im ostelbischen Raum. Die primäre Ursache des Verfalls des großen Städtebundes resultierte vielmehr aus dem Charakter des ökonomischen Systems, das er repräsentierte.

Die Existenz der Hanse gründete sich nicht eigentlich auf eine eigene stabile Produktionsbasis, sondern vielmehr auf die Vermittlung des Austausches von Waren fremder Herkunft, auf den privilegierten Zwischenhandel. «Das Gesetz, daß die selbständige Entwicklung des Kaufmannskapitals im umgekehrten Verhältnis steht zum Entwicklungsgrad der kapitalistischen Produktion, erscheint am meisten in der Geschichte des Zwischenhandels ..., wo also der Hauptgewinn gemacht wird nicht durch die Ausfuhr eigener Landesprodukte, sondern durch Vermittlung des Austausches der Produkte kommerziell und sonst ökonomisch unterentwickelter Gemeinwesen und durch Exploitation beider Produktionsländer. Hier ist das Kaufmannskapital rein, abgetrennt von den Extremen, den Produktionssphären, zwischen denen es vermittelt. Es ist dies eine Hauptquelle seiner Bildung. Aber dieses Monopol des Zwischenhandels zerfällt, und damit dieser Handel selbst, im selben Verhältnis wie die ökonomische Entwicklung der Völker voranschreitet, die es beiderseits exploitierte, und deren Unterentwickeltheit seine Existenzbasis war. Beim Zwischenhandel erscheint dies nicht nur als Verfall eines besonderen Handelszweiges, sondern auch als Verfall des Übergewichts reiner Handelsvölker und ihres kommerziellen Reichtums überhaupt, der auf der Basis dieses Zwischenhandels beruhte.» (K. Marx, Das Kapital)

Als spezifische Organisationsform des «reinen Handelskapitals» hat die Hanse vor allem die Entwicklung der Ostseeländer nachhaltig beeinflußt – in positiver wie auch in negativer Hinsicht.

Abgesehen davon, daß sie durch ihr lange behauptetes und oft rigoros genutztes wirtschaftliches Übergewicht die eigenständige Entwicklung des Bürgertums in den skandinavischen und baltischen Ländern stark behinderte, hat sie durch die besondere Struktur des von ihr getragenen Zwischenhandels, der vorwiegend dem Austausch gewerblicher Erzeugnisse aus dem Westen gegen Rohstoffe und Lebensmittel aus dem Osten diente, erheblich dazu beigetragen, die Einseitigkeit in der Arbeitsteilung zwischen diesen beiden Regionen auf Jahrhunderte zu verfestigen.

Bedeutsamer – insgesamt gesehen – waren jedoch die positiven Leistungen der Hanse. Über das von ihr geschaffene Netz stabiler merkantiler Kommunikationen zwischen Ost-, West- und Nordeuropa vollzog sich nicht nur ein für alle beteiligten Länder zunehmend unentbehrlicher werdender Warenaustausch, sondern auch eine stetige Übermittlung von Produktionserfahrungen und geistig-kulturellen Errungenschaften. Obwohl der Hansekaufmann seinem Beruf gemäß bei allen seinen Aktionen selbstverständlich immer in erster Linie nach dem Handelsprofit strebte, wirkte er gleichzeitig doch auch als Förderer der Kulturentwicklung in vielen Ländern: bei der Ausbreitung und Festigung neuer bürgerlicher Lebensnormen, bei der Entwicklung der Architektur im profanen wie im sakralen Bereich sowie der bildenden Kunst, wo sich unter seinem Einfluß in weiten Gebieten eine starke Tendenz der Annäherung der ästhetischen Auffassungen und der künstlerischen Gestaltungsprinzipien bemerkbar machte, und nicht zuletzt auch bei der Stimulierung des Bildungswesens. Eine Vielzahl von Stadtschulen und die auf Initiative von Bürgern errichteten Universitäten legen Zeugnis von der in ihrer Bedeutung kaum zu überschätzenden Tatsache ab, daß das Bürgertum das über viele Jahrhunderte von der Geistlichkeit behauptete Bildungsmonopol gebrochen hatte. Auch mit dieser epochalen Leistung ist der Name der Hanse untrennbar verbunden.

Merkmale hansischer Politik

Hansische Politik unterschied sich in markanter Weise von der feudaler Potentaten. Sie verfolgte keine territorialpolitischen oder dynastischen Zielsetzungen und ließ sich auch weder von einem besonderen Standesbewußtsein noch gar von Prestigedenken leiten. Sie war vielmehr nüchterne Kaufmannspolitik – genauer gesagt: Politik der in den Hansestädten herrschenden kaufmännischen Oberschicht.

Die Hanse war mit den feudalen Herrschaftsgebilden, die ihr als Partner und Widersacher entgegentraten, nicht zu vergleichen. Sie war kein Staat, sondern ein relativ locker gefügter Städtebund, der immer nur insoweit aktionsfähig wurde, wie es gelang, die Sonderinteressen vieler oder zumindest mehrerer Mitgliedsstädte auf einen gemeinsamen Nenner zu bringen. Die Hanse war noch nicht einmal ein «Halbstaat», wie der bekannte Wirtschaftshistoriker Hans Mottek sie meinte benennen zu können. Aber als spezifische Organisationsform des Handelskapitals, als ökonomisches und politisches Machtinstrument der in den Hansestädten herrschenden Oberschicht hatte sie Funktionen, die denen eines Staates durchaus vergleichbar waren – nämlich innere wie äußere.

Obwohl die innere Funktion der Hanse erst nach der Mitte des 14. Jahrhunderts deutlicher hervortrat, soll sie hier zuerst vorgestellt werden. Die soziale Abstufung innerhalb der Stadtbevölkerung spiegelte sich auch im städtischen Verfassungsrecht eindeutig wider. Das Lübische Recht, das von sehr vielen Hansestädten übernommen wurde, enthielt folgende Festlegungen zur Ratswahl: «Wir bestimmen auch, daß man niemanden in den Rat aufnehme, wenn er nicht echt von freier Geburt und keinem zu Eigen sei und auch kein Amt von Herren habe. Auch sei er von gutem Ruf, von einer freien Mutter geboren, die niemand zu Eigen sei. Auch sei er nicht geistlicher Leute oder eines Pfaffen Sohn. Auch soll er eigenen Grundbesitz innerhalb der Mauern haben, nicht wegen Meineids rechtlos sein und seine Nahrung nicht durch Handwerk gewonnen haben.»

Durch diese Festlegung waren also grundsätzlich und von vornherein nicht nur alle unbemittelten und unselbständigen Stadtbewohner, sondern auch die Handwerker, die immerhin einen sehr beträchtlichen Teil der eigentlichen Bürgerschaft bildeten, von der Wählbarkeit in den Rat ausgeschlossen. Ratsfähig im Sinne der Lübischen Ratswahlordnung waren demnach nur Kaufleute und in den Städten ansässige Landbesitzer, die allerdings in keinem rechtlichen Abhängigkeitsverhältnis zu adligen Herren stehen durften. In Wirklichkeit aber wurde der Kreis der ratsfähigen Personen allmählich noch mehr eingeengt, als sich innerhalb der verfassungsrechtlich privilegierten Schicht eine patrizische Oberschicht herauszubilden begann. In den großen und mittleren Städten war es schließlich eine – allerdings nie auf lange Dauer stabile – Gruppe besonders reicher und mächtiger Familien, die die Bürgermeister- und Ratsherrenwürden innehatten – und die natürlich auch aus ihrer Mitte die im hansischen Städtebund tonangebenden Politiker stellten.

Diese gelangten bald zu der Erkenntnis, daß sich die Macht des Bundes auch gegen jede Gefährdung des oligarchischen Stadtregiments durch oppositionelle Bewegungen in den Hansestädten selbst einsetzen ließ. Erstmals wandte sich die Hanse 1366 gegen eine Erhebung der Bürgerschaft in Bremen. Weitere derartige Interventionen aus gleichen Anlässen fanden 1375 in Braunschweig, 1386 in Anklam und 1392 in Stralsund statt. Die Mittel, die die Hanse gegen «Aufrührer» in den Bundesstädten anwendete, waren recht differenziert: Zu einer direkten, gewaltsamen Intervention kam es anscheinend nur in Anklam. In den anderen Fällen beschränkte sich der Städtebund auf rechtliche und vor allem ökonomische Zwangsmaßnahmen – oder auch nur auf deren Androhung. So wurden zum Beispiel die Anführer der Bremer Erhebung in allen Hansestädten «verfestet», also für vogelfrei erklärt, Braunschweig aber verfiel 1375 der «Verhansung», das heißt, die Stadt wurde bis zur Sühnung ihres «Verbrechens» aus der Hanse ausgeschlossen. Da eine solche Bestrafung für die davon betroffene Bürgerschaft schwerste wirtschaftliche Nachteile nach sich zog, genügte 1392 in Stralsund schon die Androhung der Verhansung, um die von der Opposition erzwungene Reform der Stadtverfassung zu beseitigen, ihre Vorkämpfer zu vernichten und die Patrizierherrschaft wiederherzustellen.

Diese Zwangsmaßregeln und die politischen Prinzipien, aus denen sie abgeleitet worden waren, wurden 1418 in Statuten zur Aufrechterhaltung der Ordnung in den Städten rechtlich fixiert und von einem Hansetag zu Lübeck verabschiedet. Fortan sollten in den Hansestädten alle Personen verfolgt und vor Gericht gestellt werden, die Verschwörungen gegen den Rat anzettelten oder von Vorbereitungen dazu Kenntnis hatten und keine Anzeige erstatteten. Städte, in denen es zu Erhebungen kam, durften keine Ratssendboten zu den Hansetagen entsenden. Wurde der Rat einer Stadt gestürzt, so sollte diese bis zur Wiederherstellung der alten Ordnung aus der Hanse ausgeschlossen bleiben.

Allerdings ist zu konstatieren, daß die führenden Hansepolitiker solche Grundsätze zwar beschlossen, sich aber doch als durchaus kompromißfähig erwiesen, wenn die tatsächlichen Gegebenheiten deren Durchsetzung nicht erlaubten. Als 1380 Braunschweig wieder in die Hanse aufgenommen wurde, blieben dort neben Patriziern, Tuchhändlern, Wechslern und Goldschmieden auch andere Handwerker im Rat. In Köln wurde 1396 die Alleinherrschaft der Patrizier durch eine große Erhebung der Bürgerschaft gebrochen, ohne daß die Hanse überhaupt Anstalten zum Einschreiten machte. Offensichtlich siegte in diesen Fällen bei der hansischen Führung der Realitätssinn über die starre Befolgung von Prinzipien. Köln und Braunschweig hatten doch eine erheblich andere wirtschaftliche Struktur als etwa Lübeck oder Rostock. Hier kam der stärker entwickelten gewerblichen Produktion neben dem Handel ein wesentlich größeres Eigengewicht zu als in den Seestädten – und dieser Umstand konnte natürlich auch in der Stadtverfassung auf die Dauer einfach nicht unberücksichtigt bleiben. Übrigens hat die hansische Führung zeitweilig selbst in wendischen Hansestädten Räte geduldet, die von «Aufrührern» eingesetzt worden waren, nämlich 1427 bis 1430 in Wismar und 1427 bis 1439 in Rostock. Aber als in beiden Städten die aufständische Bürgerschaft den patrizischen Rat entmachtete, waren und blieben – jedenfalls vorerst – Wismar und Rostock Verbündete Lübecks im Krieg gegen den Unionskönig Erich von Pommern. Eine Intervention zugunsten der gestürzten Patrizier hätte damals für das Kriegsbündnis der Städte sehr ungünstige Folgen haben können.

Das Hauptfeld der hansischen Politik aber war die Vertretung der Kaufmannsinteressen nach außen. Dazu gehörten vor allem der Erwerb und die Behauptung vorteilhafter Handelsprivilegien im In- und Ausland, die Zurückdrängung und Niederhaltung fremder Konkurrenten, die Sicherung der Handelswege zu Wasser und zu Lande und nicht zuletzt auch die Gewährleistung der Autonomie der Städte gegen die Herrschaftsansprüche feudaler Potentaten, weil nur ein hohes Maß an politischer Handlungsfreiheit der einzelnen Bürgerkommunen deren Mitgliedschaft und engagiertes Wirken im hansischen Städtebund möglich machte.

Da der Kaufmann zu keiner Zeit seine Geschäfte als Selbstzweck betrieb, sondern stets zur Erlangung eines möglichst guten Gewinns, war die Sicherung des Handelsprofits das dominierende, wenn auch niemals unverhüllt benannte Prinzip hansischer Politik. Vorstellungen von einer extremen Höhe der Profite im hansischen Handel sind übrigens unangebracht. Durch neuere Forschungen – namentlich durch die von Walter Stark vorgenommenen Untersuchungen hansischer Kaufmannsbücher – wurde exakt nachgewiesen, daß ein Hansekaufmann in der ersten Hälfte des 15. Jahrhunderts unter normalen Bedingungen Gewinne erzielte, die zumeist zwischen 6 und 20 Prozent lagen. Natürlich konnten zuweilen wesentlich höhere Profite realisiert werden, aber ebenso drohte dem Kaufmann beständig die Gefahr großer Verluste – nicht nur durch Fehlkalkulationen, unsichere Geschäftspartner oder Schiffskatastrophen, sondern auch durch aus politischen Konflikten herrührende Behinderungen des Handelsverkehrs. Der Handelsprofit war also ein Faktor, der auf Störungen von außen stets sehr empfindlich reagierte. Das ist die wichtigste Erklärung für die nüchterne Rechenhaftigkeit der hansischen Politik, für ihr Bestreben, im Interesse stabiler und unbeeinträchtigter Geschäftsbeziehungen gefährliche Konfrontationen mit ihren Partnern und Widersachern so lange zu vermeiden, wie es nur irgend angängig war.

Diesen Grundanliegen hansischer Politik entsprachen die von dem großen Städtebund praktizierten Methoden der Kommunikation und der Auseinandersetzung mit einer Umwelt, in der zunächst und für lange Zeit – nämlich bis zum Aufkommen der holländischen und englischen Konkurrenz – feudale Machthaber tonangebend waren.

Die besondere Stärke der hansischen Politik war die Meisterschaft, mit der ihre Repräsentanten auf dem Feld der Diplomatie zu agieren verstanden. Dieser Tatsache mußten auch die Gegner der Hanse ihren Respekt zollen. Nach dem Abschluß des Friedens von Utrecht (1474) erklärte der englische Unterhändler John Russel, er wolle lieber mit allen Fürsten der Welt verhandeln als mit den hansischen Ratssendboten. Und in der Tat wuchs von Generation zu Generation der Erfahrungsschatz der hansischen Führung. Ihre Diplomaten erwiesen sich als wendig, zäh, einfallsreich und sehr selbstbewußt – auch im Umgang mit Königen. Dabei waren diese Männer ja keineswegs Berufsdiplomaten, sondern Bürgermeister und Ratsherren in ihren Heimatstädten, wo sie zumeist Großkaufleute waren und blieben. Damit sie über ihrem Amt ihre eigene Geschäftstätigkeit nicht gänzlich vernachlässigen mußten, hatte das Lübische Recht die Einteilung der Ratskollegien in Drittel verfügt: Während zwei Drittel der Ratsherren den sogenannten sitzenden Rat, das heißt das amtierende Ratskollegium bildeten, war der «nichtsitzende» oder «ausgehende» Rat für ein Jahr von Amtsgeschäften befreit und löste danach jeweils wieder ein anderes Drittel der Ratsgenossen ab.

Grundsätzlich waren die hansischen Politiker darauf bedacht, mit ihren Partnern und Kontrahenten auf gütliche Weise zu einem Übereinkommen zu gelangen. Ob es neue Positionen für den Handel zu gewinnen oder sich aus bereits bestehenden Verbindlichkeiten ergebende Streitfragen zu klären galt – immer beschritt die hansische Führung zunächst den Verhandlungsweg. Als Mittel der Diplomatie spielte bei den Hansen das Geld natürlich eine hervorragende Rolle. Mehr oder weniger kostbare «Verehrungen» an hochgestellte Persönlichkeiten, zuweilen auch ziemlich ansehnliche Darlehen, sollten den Boden für erfolgreiche Verhandlungen bereiten. Für die Erlangung neuer und die Bestätigung alter Privilegien waren die hansischen Politiker auch durchaus bereit, einen angemessenen Preis zu zahlen. Sie machten entsprechende Angebote und verstanden sich notfalls auch zu einer Steigerung derselben – allerdings nur bis zu der Grenze, wo Aufwand und zu erwartender Nutzen noch in einem für sie vorteilhaften Verhältnis zueinander standen.

War auf diesem Wege trotz aller Bemühungen keine Durchsetzung der hansischen Interessen möglich, dann wurden zunächst politische Druckmittel ins Spiel gebracht. Auch hier gab es eine Skala von Steigerungsmöglichkeiten: Die Hanse veranlaßte Fürsten, mit denen sie auf gutem Fuße stand, zur diplomatischen Intervention bei ihrem Widerpart, sie bemühte gegen ihn die Autorität von Kaiser und Papst oder sie brachte schließlich sogar große Koalitionen von eroberungslüsternen feudalen Rivalen der Gegenpartei auf die Beine. Besonders wirkungsvoll gelang ihr das in der Auseinandersetzung mit König Waldemar IV. von Dänemark in den Jahren 1368 bis 1370. Wesentlich weniger erfolgreich war Lübeck mit seinen feudalen Koalitionspartnern in der sogenannten Grafenfehde von 1534 bis 1536. In ihrer Glanzzeit aber verstand es die Hanse fast virtuos, die ständigen Rivalitätskämpfe zwischen den benachbarten feudalen Potentaten zu ihrem eigenen Vorteil als politisches Mittel zu nutzen.

Schließlich verfügte die Hanse in Konfliktsituationen zur Durchsetzung ihrer Interessen über Mittel, die ihren Widersachern gar nicht oder zumindest nicht mit gleicher Wirksamkeit zu Gebote standen: Sie vermochte in der Zeit, in der sie faktisch eine Monopolstellung im Nord- und Ostseehandel innehatte, ihre Gegner durch ökonomischen Druck zum Nachgeben zu zwingen. Ein derartiges Zwangsmittel bestand darin, Schiffe, Waren und oftmals auch Kaufleute aus dem Herrschaftsbereich des jeweiligen Kontrahenten in den hansischen Häfen zu arretieren und so lange festzuhalten, bis die eigenen Forderungen von der Gegenseite befriedigt waren. War dieses Vorgehen nicht möglich oder nicht wirksam genug, so kamen schärfere wirtschaftliche Pressionen in Anwendung: Man verbot den Handel mit Waren aus dem gegnerischen Land, sperrte ihm die Zufuhr von dringend benötigten Gütern oder verhängte eine vollständige Handelssperre über den Gegner. Dieses wirtschaftliche Kampfmittel, das die Hanse erstmalig in den Jahren 1280 bis 1282 gegen Brügge erfolgreich erprobte, wurde bis in die zweite Hälfte des 15. Jahrhunderts wiederholt gegen Norwegen, Dänemark, Flandern, Rußland und England eingesetzt. Seine Wirksamkeit war jedoch immer von zwei Voraussetzungen abhängig: Zum ersten konnte die wirtschaftliche Absperrung des Gegners vom hansischen Handel nur dann gelingen, wenn die Hansestädte selbst im Vorgehen gegen ihn einig waren. Das aber wurde im 15. Jahrhundert angesichts der fortschreitenden Auflockerung des Städtebundes zu einer immer schwerer zu lösenden Aufgabe. Zum zweiten fügte ein hansischer Handelsboykott einem Widersacher nur so lange schwersten ökonomischen Schaden zu, wie der Hansekaufmann mit seinen Importen und Exporten für ihn tatsächlich unentbehrlich war. Auch diese Voraussetzung begann seit dem Beginn des zweiten Drittels des 15. Jahrhunderts allmählich dahinzuschwinden.

Der Krieg wurde von der Hanse stets als das Mittel zur Durchsetzung wirtschaftlicher und politischer Ziele angesehen, dessen man sich nur im äußersten Fall bediente – wenn nämlich alle Bemühungen, die Respektierung der eigenen Interessen durch Verhandlungen sowie politische und wirtschaftliche Pressionen zu erreichen, ergebnislos geblieben waren oder der Gegner von sich aus die Kampfhandlungen eröffnete. Die prinzipielle Einstellung der hansischen Führung faßte der Lübecker Bürgermeister Hinrich Castorp (gest. 1488) in einem berühmt gewordenen Satz zusammen: «Latet uns dagen, wente dat vänlein is licht an de stange gebunden, aver it kostet vel, it mit ehren wedder af to nehmen.» («Laßt uns tagen, denn das Fähnlein ist leicht an die Stange gebunden, aber es kostet viel, es in Ehren wieder abzunehmen.»)

Der Grundsatz, daß Verhandeln besser sei als Kriegführen, resultierte – wie das Castorp-Wort zeigt – nicht in erster Linie aus einer ethisch motivierten besonderen Friedensliebe der hansischen Politiker, sondern aus ihrer unmittelbaren praktischen Erfahrung mit den vorhersehbaren und nicht im voraus berechenbaren Risiken, die jeder Krieg mit sich brachte. Ungewiß waren immer Dauer und Ausgang eines Krieges, und auch wenn man ihn in der Gewißheit der eigenen Überlegenheit begann, wußte man zwar, daß er Opfer an Gut und Blut kosten würde – die Höhe derselben war aber nicht vorher kalkulierbar. Selbst unter günstigsten Umständen brachte ein Krieg Störungen im Handelsverkehr mit sich, bedeutete er Gefahr für den Zusammenhalt des Städtebundes und die innere Ordnung in den Hansestädten. Alles dessen waren sich Politiker, die Interessen von Kaufleuten vertraten und selbst zu dieser Berufskategorie gehörten, selbstverständlich sehr genau bewußt.

Kriegführung kostete schon in hansischer Zeit sehr viel Geld. Zuverlässige Angaben über die Gesamtkosten von Kriegen haben wir zwar nicht, wohl aber ist bekannt, welche finanziellen Belastungen einzelne Bundesstädte in solchen Konflikten auf sich nehmen mußten. Die Stadt Stralsund zum Beispiel veranschlagte ihre Aufwendungen für den ersten Krieg gegen den Dänenkönig Waldemar IV. in den Jahren von 1361 bis 1364 auf insgesamt 70 000 Mark. Von der Höhe dieser Summe bekommt man eine ungefähre Vorstellung, wenn man erfährt, daß in etwa gleichzeitigen Aufzeichnungen der städtischen Kämmerei der Jahressold eines berittenen Stadtpolizisten mit 15 Mark verbucht wurde. Lübecks direkte Kriegskosten beliefen sich im Kampf gegen den Unionskönig Erich von Pommern von 1426 bis 1433 auf rund 79 000 Mark. Für den Krieg gegen die Holländer verausgabte man dort allein in den Jahren 1438 und 1440 mehr als 22 000 Mark, und über 20 000 Mark betrug die Summe der nur für Kriegsmaterial und Sold aus der Stadtkasse gezahlten Gelder während der Jahre 1470 bis 1473, als sich die Hanse im Konflikt mit England befand.

Auch für die wirtschaftlich so mächtige und leistungsfähige Hanse brachte die Aufbringung der zur Kriegführung benötigten finanziellen Mittel immer erhebliche Probleme mit sich. 1361 wurde auf einem in Greifswald zusammengetretenen Hansetag zur Finanzierung des Krieges gegen Dänemark erstmals ein besonderer Zoll, der sogenannte Pfundzoll, eingeführt. Von allen die Hansestädte verlassenden Warentransporten sollten vom Wert des Fahrzeugs und der Ladung jeweils vier Pfennige vom Pfund Grote – der damals gewissermaßen als Leitwährung fungierenden flandrischen Währungseinheit – als Abgabe entrichtet werden. Das gleiche Verfahren kam auch in späteren Kriegen zur Anwendung – jedoch mit rasch schwindendem Erfolg. Die Aufteilung der Erträge des Pfundzolls, die von Anfang an nicht zur Deckung der Kriegskosten ausgereicht hatten, führte zu langwierigen Streitigkeiten zwischen den Städten, einzelne Bundesmitglieder behielten die Einnahmen für sich oder beteiligten sich über kurz oder lang gar nicht mehr an der Erhebung dieser Abgabe. Das aber hatte zur Folge, daß die Städte, die am stärksten an den eigentlichen Kriegshandlungen beteiligt waren, andere Quellen zur Finanzierung ihrer militärischen Aufwendungen erschließen mußten. In erster Linie kam hierbei immer eine verstärkte Belastung der eigenen Bürgerschaft in Frage: Der Rat ordnete die Erhebung einer besonderen Kriegssteuer an oder – was häufiger geschah – führte für längere oder kürzere Zeit eine indirekte Steuer ein, die sogenannte Akzise. Diese Art der Besteuerung war auch zur Hansezeit ausgesprochen unpopulär. Die Akzise wurde nämlich in der Regel auf Grundnahrungsmittel gelegt, auf Mehl, Erbsen, Bohnen, Fisch, Fleisch und namentlich auf Bier, das in jener Zeit in allen Bevölkerungsschichten das wichtigste alltägliche Getränk war. Die Verteuerung von Erzeugnissen, die zum unmittelbaren täglichen Bedarf gehörten, schädigte nicht nur deren Produzenten, weil sie die Nachfrage nach den betreffenden Produkten drosselte, sondern sie traf besonders hart die weniger bemittelten oder gar in Armut lebenden Stadtbewohner, deren Lebenshaltungskosten sie schlagartig in die Höhe trieb. Wiederholt gab deshalb die Einführung einer Akzise in den Hansestädten den Anstoß für den Ausbruch von Empörungen gegen die Obrigkeit. So kam es zum Beispiel während des hansischen Krieges gegen den Unionskönig Erich von Pommern im Januar 1428 in Stralsund zu einer – allerdings rasch und blutig niedergeschlagenen – Verschwörung gegen den Rat, die von denjenigen ausging, die sich von der neueingeführten Bierakzise besonders geschädigt fühlten, nämlich von den Brauern und ihren Hilfskräften.

Um solche Gefahren für seine Herrschaft weitestmöglich auszuschalten, betrieb der Lübecker Rat während des gleichen Krieges eine außerordentlich geschickte Finanzpolitik. Von der bereits erwähnten Gesamtsumme der Kriegskosten in Höhe von 79 000 Mark wurden nur rund 18 500 Mark, das waren 23,5 Prozent, durch die Akzise aufgebracht, die übrigens von Jahr zu Jahr wechselnd einmal niedriger und dann wieder höher angesetzt worden war. Weitere 8 Prozent der Kriegskosten wurden durch eine direkte Kriegssteuer – und zwar durch eine den Handwerkern und Kleinhändlern auferlegte sogenannte Söldnersteuer – gedeckt. Den größten Posten unter den zur Finanzierung des Krieges benötigten Summen aber bildeten die von der Stadt durch Anleihen und den Verkauf von Leibrenten bezogenen Gelder. Sie beliefen sich auf annähernd 45 000 Mark, also auf fast 57 Prozent der gesamten Kriegskosten. Dieses Verfahren gestattete es dem Rat, während der Kriegsjahre die Besteuerung der Bürger- und Einwohnerschaft in noch erträglichen Grenzen zu halten. Später allerdings mußten dann die Anleihen mitsamt den Zinsen fristgemäß zurückerstattet und für die verkauften Leibrenten auf unbestimmte Zeit von der Stadt Zahlungen geleistet werden.

Eine weitere Möglichkeit der Deckung von Kriegskosten bestand in der Einbringung von Beute und in der Erpressung von Kontributionen in Feindesland. Der Erfolg dieses Verfahrens war natürlich völlig vom Kriegsglück abhängig und deshalb nie vorher abschätzbar. Im übrigen fielen die Summen, die aus diesen trüben Quellen bis in die Stadtkassen flossen, im Vergleich zur Gesamthöhe der Kriegsaufwendungen offenbar nicht sonderlich ins Gewicht. Die Lübecker Kämmereirollen verzeichneten jedenfalls für die Jahre von 1426 bis 1433 nur 3 363 Mark Einnahmen aus dem Verkauf von Beute und aus Kontributionen. Ganz zweifellos war aber der Anteil, den die kämpfende Truppe vom Beutegut für sich behielt, sehr viel größer. Für Söldner bildete auch in hansischen Diensten die Aussicht auf reiche Beute immer eine besonders wichtige Motivation zum Kampf.

Auch wenn die Hanse unter Hintansetzung aller Bedenken sich endlich zu einem Kriege entschloß, führte sie den Kampf gegen den Gegner immer zugleich auch mit den Waffen der Diplomatie. Größten Wert legte sie stets darauf, mächtigen und auch kleineren Potentaten in weitem Umkreis die Kriegsschuldfrage in ihrem Sinne zu erklären, indem sie sich als Verteidiger wohlerworbener Rechte, den Feind aber als Rechts- und Friedensbrecher darstellte. Benachbarte Fürsten und Herren suchte sie als Bundesgenossen zu gewinnen oder sich doch zumindest ihrer Neutralität zu versichern. Vermittlungsangebote, von welcher Seite sie auch immer unterbreitet werden mochten, wies sie niemals von vornherein zurück, um ihre offiziell nachdrücklich bekundete Redlichkeit und Friedfertigkeit keinem Zweifel auszusetzen. Selbst zu den Kriegsgegnern ließ sie die diplomatischen Fäden nie für längere Zeit gänzlich abreißen, um keine Gelegenheit zu einer für sie günstigen Beendigung der bewaffneten Auseinandersetzungen verstreichen zu lassen.

Dennoch waren die Hansen in der Kriegführung keineswegs unsicher, ideenlos oder gar schwächlich. Sie zeigten vielmehr auch auf militärischem Gebiet eine sehr beeindruckende Leistungsfähigkeit und ein bedeutendes Innovationsvermögen – sowohl in der Entwicklung von Kriegsgerät als auch bei dessen Einsatz im Krieg, vor allem im Seekrieg.

II.
Grundlagen hansischer Seekriegführung

Die hansische Seemacht

Die Hanse hat in ihrer fast vierhundertjährigen Geschichte weder über ein stehendes Heer noch über eine ständige Kriegsflotte verfügt. Die einzelnen Bundesstädte, namentlich die größeren, unterhielten zwar verhältnismäßig früh eine in der Regel ziemlich kleine Polizeitruppe, die aus besoldeten «Stadtknechten» bestand und für Sicherheit in den Städten und in deren Umgebung zu sorgen hatte, aber speziell für militärische Zwecke gebaute Schiffe stellten sie bis ins 15. Jahrhundert hinein nicht in Dienst. Ebenso wie das Aufgebot der wehrfähigen Bürger lange Zeit hindurch das Gros des hansischen Kriegsvolkes bildete, repräsentierten nach den Erfordernissen eines Krieges umgerüstete Handels- und Fischereifahrzeuge die Seemacht der Hanse. Dabei spielte naturgemäß die Fähigkeit zur Improvisation im Kriegswesen immer eine hervorragende Rolle.

Der Schiffsbestand, auf den die Hanse im Kriegsfalle zurückgreifen konnte, war sehr beachtlich. Auf dem Gebiet der Schiffbautechnik hatten die Hansen in der Aufstiegsphase des Städtebundes einen bedeutenden Vorsprung vor ihren Partnern und Konkurrenten im Nord- und Ostseeraum errungen. In zahlreichen Hansestädten war ein entwickeltes und leistungsfähiges Schiffbaugewerbe beheimatet. Allein in Stralsund existierten 1421 nicht weniger als 13 größere und kleinere Werften. Über deren Produktionskapazität sind jedoch leider ebensowenig zuverlässige Angaben überliefert wie über die Gesamtzahl der hansischen Handels- und Fischereifahrzeuge in der Zeit der höchsten Machtentfaltung des Städtebundes. Für das ausgehende 16. Jahrhundert hat der bürgerliche Hansehistoriker Walther Vogel die Größe der hansischen Handelsflotte auf rund 1 000 Schiffe mit einer Tragfähigkeit von etwa 45 000 Lasten – also ungefähr 90 000 Tonnen – geschätzt, die je zu einem Drittel Lübeck und Hamburg gehörten. Diese Zahlen dürften jedoch eher zu niedrig als zu hoch veranschlagt sein. Stralsunds Handelsflotte zählt zu Beginn des 16. Jahrhunderts rund 100 Fahrzeuge, die Lübecker Flotte umfaßte 1595 insgesamt 253 Schiffe, von denen etwa 50 über 120 Lasten laden konnten. Wahrscheinlich waren also in der zweiten Hälfte des 16. Jahrhunderts allein in den 7 Hansestädten Lübeck, Hamburg, Danzig, Bremen, Stralsund, Rostock und Wismar annähernd 1 000 Schiffe beheimatet.

Angesichts der während des Mittelalters auf den Meeren niemals gänzlich auszurottenden Piraterie führten die meisten hansischen Handelsschiffe auch in Friedenszeiten ständig Waffen zur Selbstverteidigung an Bord mit. Bei Ausbruch eines Krieges aber war der hansische Städtebund dazu in der Lage, starke Seestreitkräfte zu formieren. Einige Beispiele mögen das verdeutlichen: 1362, im ersten Krieg gegen den Dänenkönig Waldemar IV., entsandten die Städte eine Kriegsflotte von 48 Schiffen – darunter 27 Koggen – mit 2 240 Bewaffneten in den Öresund. Ebenfalls für den Kampf gegen Dänemark wurden 1367 insgesamt 41 Schiffe – und zwar 19 Koggen, 20 kleinere Fahrzeuge und 2 Rheinschiffe – eingesetzt. Im Krieg gegen den Unionskönig Erich von Pommern ging im Juli 1427 unter dem Kommando des Lübecker Bürgermeisters Tideman Steen eine hansische Flotte von 36 Schiffen, die 8 000 Kriegsleute an Bord hatten, wiederum in Richtung auf den Öresund in See. Im März 1428 wurde im Wismarer Tief eine hansische Kriegsflotte zusammengezogen, die angeblich sogar mehr als 200 größere und kleinere Schiffe gezählt haben soll.

Aufgebote aus den einzelnen Bundesstädten, die stets sehr genau ausgehandelt und festgelegt wurden, bildeten immer den eigentlichen Kern der hansischen Seemacht. Im Laufe der Zeit, und zwar besonders seit dem Ausgang des 14. Jahrhunderts, begann die Hanse – wie übrigens auch ihre Widersacher – ihre Streitmacht zur See durch die Anwerbung von Freibeutern zu verstärken. Deren Anführer waren zumeist erfahrene Kapitäne und Berufskrieger, die sich von einer Hansestadt in Dienst nehmen und mit Kaperbriefen ausstatten ließen, um dann unter deren Flagge vor allem in der Hoffnung auf reiche Beute den jeweiligen Gegner der betreffenden Stadt beziehungsweise des Städtebundes zu bekämpfen. An solchen Unternehmen beteiligten sich zuweilen auch kapitalkräftige Bürger aus Hansestädten, die gemeinschaftlich Kaperschiffe ausrüsteten und deren Einsatz als ein zwar sehr riskantes, aber unter günstigen Umständen außerordentlich einträgliches Geschäft betrieben. Die eingebrachte Beute fiel dabei in der Regel jeweils zur Hälfte der Besatzung und den Reedern zu. Diese Freibeuter, die oft rücksichtslos auch gegen die Schiffahrt der Neutralen vorgingen und dadurch ihren hansischen Auftraggebern manchen schweren politischen Schaden zufügten, wurden vor allem im Kaperkrieg und bei überraschenden Angriffen auf das Hinterland des Feindes wirksam. So suchte zum Beispiel 1428 und 1429 ein im Dienst der wendischen Hansestädte stehendes Freibeutergeschwader Bergen in Norwegen zweimal mit brutalen Überfällen heim. Ein erheblicher Teil der Stadt wurde niedergebrannt, nachdem die Angreifer eine «unermeßliche Beute an ... Fleisch, Butter, silbernen Kleinodien, Tuchen und Geld» auf ihre Schiffe gebracht hatten.

Um der allmählich fortschreitenden Entwicklung des Seekriegswesens Rechnung zu tragen und neu aufkommenden Bedrohungen der Schiffahrt besser begegnen zu können, mußten die Hansen sich endlich doch dazu entschließen, von vornherein zu militärischen Zwekken bestimmte Schiffe zu bauen und zu unterhalten. Der Zeitpunkt, zu dem das erstmalig geschah, ist nicht genau bekannt, mit einer gewissen Wahrscheinlichkeit aber kann er auf den Anfang des 15. Jahrhunderts datiert werden. Diese ersten Anfänge einer ständigen Kriegsflotte waren jedoch keine Bundesangelegenheit, sondern eine Sache der einzelnen Hansestädte, die die entsprechenden Aufwendungen nach Maßgabe ihrer eigenen Erfordernisse und finanziellen Möglichkeiten vornahmen.

Sicher setzte der Kriegsschiffbau in mehreren Hansestädten etwa gleichzeitig ein, aber nur aus einer Stadt liegen uns einigermaßen aussagekräftige zeitgenössische Aufzeichnungen über Anfänge und erste Resultate dieser Entwicklung vor – nämlich aus Lübeck.

In den Lübecker Kämmereirollen ist unter den Ausgaben des Jahres 1421 folgender Posten notiert: «To dem schepe to buwende 756 m. 6 sol.», das heißt «für das Schiff zu bauen 756 Mark 6 Schillinge». Dabei kann «bauen» hier sowohl einen Neubau als auch nur eine Ausbesserung bezeichnen. Drei Jahre später, also 1424, ist dann schon ein Ausgabeposten «für die Schiffe zu bauen» notiert – es gab also damals bereits mindestens zwei stadteigene Schiffe. Solche Eintragungen wiederholen sich von nun an ständig, teils Jahr für Jahr, teils mit etwas größeren Abständen. Da diese Schiffe dann auch immer häufiger in Zusammenhang mit Ausgaben für Unternehmen zur Seebefriedung genannt werden, erweist sich mit Gewißheit, daß es sich bei diesen Lübecker Fahrzeugen um Kriegsschiffe handelte.

Auf der Grundlage dieser Quelle lassen sich auch die zahlenmäßige Stärke und die Zusammensetzung der Lübecker ständigen Seestreitmacht wenigstens für zwei kurze Zeiträume im 15. Jahrhundert recht genau feststellen. In den Jahren von 1439 bis 1444 unterhielt die Travestadt für militärische Zwecke insgesamt 9 Seefahrzeuge, und zwar 1 Holk, 1 neue und 1 alte Büse, 3 neue und 2 alte Schniggen sowie 1 Boot. 1461/62 umfaßte der Lübecker Kriegsschiffbestand 7 Fahrzeuge, darunter 6 große Schiffe, nämlich 1 Kraweel, 1 Holk, 3 Bardsen und 1 Balinger. Von diesen Schiffen kennen wir sogar die Namen: Die hießen «Jürgen», «Gertrud», «Peter», «Gabriel», «Katryne», «Apollonie» und «Mariendrache».

Die Aufzeichnungen der Lübecker Kämmerei über die Kriegsschiffe der Stadt geben uns schließlich auch Auskunft zu einer Frage, die aus anderen zeitgenössischen Quellen kaum zu beantworten ist – nämlich auf die Frage nach der Lebensdauer hansischer Schiffe. Die Bardse «Gabriel» war 1471 fertiggestellt worden und wurde 1482 – also nach 12 Jahren – außer Dienst gestellt. Der Balinger «Katryne» mußte schon nach 8 Jahren durch ein Schiff gleichen Typs ersetzt werden, auf das übrigens dann auch der Name seines Vorgängers übertragen wurde.

Die Bauzeit für größere Schiffe – Kraweele, Holke, Bardsen – betrug für gewöhnlich 2 bis 3 Jahre. Allgemein üblich war es offenbar, aus den außer Dienst gestellten Fahrzeugen, für die sich kein Käufer mehr fand, alle noch verwendbaren Teile, vor allem solche aus Metall, auszubauen und für Neubauten zu verwenden. Trotzdem stiegen die Baukosten für die Schiffe im Laufe des 15. Jahrhunderts erheblich an. 1439 hatte die Kämmerei für den Neubau einer Schnigge 214 Mark verausgabt, 1480 aber kostete ein neues Fahrzeug dieses Typs bereits 416 Mark. Große Schiffe waren natürlich wesentlich kostenaufwendiger: Am Ende des 15. Jahrhunderts wurden für den Bau eines Kraweels insgesamt 2162 Mark verausgabt, der 1492 in Dienst gestellte «Christoffer» – ein leider nicht genauer klassifiziertes «neues großes Schiff mit Boot» – hatte nach zweijähriger Bauzeit sogar fast 4 360 Mark gekostet. Sehr hohe Kosten verursachte schließlich die laufende Wartung der städtischen Kriegsschiffe. Zum Jahre 1506 verzeichnete die Lübecker Kämmerei für «der stat schepe unde pram nye unde olt» («der Stadt neue und alte Schiffe und Prahme») getätigte Ausgaben in der schwindelnden Höhe von 12 836 Mark und 11 Schillingen.

Die letztgenannte Summe lag zwar beträchtlich über dem langjährigen Durchschnitt der Ausgaben für diese Zwecke, aber insgesamt war deren ansteigende Tendenz doch ganz offensichtlich. Angesichts dieser Entwicklung war der Lübecker Rat stark daran interessiert, aus der städtischen Kriegsflotte auch Einnahmen zu erzielen – und zwar nicht nur durch den Verkauf von aufgebrachten gegnerischen Schiffen und von ausgedienten eigenen Fahrzeugen, sondern auch durch den Einsatz zeitweilig nicht benötigter Kriegsschiffe als Frachtfahrer für private Interessenten. So übernahm zum Beispiel ein städtischer Holk von 1514 bis 1517 zahlreiche Frachtaufträge von Lübeck nach Norwegen und nach Seeland und fuhr dabei einen Reingewinn von 1 376 Mark zugunsten der Stadtkasse ein.

Dieses Verfahren zeigt wiederum höchst einprägsam, daß im Denken und Handeln der hansestädtischen Politiker auch in militärischen Angelegenheiten die geschäftsmäßig nüchterne Kalkulation von Gewinn und Verlust immer ihren dominierenden Stellenwert behielt.

Die Schiffsklassen der Hansezeit und ihre historische Entwicklung

Eine wesentliche Grundlage für die hansische Seemacht waren die Plattformen, von denen der Krieg in und über die See getragen wurde: die Schiffe. Die Stärke der Hanse auf den Meeren manifestierte sich, wie bereits dargelegt wurde, vor allem in ihrem Handelsschiffsbestand, der namentlich im 14. und 15. Jahrhundert quantitativ und qualitativ stark angewachsen war.

Die **Kogge** kann als erste hansische Schiffsklasse betrachtet werden. Aus einem als Coga beziehungsweise Coggo bezeichneten friesischen Wattenschiff hervorgegangen, wurde sie im Laufe der Jahrhunderte zum Kielschiff entwickelt. Aus den Wattengebieten Frieslands kam die Kogge im 8. Jahrhundert in die Ostsee. Dieses Schiff mit seinem flachen Unterboden konnte nur vor dem Winde gesegelt werden. Auch als unter dem flachen Boden zusätzlich eine relativ stabile Kielleiste befestigt worden war, reichte der Lateralwiderstand nicht aus, um das Schiff sicher am Winde segeln zu können. Als Kielschiff ist die Kogge um die Jahrtausendwende nachgewiesen. Damit wurde der Weg von Wattkoggen zum Seeschiff beschritten.

In nordeuropäischen Raum sind im Laufe des Mittelalters verschiedene Schiffbaulinien nachgewiesen. Sieht man vom Binnenbootsbau ab, so kristallisieren sich zwei Quellen für den Schiffbau in diesem Raum heraus: Die eine kommt von den Wikingern und Normannen und die andere aus den friesischen Gestaden. Waren die Wikingerschiffe in ihrer Anfangszeit noch flachgehende, schmale und schnelle Ruderschiffe, die auch am Wind gesegelt werden konnten, so vergrößerten sich ihre Abmessungen um die Jahrtausendwende ebenso wie die der friesischen Koggen. Im skandinavischen Raum entstanden Transportschiffe, die analog der Kogge fülliger und an den Seiten hochbordiger wurden, aber ihre geschwungenen Steven beibehielten. Ausgrabungen haben den Nachweis erbracht, daß skandinavische Schiffe den ersten Hansekoggen an Größe, Seetüchtigkeit und Segeleigenschaften ebenbürtig waren. Es gab aber neben der Stevenkonstruktion noch andere schiffbauliche Unterschiede.

Die Wikinger verbanden die wesentlich schmaleren Planken der geklinkerten Außenhaut ihrer Schiffe mit Nieten, während die breiteren und stärkeren Planken der ebenfalls geklinkerten Außenhaut der friesischen Koggen mit eisernen Nägeln zusammengehalten wurden. Die Spitzen der langen Nägel bog man zweimal um und schlug sie zurück ins Holz. Dieses Verfahren gab der Konstruktion einen festen Halt, verlieh aber auch dem Seeverhalten des Schiffes große Elastizität.

Diese beiden Schiffbaulinien markieren einen über Jahrtausende verlaufenden Entwicklungsweg des europäischen Schiffbaus. Von Generation zu Generation und von Region zu Region wurden schiffbauliche Lösungen und handwerkliches Können weitergegeben be-

Kogge

ziehungsweise ausgetauscht. Dabei sind die westeuropäischen Einflüsse ebenso unverkennbar wie die slawischen der südlichen Ostseeküste.

Das Aufblühen des Handels und die daraus resultierenden Forderungen nach leistungsfähiger und sicherer Transportkapazität waren wesentliche Triebfedern zur Entwicklung der Produktivkräfte im hansischen Schiffbau. Der gesteigerte Bedarf an Transportschiffen führte zwangsläufig zu einer Erweiterung des hansischen Schiffbaus. So entstanden in allen hansischen Seestädten Schiffbauplätze, die sogenannten Lastadien, auf denen in wachsenden Stückzahlen Koggen gebaut und repariert wurden.

Der Beginn der stärkeren Verbreitung der Hansekogge wird um das Jahr 1200 angesetzt. Diese neuartige Schiffsklasse sollte nicht nur in den folgenden zwei Jahrhunderten die nördlichen Meere beherrschen, sondern beeinflußte in jener Zeit auch den Schiffbau im west- und südeuropäischen Raum. Begünstigend für den Bau von

Koggen wirkte sich am Ende des 12. Jahrhunderts die Einführung der gesägten Bretter aus. Bis dahin wurden aus dem vollen Stamm mit dem Beil je zwei Bretter herausgeschlagen.

So hatten die Koggen in den letzten Jahrzehnten des 12. Jahrhunderts bereits beachtliche Qualitäten aufzuweisen. Im Jahre 1189 mußte eine deutsch-friesisch-flandrische Kreuzfahrerflotte, die überwiegend aus Koggen bestanden haben soll, zwischen Cádiz und Gibraltar bei ungünstigem Wetter gegen den Wind kreuzen. Es ist auch bekannt, daß die Hanseschiffe unter ungünstigen Windverhältnissen Ansteuerungen passieren, Flußläufe überwinden sowie in der Nord- und Ostsee gegen den Wind kreuzen konnten. Damit wäre belegt, daß hansische Schiffe bereits an der Wende zum 13. Jahrhundert in der Lage waren, hart am Wind zu segeln und zu kreuzen. Das ist eine große seemännische Leistung, wenn man die Takelage mit nur einem Segel berücksichtigt. Trotzdem kam es immer wieder vor, daß Koggen bei extremen Wetterlagen in Häfen und Buchten günstigen Wind abwarten mußten.

Mit dem im 12. Jahrhundert noch an einer Seite angebrachten Ruder, dem sogenannten Firrer, wurde das Schiff gesteuert. Der Firrer wirkte nach dem Prinzip eines Seitenschwertes. Es wurde nicht, wie etwa ein Paddel, gedreht oder geschwenkt. Die Geradeausfahrt wurde also nicht durch weniger oder mehr «Bremsen» mit dem Seitenruder erreicht, sondern Mast und Takelage waren so beschaffen, daß die Kogge bei hochgezogenem Firrer luvgierig war. Je tiefer nun der Firrer an der Leeseite parallel zur Schiffsrichtung eingetaucht wurde, um so größer wurde im achteren Bereich der Lateralwiderstand und wirkte gegen die Luvgier. Zum Kurshalten brauchte man nur entsprechend der Windstärke und -richtung den Firrer im mittleren Bereich zu halten. Das läge bei seegehenden Koggen mit höchstens 20 Lasten vom Kräfteaufwand her im Bereich des Möglichen. Damit wäre aber die verbreitete These widerlegt, daß der Steuerer auch im hansischen Bereich immer an Steuerbord gesessen habe. Aus mindestens zwei Gründen saß er stets auf der Leeseite, einmal um das Fahrzeug mit dem Firrer steuern zu können, und zum anderen auf der wetterabgewandten Seite, um nicht unnötig naß zu werden.

Da das Prinzip des Firrers aber nicht mit normalen Rahsegeln funktionierte, sondern das Fahrzeug mit Luggersegel gefahren werden mußte, ist anzunehmen, daß die ersten Koggen mit Schratsegeln getakelt waren. Das Schratsegel ist ein an einer Rah in Längsschiffsrichtung hängendes Segel in Luggerstellung, das heißt, das breitrechteckige Segel war asymmetrisch mit dem längeren Ende der Rah nach achtern am Mast angeschlagen. Wäre also zu schlußfolgern, daß die klassischen Rahsegel erst mit der Einführung des Stevenruders auf hansischen Schiffen ihre Verbreitung fanden.

Das Stevenruder ist erstmalig auf zwei Taufbecken, einem in Winchester und dem anderen in Zedelgem bei Brügge, aus der Zeit um 1180 nachgewiesen. Die dargestellten Schiffe sind im Seeverkehr zwischen England und dem Kontinent eingesetzte Holke.

Eine in Lübeck ausgegrabene hölzerne Gabel, die in die Zeit um 1200 einzuordnen ist und Benutzungsspuren aufweist, also schon älter ist, ist mit großer Wahrscheinlichkeit eine Auflagegabel für das «bowessprete» oder auch «longspret», wie auf dem Siegel von Wismar von 1256 deutlich zu erkennen ist. Daraus kann geschlußfolgert werden, daß spätestens seit dem ausgehenden 12. Jahrhundert mit Koggen gegen den Wind gekreuzt werden konnte. Mit dieser Spreizstange, dem Vorläufer des späteren Bugspriets, wurde das Segel beim Hart-am-Wind-Segeln in den Wind gespreizt.

Hart-am-Wind-Segeln und Kreuzen auf dem offenen Meer setzen aber das Stevenruder und die für die damalige Zeit bereits übliche Rahbetakelung voraus. So kann also angenommen werden – wenn das Stevenruder 1180 auf zwei Taufbecken gezeigt wird, eine um 1200 bereits benutzte Auflagegabel gefunden wurde und es Hinweise dafür gibt, daß im ausgehenden 12. Jahrhundert Kreuzfahrerflotten gegen den Wind kreuzten –, daß zu dieser Zeit die größeren über See gehenden Koggen auch vom hansischen Schiffbau mit Stevenrudern versehen waren.

Es ist zu vermuten, daß sich der Übergang von der Seitensteuerung zum achteren Stevenruder in der zweiten Hälfte des 12. Jahrhunderts vollzogen hat, auch wenn wir den ersten bildlichen Beleg aus einer Hansestadt erst auf dem Elbinger Siegel von 1242 finden. Andererseits hat Lübeck, an seiner Tradition festhaltend, noch auf seinem dritten Siegel von 1281 eine Kogge mit Seitensteuerung geprägt.

Die Einführung des Stevenruders war also die wesentliche Voraussetzung für die Vergrößerung der Schiffe und für die Verbesserung der Takelage, denn mit dem Firrer ließen sich eben nur Schiffe bis zu einer bestimmten Größenordnung bei Wind und See beherrschen.

Für diese Zeit kann eine durchschnittliche Reisegeschwindigkeit von annähernd 4,5 bis 7,5 Knoten angenommen werden, wenn man die Tradeführung und Zeitangaben eines zeitgenössischen Seebuches zugrunde legt. Das ist für die damalige Seefahrt eine beachtliche Geschwindigkeit, die erst am Ende des 18. Jahrhunderts von den schnelleren Segelschiffen wesentlich übertroffen wurde.

In einer Lübecker Zollrolle vom Jahre 1227 werden bereits drei Größengruppen hansischer Koggen erkennbar: Schiffe bis zu 5 Lasten, von 9 bis 12 Lasten und über 12 Lasten. Im Jahre 1358 wurden dann nur noch zwei Gruppen unterschieden: unter und über 60 Lasten. Die Kogge als Schiffsklasse hatte sich bis zur Mitte des 13. Jahrhunderts von der spanischen Nordküste bis tief in die Ostsee hinein durchgesetzt.

Dieses Schiff sollte sich dann auch als Kriegsschiff nicht nur in hansischen Flotten bewähren. Bald strebten auch feudale Potentaten danach, Koggen in ihre Kriegsgeschwader einzugliedern. Als Beispiele seien hier neben den skandinavischen Herrschern die Könige Ludwig der Heilige und Philipp IV. von Frankreich genannt.

Zeitgenössische Siegel und die im Jahre 1962 aus der Weser geborgene Kogge vermitteln uns eine ziemlich genaue Vorstellung von der schiffbaulichen Ausführung und der seemännischen Ausrüstung der Fahrzeuge dieser Schiffsklasse: Die Kogge war in der Regel ein klinkergebautes Schiff und führte nur einen Mast, der nach vorn von einem starken Stag gesichert wurde. Nach den Bordseiten und nach achtern gaben ihm die Wanten den nötigen Halt. In der zweiten Hälfte des 14. Jahrhunderts wurden die Wanten durch Webeleinen verbunden und ermöglichten den Matrosen das schnellere Aufentern in den Mastkorb. Am Mast wurde ein großes viereckiges Rahsegel gesetzt, das durch Brassen an der Rah und Schoten am unteren Teil des Segels geführt wurde. Bei schwachen bis mäßigen Winden wurden zusätzlich Bonnets an den unteren Seiten des Segels benutzt. Das waren breite Segelstreifen, die unten am Großsegel angesetzt wurden, um die Segelfläche zu vergrößern. Sie sollen zusammen noch einmal die normale Segelfläche des Großsegels ergeben haben. Bonnets sind auf hansischen Schiffen seit 1418 nachgewiesen.

Die Rah war durch das Rack, eine Art Tauschlinge, am Mast befestigt. Bei schwerem Wetter wurde die Segelfläche zunächst durch das nicht volle Setzen und später durch das Reffen des Segels vermindert. Der Bugspriet trug den Anker und war zum Fallenlassen und Hieven desselben ausgelegt. In der Regel führten die Koggen Beiboote mit. Die verbesserte Takelage, die ein sicheres Hart-am-Wind-Segeln und Kreuzen gewährleistete, sowie eine Reihe Verbesserungen in der Ausrüstung machten die Schiffe im Laufe der Zeit immer manövrierfähiger. Dazu gehörten geschlossene Decks, unterteilte Laderäume sowie eine bessere Unterbringung der Besatzungen.

In der zweiten Hälfte des 13. Jahrhunderts dürften die größeren hansischen Koggen bereits mit einem durchgehenden Oberdeck (averlop, overlop) gebaut worden sein. Es sind aber noch kleinere Frachtschiffe als Koggen nachgewiesen, die ihren Laderaum mittschiffs offen hatten und nur in See die Luken mit losen Planken abdeckten. Die Dammer Zollrolle von 1252 unterteilt die Schiffe in «magna navis trabeata» (großes durchbalktes Schiff) und «navis habet lose boynghe» (mittschiffs offenes Boot), die nur mir einem losen gewölbten Deck (boynghe = Bögen) abgedeckt wurden.

Im ausgehenden 14. Jahrhundert lag die Tragfähigkeit der Koggen in der Regel zwischen 40 und 120 Lasten, wobei Lübeck und die wendischen Städte auf Grund der relativ geringen Wassertiefen ihrer Ansteuerungen und Häfen sich mit ihren größten Schiffen im unteren, Danzig hingegen im oberen Bereich bewegt haben dürften. Die bereits genannte Bremer Kogge hatte bei einer Tragfähigkeit von etwa 60 Lasten folgende Abmessungen: Länge über alles: 23,23 Meter; größte Breite: 7,78 Meter; Rumpfhöhe (einschließlich Achterkastell und Gangspill): 7,04 Meter; Höhe vom Kiel bis Oberkante Vorsteven: 7,16 Meter; Mastlänge: etwa 23 Meter; Segelfläche: etwa 200 Quadratmeter; Tiefgang ohne Ladung: 1,25 Meter; Tiefgang mit Ladung: 2,25 Meter.

Der Bremer Fund hat bezüglich der Bauausführung der Koggen nicht nur zahlreiche ältere Hypothesen bestätigt, sondern auch neue Erkenntnisse geliefert und manche früheren Annahmen widerlegt, so zum Beispiel die Ansicht, daß etwa seit dem Jahre 1200 die Schiffbauer dazu übergegangen wären, nach der Kiellegung mit dem Bau des Spantengerüstes noch vor der Herstellung der geklinkerten Außenhaut zu beginnen. Auch der Bremer Kogge ist das Spantengerüst nachträglich eingesetzt worden. Weiterhin konnte anhand dieser Kogge der Nachweis erbracht werden, daß sich der allgemeine Übergang von der Klinkerbeplankung zum Kraweelbau in der Städtehanse nicht, wie bisher angenommen, in der zweiten Hälfte des 15. Jahrhunderts vollzogen hat, sondern daß bereits am Ende des 14. Jahrhunderts beide Beplankungsarten an einem Schiff vorkommen konnten.

Voraussetzung für den Bau von Seeschiffen dieser Größenordnung war die Sorgfalt, mit der der Bau ausgeführt werden mußte. So entstand zur Erhöhung der Seetüchtigkeit über mehrere Entwicklungsstufen vorn und achtern zum bisher vorhandenen Innensteven noch ein robuster Außensteven, denn die Befestigung der Planken an den Innensteven hatte keine ausreichende Wasserdichte des Schiffskörpers gewährleistet. Auch bei noch so akkurater Bauausführung machten die Schiffe vorn und achtern Wasser. Abhilfe wurde geschaffen, indem von außen über die an den Steven zusammenlaufenden Planken stärkere Leisten geschlagen wurden. Von dieser Lösung zu den starken und für den Beginn des 14. Jahrhunderts charakteristischen Außensteven war es nun kein großer Schritt mehr. Die stabile Stevenkonstruktion wurde auch von dem Bestreben diktiert, die Schiffe für An- und Ablegemanöver unter den primitiven Segelbedingungen stoßfest zu machen.

Durch die Vermittlung westfranzösischer Seefahrer erschien die Kogge am Beginn des 14. Jahrhunderts auch im Mittelmeerraum, wo sie vor allem von den Venezianern, Genuesen und Katalanen gebaut wurde. Den Anforderungen dieses Seegebietes entsprechend, wurden schiffbauliche Modifizierungen vorgenommen.

In der ersten Hälfte des 14. Jahrhunderts erhielten die Koggen im Zuge der weiteren Vervollkommnung vorn und achtern Plattformen zur Aufnahme von Kriegern, die sogenannten Kastelle. Sie waren zunächst nicht organisch mit dem Schiffskörper verbunden, sondern wirkten wie zusätzlich aufgebaute Gerüste. Diese Kastelle waren aber ein wesentlicher Fortschritt für die Kampfkraft der Schiffe. Es waren jetzt einschließlich dem Mastkorb drei Gefechtsstationen entstanden, von wo aus im Nahkampf Schiff gegen Schiff Bogen- beziehungsweiße Armbrustschützen in Stellung gehen und den Gegner aus erhöhter Position beschießen konnten.

Mit dem 15. Jahrhundert wird die über zwei Jahrhunderte bewährte Kogge vom Holk oder Hulk, wie die neue Schiffsklasse auch bezeichnet wurde, abgelöst.

Begriff und Bauart des **Holks** lassen sich weit in die vorhansische Zeit zurückverfolgen. Es ist wahrscheinlich, daß das Wort «hulec» beziehungsweise «holcas» als Bezeichnung für ein Treidelschiff bereits aus der Zeit der Römerherrschaft stammt. Aus dem Karolingerreich sind Münzen bekannt, auf denen Schiffe mit der charakteristischen Grundform des Holks abgebildet sind. Um das Jahr 1000 wird der Hulk als Seeschiff im Londoner Stadtrecht erwähnt. Der Ursprung des Wortes «Holk» wird auch aus dem im Altenglischen überlieferten germanischen Stamm «holk» (Höhlung) angenommen, der sowohl im Mittelniederdeutschen als «holkan» (aushöhlen) wie auch in den skandinavischen Sprachen unter anderem als «holk» (Holzgefäß) überliefert ist.

Die Konstruktion eines bei Utrecht gefundenen Schiffes, das offensichtlich im 10. Jahrhundert im Englandverkehr zwischen Dorestad und York eingesetzt war, bestätigt die Herleitung des Wortes, denn dieses Schiff ist auf einem großen ausgehöhlten Baumstamm als Unterboden aufgebaut worden. Das Utrecht-Schiff hatte weder Kiel noch Steven; es ist im Quer- und Längsschiff halbkreisförmig und erinnert an eine gestreckte halbe Nußschale. Das Vor- und Achterschiff ist als Sprung hochgezogen, wobei das Vorschiff höher liegt. Das leicht gebogene Unterwasserschiff machte das Anlanden an flacher Sandküste möglich. Schleifspuren am Boden des Utrechter Schiffes scheinen diese Hypothese zu bestätigen. Die Spuren können aber auch vom Treideln herrühren, denn das Schiff hatte höchstwahrscheinlich einen weit vorn liegenden Treidelmast. Das markanteste Merkmal des Holks, das sich bis in das ausgehende Mittelalter verfolgen läßt, sind die ausgeprägten Rundkaffen zu beiden Schiffsenden.

Betrachtet man die Entwicklung des Holks, dann kann heute festgestellt werden, daß dieses Fahrzeug im Schatten der Kogge zu einer neuen Schiffsklasse entwickelt wurde. So war am Ende des 14. zum 15. Jahrhundert ein breites, flachbordiges, in der Mitte oft stark durchgebogenes Hochseeschiff entstanden, das achtern meist eine flache und vorn eine runde oder flache Kaffe aufwies. Durch die Übernahme des Kiels von der Kogge und die wesentliche Vergrößerung der Abmessungen des gesamten Schiffes einschließlich der

Holk

Kastellaufbauten entstand ein leistungsfähiges und kampfstarkes Schiff, das bis zur Mitte des 15. Jahrhunderts 100 bis 150 Lasten Fracht und mehr befördern konnte.

Ursache für das Streben nach größeren Schiffen war die weitere Verlagerung der Transportaufgaben von im wesentlichen hochwertigen, aber weniger Transportraum beanspruchenden Waren wie Tuchen, Bernstein, Wachs, Pottasche und anderen auf Massengüter wie Getreide, Salz und Holz. Diesen Anforderungen entsprach der Holk mehr als die Kogge.

Lübeck versuchte dieser Entwicklung zunächst Einhalt zu gebieten. Das hatte verschiedene Ursachen, unter anderem die geringen Wassertiefen in den Häfen der südwestlichen Ostsee, die die Entwicklung des Seeschiffbaus in den wendischen Städten negativ beeinflußten. Häufige Grundberührungen und daraus resultierende Leckschäden gaben Veranlassung, die Abmessungen der Schiffe zu begrenzen. Im Jahre 1407 wurden in Lübeck Schiffe mit 24 Lasten Tragfähigkeit schon als «grote» bezeichnet. In Danzig dagegen rechnete man am Ende des 14. Jahrhunderts 20 bis 40 Lasten tragende Schiffe zu den kleinen.

Mit der Vergrößerung der Schiffe traten neue Probleme auf, die vom Schiffbau der Städte gelöst werden mußten. Bereits zu Beginn des 15. Jahrhunderts waren Versuche unternommen worden, einen zweiten kleineren Mast auf dem Achter-, mitunter aber auch auf dem Vorderkastell aufzustellen. Der Grund dafür war, daß mit dem Größerwerden der Schiffe auch die Segel an einem Mast zu groß wurden und selbst bei normalem Wetter nur noch schwer zu bedienen waren. Jetzt sollte die Segelfläche auf zwei Masten verteilt werden. Der zweite Mast auf dem Achterdeck bewährte sich jedoch nicht. Durch das Meisansegel (das spätere Besansegel) wurden die Schiffe noch luvgieriger, als sie auf Grund der breiten Achterkastelle ohnehin schon waren. Durch die Aufstellung von drei Masten und im weiteren durch die Unterteilung der Segel auf mehrere Rahen wurde dann später die Lösung des Problems gefunden. Versuche dazu muß es schon um die Mitte des 15. Jahrhunderts gegeben haben. So zeigt ein handgeschriebenes Pilot Book (Lotsenbuch), das aus dieser Zeit stammt, auf einer ganzseitigen Abbildung fünf dreimastige Schiffe; von diesen haben zwei ein Großmarssegel, ein Schiff sogar ein Vormarssegel. Das dritte Schiff zeigt bereits auf dem Vorderkastell eine Blide. Das ist bemerkenswert, weil das Vorhandensein von mehrmastigen Schiffen für die Hanse erst in der zweiten Hälfte des 15. Jahrhunderts angenommen wird.

Um diese Zeit zeigte sich auch, daß die Grenzen der Festigkeit des Klinkerbaus erreicht waren. In der ersten Hälfte des 15. Jahrhunderts ereigneten sich eine Reihe von Seeunfällen, denen vor allem übergroße geklinkerte Holke bei schwerer See zum Opfer fielen.

Beim Klinkerbau liegt die Festigkeit des Schiffskörpers in der widerstandsfähigen und elastischen Außenhaut, die, mit Nägeln geheftet, auf dem Spantengerüst befestigt war. Aber der Klinkerbau eignet sich nur für kleine und mittlere Schiffe der damaligen Größenordnungen. Diese Erkenntnis mußte die hansische Seefahrt mit Verlusten an Menschen und Gütern erkaufen. Die Lösung des Problems war der Übergang zum Kraweelbau.

In Frankreich hatte sich zu dieser Zeit die Kraweelbauweise bereits durchgesetzt. Die Entwicklung zum Kraweel war auch im französischen Schiffbau über geklinkerte Schiffe gelaufen. Der Vorgänger des Kraweel war hier der Nef, ein seetüchtiger Frachtsegler ähnlich der Kogge, der in seiner ersten Entwicklungsphase um das

Jahr 1000 herum ebenfalls noch mit seitlichem Steuerruder gefahren wurde. Die Schiffe dieser Klasse wurden in der Folgezeit zu großen, breiten und mäßig gerundeten, länglichen, auf Kiel gebauten Fahrzeugen entwickelt. Dabei war der oberste Plankengang fast gerade gehalten und zeigte an den Enden zu den hochragenden Steven einen starken Sprung. Der Nef führte zu einer annähernd in Längsschiffsrichtung waagerecht stehenden Rah ein unten zu einem «Bausch» zusammengefaßtes Segel. Im Laufe der Zeit wuchsen die Abmessungen ebenfalls über das Maß des für den Klinkerbau Zulässigen hinaus. Mitte des 15. Jahrhunderts brachten die Holländer von den bretonischen Schiffbauern die Technik des Kraweelbaus mit, und im Jahre 1459 wurde in Zierikzee das erste «craweelschep» von einem Bretonen erbaut. Für das Jahr 1460 ist belegt, daß die Schiffbauer von Hoorn Kraweele bauten.

Mit dem Auftreten der süd- und westeuropäischen Karacken und Karavellen im Nord- und Ostseeraum wurde die Übernahme der Kraweelbeplankung im hansischen Schiffbau beschleunigt, so daß die weitere Entwicklung etwa von 1460 bis 1500 bei der Einführung des Kraweelbaus recht zügig verlief.

Beim Kraweelbau stoßen die Planken stumpf gegeneinander und sind nur durch die Spanten miteinander verbunden. Die Spantengerüste sind aber durch wesentlich mehr Innenhölzer verstärkt. Zum Schutz der Außenhaut wurden starke, aus Bergholz gefertigte Fenderleisten um das ganze Schiff herum angebracht.

Nach Übernahme des Kraweelbaus wurden die Grenzen, die der Klinkerbau hinsichtlich der Abmessungen setzte, gesprengt. Die Schiffe wurden größer, und die Anzahl der Masten erhöhte sich. Damit wurden die Schiffe seetüchtiger, und für die Betakelung eröffneten sich neue Möglichkeiten, in deren Folge die Fahrzeuge schneller und – nach weiterer Vervollkommnung der Ruderanlagen – manövrierfähiger werden konnten. Die Kastelle entwickelten sich zu regelrechten Aufbauten, in deren Innenräumen sich Kammern für obere Chargen der Schiffsbesatzung und wohlhabende Passagiere befanden.

Dieser Entwicklung kam der Holk entgegen, der sich als Schiffsklasse bewährt hatte. Bald waren drei Masten die Regel, und die Kastelle wurden zur Aufnahme von Waffen und mehr Bewaffneten verstärkt. Anstelle des bisherigen Mastkorbes erhielten die Schiffe zunächst einen Mars, später dann trugen auch die anderen Masten einen Mars. Es waren größere und verstärkte Toppkastelle, die mehrere Schützen aufnehmen konnten. Lang andauernde Kaperkriege und die durch sie erzwungene häufigere Geleitfahrt hatten diese Forderung auf die Tagesordnung gesetzt. Mit dem Bau der «Marsschiffe», die bereits eine Reihe von Merkmalen eines Kriegsschiffes aufwiesen, kam der Schiffbauer dem Sicherheitsbedürfnis des hansischen Kaufmanns entgegen. Diese Schiffe wurden dann auch in zunehmendem Maße mit Schiffsartillerie bestückt.

In seiner letzten Entwicklungsphase steht uns der Holk als dreimastige, kraweelgebaute Schiffsklasse gegenüber. Mit der Kraweelbauweise und der damit verbundenen Weiterentwicklung der Hochseeschiffe tritt auch der Holk in den Hintergrund. Damit endete die Ära der drei bedeutendsten größeren Schiffsklassen des Mittelalters, die mit dem französischen Nef wahrscheinlich schon vor der Jahrtausendwende begonnen und in der Folgezeit die hansische Kogge und den niederländischen Holk hervorgebracht hatte.

Um 1500 ist das **Kraweel** bereits häufiger in den Hafenunterlagen zu finden als der Holk. Diese neue Schiffsklasse beinhaltete in Fortsetzung der Entwicklungslinie von der Kogge zum Holk alle Erfahrungen des west- und nordeuropäischen Schiffbaus und sollte in der ersten Hälfte des 16. Jahrhunderts zum größten hansischen Hochseeschiff entwickelt werden.

Zu Beginn des 16. Jahrhunderts beeinflußte die umfangreiche Einführung von Schiffsgeschützen auch den hansischen Schiffbau. Infolge der permanenten Piratengefahr und häufiger kriegerischer Auseinandersetzungen in den europäischen Gewässern mußte die Forderung, die Schiffe stärker zu armieren und dazu die erforderlichen Unterbringungsmöglichkeiten für Geschütz, Munition und Bedienung zu schaffen, erfüllt werden.

Vor allem in Frankreich, England und in den Niederlanden war man zu der Erkenntnis gekommen, daß die Verteilung der Geschütze nach einem möglichst zweckmäßigen System vorgenommen werden müsse. Die Seegefechte des 15. Jahrhunderts hatten gezeigt, daß der Erfolg im Gefecht nicht unwesentlich von der effektivsten Aufstellung der Bewaffnung an Bord abhing. Die Bestrebungen wurden deshalb darauf gerichtet, den Schiffen im Seegefecht starke Breitseiten zu ermöglichen. Als um 1500 der französische Schiffbaumeister de Charges das erste Orlogschiff mit eingebauten Geschützpforten oder «Stückpforten», wie sie an Bord hansischer Schiffe dann genannt wurden, vorstellte, war die technische Lösung der von den Neuerungen im Seekriegswesen diktierten Forderungen gefunden.

So entstanden die ersten Schiffe, die wesentlich stärker und fester in den Verbänden, vor allem in den Decks und Decksplanken gebaut werden mußten, und die mit einem zweiten Deck, auf dem die Geschütze Aufstellung fanden, versehen wurden. Da dieses zweite Deck relativ hoch über der Wasserlinie lag, traten Stabilitätsprobleme auf, die zu verstärktem Ballastfahren zwangen.

Zwei neuen Gegebenheiten mußte sich der Schiffbau des 16. Jahrhunderts im besonderen Maße stellen, nämlich den erhöhten Transportanforderungen und der gewachsenen Bedrohung auf den Meeren. Der Transport von Massengütern war weiterhin im Wachstum begriffen, Kriege und Kaperunwesen rissen im Nord- und Ostseeraum nicht ab.

In der zweiten Hälfte des 16. Jahrhunderts verlief die Entwicklung des Schiffbaus zunächst noch relativ unverändert. Allerdings setzte sich die Tendenz fort, die Schiffe größer zu bauen und stärker zu armieren. Dabei begann das Kraweel in einzelnen Fällen bereits zum Linienschiff zu werden und damit in eine andere Schiffsklasse hinüberzuwachsen. Aber die endgültige Teilung der Flotten in Kriegs- und Handelsschiffe setzte sich erst im 17. Jahrhundert durch. Besonders große und mächtige Schiffe waren die Lübecker «Salvator», «Jesus von Lübeck» und «Großer Adler von Lübeck». Letzteres wird in der Literatur zuweilen auch als Linienschiff bezeichnet. In der Tat war dieses große, 1 000 Salzlasten fassende Fahrzeug mehr Kampf- als Transportschiff.

Der «Große Adler von Lübeck» war ein Viermastschiff. Die Masten trugen sieben Marsen. Das war möglich, weil die drei Hauptmasten je zwei Marsen hatten. Dieses erste Linienschiff einer Hansestadt war mit 68 Geschützen erster Größe, 32 Geschützen zweiter Größe und 40 Geschützen dritter Größe bestückt. Die Artillerie war in Batterien zu 7 bis 10 Stücken an beiden Bordseiten aufgestellt. Im Interesse der Stabilität wurden die schweren Geschütze in den unteren Decks hinter die Pforten gebracht. Das Schiff verfügte bereits über drei Artilleriedecks.

Berücksichtigt man, daß Dänemark und Schweden im Nordischen

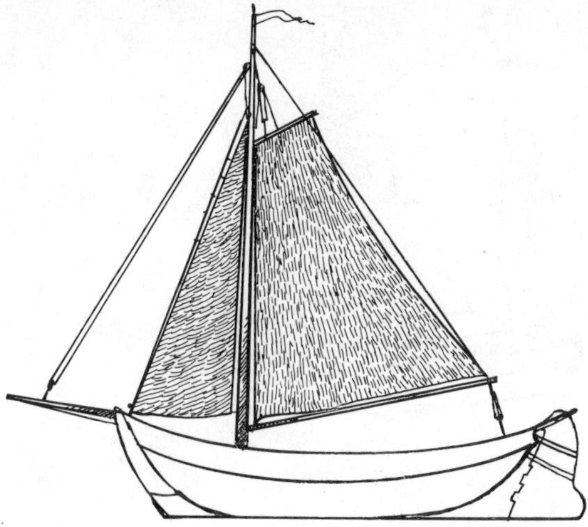

Schnigge

Siebenjährigen Krieg (1563 bis 1570) ebenfalls über Dreidecker-Linienschiffe verfügten, dann weist diese Tatsache auf einen relativ hohen Stand des Kriegsschiffbaus im Ostseeraum hin. In England und bei anderen westeuropäischen Seemächten gab es Kampfschiffe mit drei Artilleriedecks erst an der Wende vom 16. zum 17. Jahrhundert.

Neben den größeren wurden von den Städten bis in die hansische Spätzeit und darüber hinaus auch kleinere Schiffsklassen eingesetzt. Dazu gehörte die **Schnigge,** die in der Überlieferung auch als Schnikke beziehungsweise Snigge bezeichnet wird. Die Entwicklung dieses Fahrzeugs läßt sich bis in das 10. Jahrhundert zurückverfolgen.

Die Schnigge war ein kleines, relativ schnelles Segelschiff, das hauptsächlich in der Küstenschiffahrt und zu Kontrollzwecken in Häfen und auf den Zufahrten eingesetzt wurde. In unruhigen Zeiten handelten die Schniggen als Auslieger und erfüllten Aufklärungsaufgaben.

Auch die Schnigge ging den Weg vom seitengesteuerten offenen Segelboot zum manövrierfähigen Hochseesegler. Waren zunächst Schnigge und Schute annähernd gleiche Schiffe, so wurde die Schute zum Kleintransporter und Leichter, die Schnigge aber zu einer Art

Ewer

Schnellsegler entwickelt. Sie erreichte eine Tragfähigkeit von etwa 30 bis 50 Lasten.

Einige sogenannte Ratsschniggen wurden von den Städten auch in Friedenszeiten unterhalten. Die späteren aus dem 15. Jahrhundert bekannten Pinken könnten als Weiterentwicklung der Schniggen gelten. Beide waren im 16. Jahrhundert zahlenmäßig stark im Bestand hansischer Flottengeschwader als Hilfsfahrzeuge vertreten.

Die Schiffsklasse **Ewer**, wahrscheinlich friesischen Ursprungs, wird im Jahre 1252 zum ersten Male urkundlich erwähnt. Im Zolltarif von Damme heißt es: «Ein Schiff, das als envare bezeichnet wird, das ein am Heck hängendes Ruder hat, ist dem Grafen 4 Pfennig und den Lehnsvasallen 4 Pfennig zu zahlen schuldig; wenn aber das Ruder an der Schiffsseite hängt, so schuldet das Schiff dem Grafen 2 Pfennig und den Lehnsvasallen 2 Pfennig.» Aus dieser Zollbestimmung ist zu ersehen, daß einerseits damals beide Ruderarten noch nebeneinander üblich waren und andererseits die Schiffe mit Heckruder über größere Tragfähigkeiten verfügten. Weitere Erwähnung findet der Ewer in Hamburger Kaufverträgen von 1299.

Über die Herkunft des Wortes gibt es verschiedene Vermutungen. Am wahrscheinlichsten ist wohl die Ableitung vom holländischen Wort «envarer», Einfahrer, die auf eine ursprünglich auf einen Mann beschränkte Besatzung des Bootes hindeutet.

In der hansischen Seeschiffahrt galt der Ewer als kleines seefähiges Segelschiff, kiellos und flachgehend mit 25 bis maximal 50 Lasten Tragfähigkeit. Die Besatzung war dann bis zum 15. Jahrhundert je nach der Tragfähigkeit auf 6 bis 10 Mann angestiegen.

Die **Busse** war bereits im 12. Jahrhundert in der Mittelmeerschiffahrt als «buza», «bucia», «bucius» oder «bussus» in Gestalt eines geruderten Segelschiffes verbreitet. Auch aus der nordischen Seefahrt ist ein Schiffstyp unter der Bezeichnung «Buza» überliefert. Seit wann die Busse im hansischen Raum Eingang fand, ist nicht genau zu bestimmen; die erste schriftliche Erwähnung finden wir 1303 im englischen Lynn als Bezeichnung für ein Wismarer Frachtschiff. Auch später taucht diese Schiffsklasse in Kämmereirechnungen auf. Als Transportschiff in der Zeit der Städtehanse hatte es eine Tragfähigkeit von 30 bis 50 Lasten. Es wurde zur Seebefriedung und als Kaperfahrzeug eingesetzt. In der weiteren Entwicklung, vor allem nach 1400, wurden die Bussen in zunehmendem Maße als sogenannte Heringsbüser für Fischereizwecke eingesetzt. Aber auch als zweimastiges Handelsschiff hat sich die Büse fast bis zum Ende der Segelschiffzeit erhalten.

Der **Kraier** ist vermutlich im 14. Jahrhundert entstanden. Es ist anzunehmen, daß diese neue Schiffsklasse im Zuge der Weiterentwicklung des Schiffbaus, der Betakelung der Schiffe und der Schiffsbewaffnung erforderlich geworden war, um die Lücke zwischen den immer größer werdenden Koggen und Holken auf der einen und den Schniggen beziehungsweise Schuten auf der anderen Seite zu schließen.

Der Kraier stellte eine wichtige Ergänzung zur schnellen Schnigge und zur Schute dar. Seine Tragfähigkeit als seetüchtiges Lastschiff überstieg bald 60 Lasten. Der Kraier war auch in hansischen Flottenverbänden anzutreffen. Bis in das 16. Jahrhundert wird er sowohl in der Ostsee als auch in der Bergen- und Flandernfahrt verwendet. Diese Schiffsklasse dürfte die Vorstufe für die im 16. Jahrhundert anzutreffende Barke gewesen sein.

Die **Barke**: Unter der Bezeichnung «barika» in Griechenland und «barca» in römischen Gewässern lassen sich kleine Boote ohne Segel bis in die Antike zurückverfolgen. Seit dem 14. Jahrhundert ist die Barke als Schiffsklasse auch im hansischen Bereich nachgewiesen. Sie war im 16. Jahrhundert ein dreimastiges kraweelgebautes Schiff, kleiner und leichter als das eigentliche Kraweel. Man könnte sie von den Abmessungen her mit dem Holk vergleichen. Die schnittige Bauart machte dieses Seeschiff jedoch manövrierfähiger und schneller. Die Tragfähigkeit lag zwischen 80 und 120 Lasten.

Als Schiffsklasse der Hanse wurden die Fahrzeuge sowohl als Transportschiffe als auch zu Kriegszwecken eingesetzt. In den Quellen sind Barken häufig als Kaperschiffe und Auslieger aufgeführt. Sie verfügten über 65 bis 75 Mann Besatzung.

Der **Balinger**: Dieser Hochseesegler, der als Walfänger ursprünglich auch gerudert werden konnte, war vor allem in der Nordsee zu finden. Hier wurde er im 15. Jahrhundert nicht nur von den Hansestädten gefahren. Auch Holländer und Engländer nutzten ihn als Kauffahrer. Der Balinger konnte bis zu 80 Lasten tragen und eignete sich gut zur Seebefriedung und zum Einsatz als Kaperschiff.

Die **Pleyte** ist als Küstenfrachter bereits unter den Bezeichnungen «flämischer oder brabanter Pleit» aus früher Zeit bekannt. Die im 13. Jahrhundert urkundlich erwähnten Fahrzeuge waren noch Binnenschiffe, die vor allem im Raum der Zuidersee zum Einsatz kamen. Als Segelschiff der Städtehanse erreichte die Pleyte im 15. Jahrhundert eine Tragfähigkeit bis zu 80 Lasten. Sie war ein schwerfälliger, aber seefähiger Segler, der in hansischen Flottenverbänden als Hilfs- und Transportschiff verwendet wurde.

Die **Fleute**: Der aufstrebende holländische Schiffbau nahm mit der Entwicklung und dem Bau dieser neuen Schiffsklasse die führende Position im europäischen Raum ein. Die Fleute, in Hoorn entwickelt, auch unter der Bezeichnung «Fluite» oder «Vliete» (vom Wort «fließen» abgeleitet) erwähnt, führte – wie 150 Jahre früher das Kraweel – zu einer Umwälzung im Schiffbau und in der Seeschiffahrt. Die wesentliche Neuerung bestand in einem beträchtlichen Niveauanstieg der Transport- und Segeleigenschaften. Im Vergleich zu den in der Hanse gefahrenen Kraweelschiffen waren die Abmessungen und Formen der Fleute hinsichtlich Tragfähigkeit, Proportionen und Linenführung optimal projektiert. Die größere Tragfähigkeit wurde vor allem durch die für die damalige Zeit enorme Vergrößerung der Schiffslänge erreicht.

War bei hansischen Schiffen noch ein Länge-Breite-Verhältnis von 3:1 üblich, so wurde die Fleute nicht selten in einem Verhältnis bis 6:1 gebaut. Durch die größere Schiffslänge war man dann auch in der Lage, die Abstände zwischen den drei Masten zu erweitern und damit günstigere Lösungen für die Takelage zu finden.

Mit der Fleute erfüllten die Niederländer die neuen Anforderungen des Handels:

1. Die Schiffe wurden flachgehender, um vor den Häfen das kostspielige Leichtern zu ersparen.
2. Sie wurden durch die schlanke Formgebung und durch die dreigeteilten Masten mit mehreren Segelflächen schneller, hatten eine wesentlich höhere Tragfähigkeit und konnten mit weniger Personal gefahren werden.
3. Sie kosteten geringeren Sundzoll, weil sie durch die nach oben stark nach innen gezogenen Spanten wesentlich schmalere Oberdecks hatten. Durch ihre besondere Formgebung konnten die Schiffe mehr laden, als das Eichmaß angab. Dazu muß man wissen, daß seit 1577 der Sundzoll nach der Breite des Oberdecks und nach der Tiefe der Laderäume berechnet wurde. Beide Kriterien waren bei der Fleute kostengünstig. Erst 1666 erhob man den Sundzoll nach anderen Grundsätzen.

Wegen dieser Vorzüge verbreitete sich die Fleute schnell in den europäischen Gewässern. Im Jahre 1618 begann auch Lübeck mit dem Bau dieser Schiffsklasse. Für Kriegszwecke wurden diese Schiffe von den hansischen Städten nicht mehr eingesetzt. Für die niederländische Seemacht entsprach die Fleute dem, was für die Hanse einst die Kogge gewesen war.

Die hansische Steuermannskunst

Eine unabdingbare Voraussetzung für das Befahren der Meere, gleichgültig, ob es zu dem Zweck geschieht, ein Handelsschiff von einem Abgangsort zu einem Bestimmungshafen über See zu führen oder im Krieg den Gegner auf hoher See zum Gefecht zu stellen, ist ein Minimum an Steuermannskunst. Deshalb erscheint es bei der Betrachtung der Grundlagen hansischer Seekriegführung erforderlich, einige Ausführungen zur mittelalterlichen Nautik zu machen, die ja immerhin schon eine Art der speziellen Sicherstellung von Kampfhandlungen in See verkörperte, auch wenn damals noch niemand daran dachte, sie so zu definieren.

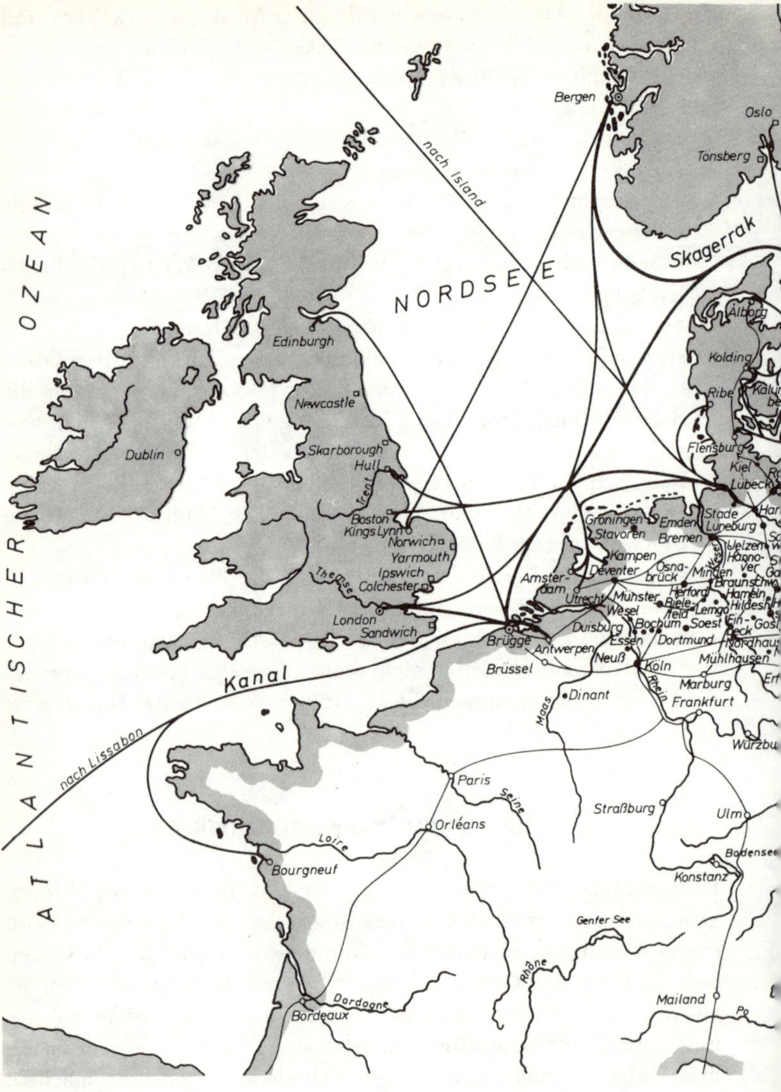

Städte, Handelsstraßen und Kontore
der Hanse im 14. und 15. Jahrhundert

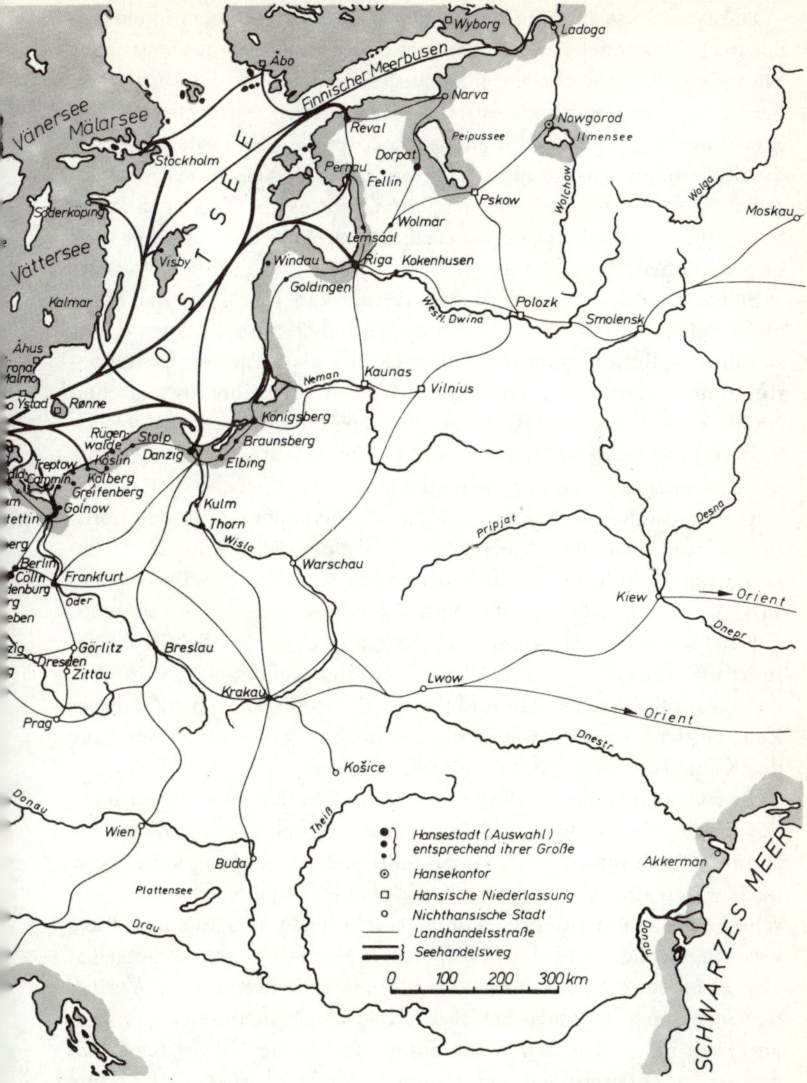

Wyborg
Ladoga
Åbo
Finnischer Meerbusen
Narva
Vänersee
Mälarsee
Reval
Nowgorod
Ilmensee
Peipussee
Stockholm
Dorpat
Pernau
Fellin
Pskow
Wolchow
Wolga
Söderköping
Wolmar
Moskau
O S T S E E
Lemsaal
Vättersee
Visby
Windau
Riga
Kokenhusen
Goldingen
Kalmar
Westl. Dwina
Polozk
Smolensk
Åhus
Neman
Kaunas
Vilnius
Ystad
Rønne
Königsberg
Rügenwalde
Stolp
Braunsberg
Danzig
Elbing
Treptow
Köslin
Cammin
Kolberg
Greifenberg
Golnow
Kulm
Thorn
Pripjat
Desna
Wisla
Berlin
Cölln
Warschau
Frankfurt
Kiew
Orient
Oder
Dnepr
Görlitz
Breslau
Dresden
Zittau
Lwow
Krakau
Orient
Prag
Dnestr
Košice
Donau
Theiß
Wien
Hansestadt (Auswahl) entsprechend ihrer Größe
Akkerman
Buda
Hansekontor
Hansische Niederlassung
Plattensee
Nichthansische Stadt
Landhandelsstraße
Drau
Seehandelsweg
Donau
0 100 200 300 km
SCHWARZES MEER

Die Nautik ist auch im hansischen Raum über Generationen mit der Seefahrt gewachsen. Die hansische Steuermannskunst weist aber Besonderheiten auf, die vor allem aus dem Charakter der hansischen Seefahrt – einer küstenorientierten Seeschiffahrt – resultierten, die gegenüber der Überseeschiffahrt andere, spezielle Anforderungen an die Steuermannskunst stellte. Über die Art und Weise, wie die hansischen Seeleute auf Koggen navigierten, gibt es zur Zeit noch keine Sachfunde. Deshalb tragen unsere heutigen Ansichten darüber vielfach hypothetischen Charakter.

Selbst die Tatsache, daß sich seit etwa dem Jahr 1000 der Himmelsnordpol permanent dem Nordstern nähert und letzterer damit sowohl zur Bestimmung der Nordrichtung als auch zur Breitenbestimmung genutzt werden konnte, übte in der nordeuropäischen Nautik geringeren Einfluß aus als etwa im Mittelmeerraum. Der Polarstern hatte in den Gewässern der Ost- und Nordsee vor allem für die Richtungsbestimmung Bedeutung.

Die nordweisende Eigenschaft der Magnetnadel war in den nord- und westeuropäischen Meeren am Ende des 12. Jahrhunderts bekannt. Der schottische Mönch Alexander Neckham erwähnt bereits 1187 in seinen Schriften die Nutzung des Kompasses. Er schreibt, daß bei schlechter Sicht ein Magnetstein in ein Stück Schilfrohr geführt und dieses in ein mit Wasser gefülltes Gefäß gelegt wurde, so daß dieses Rohr schwamm und die Nordrichtung anzeigte. Zu dieser Zeit war der niederdeutsche Seefahrer noch weit von der Anwendung des Kompasses in der Schiffsführung entfernt.

Es ist anzunehmen, daß der hansische Schiffer oder Steuermann die Himmelsrichtungen nach einer Art 16-Punkte-Kompaßrose bestimmte, noch bevor der Kompaß selbst zur Anwendung kam. Demnach wären die Richtungen allein durch Beobachtungen und fortschreitende Halbierung der Himmelsrichtungen entstanden. Daraus wird aber ersichtlich, daß die hansische Seefahrt sehr lange selbst eine elementare Nautik im heutigen Sinne entbehren mußte. Verließ der Seemann mit seinem Schiff die Küstensicht, konnte er sich zwar am Tage nach dem Stand der Sonne und in der Nacht nach den Sternen orientieren; war der Himmel jedoch bedeckt, dann fehlte ihm jedes Hilfsmittel, um Kurs und Standort zu bestimmen.

Aber auch die Möglichkeiten, bei klarem Himmel nach Gestirnen Standortbestimmungen vorzunehmen, erscheinen äußerst zweifel-

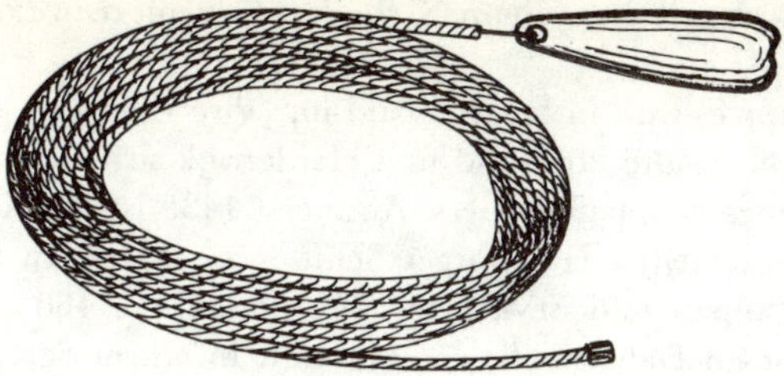

Lot

haft. Die Quellen berichten, daß die Seefahrt jener Zeit in der Lage war, astronomisch mit Hilfe des sogenannten Gnomen oder Schattenzeigers die geographische Breite zu bestimmen. Gleichzeitig finden sich aber auch Hinweise, daß dieses Verfahren mit seinen umständlichen Vorrichtungen nur an Land eine relative Genauigkeit ergab. In See konnten selbst bei ruhigem Wetter kaum zuverlässige Resultate erwartet werden. Dennoch gibt es Überlieferungen, aus denen hervorgeht, daß sich Steuerleute einer Kreuzfahrerflotte bereits im Jahre 1217 vor dem Auslaufen aus der Stadt Candila von dem Kustoden der Insel beschreiben ließen, welche Sterne und welchen Himmelsstrich sie auf ihrer weiteren Fahrt zu berücksichtigen hätten.

Selbst die Schätzung, die in der Seefahrt sogenannte Gissung, entbehrte jeglicher exakten Grundlage, da weder der Kurs und die Zeit, die auf dem Kurs gelaufen worden war, noch die Distanz annähernd genau gemessen werden konnten.

Als Resümee muß man sagen, daß die Seefahrt außerhalb der Küstensicht bis zur Einführung und Anwendung des Kompasses selbst auf eine nur annähernd genaue Navigation verzichten mußte. Das Besteck wurde in der Nord- und Ostsee vorwiegend in Küstensicht mit dem Lot bestimmt.

Peilen und Loten: Im 13. und 14. Jahrhundert dominierten in der hansischen Steuermannskunst die praktische seemännische Erfahrung und das Lot als navigatorische Hilfsmittel. Letzteres ist an der Nord- und Ostseeküste bereits seit dem 8. Jahrhundert archäologisch nachgewiesen. Nach einer Eintragung des italienischen Seefahrers Fra Mauro soll man noch im Jahre 1458 in der Ostsee weder mit der

Seekarte noch mit dem Kompaß, sondern nur mit dem Lot navigiert haben.

Der Kompaß wird in Deutschland im Jahre 1394 zum ersten Mal erwähnt. Die Städte Stralsund und Harderwijk stritten um das Bürgerrecht eines Kompaßmachers. Aber erst 1435 ist der Kompaß im Schiffsinventar eines Hamburger Schiffes zu finden. In der Ostsee werden Kompaß und Seylsteyne (Magnetsteine) 1460 zum ersten Mal auf einem Danziger Kraier genannt. In einem Schreiben Amsterdams aus dem Jahre 1475 an Erzbischof Jakob von Upsala, Reichsverweser Sten Sture und die schwedischen Reichsräte, in dem das widerrechtliche Aufbringen eines Schiffes angezeigt wird, ist erstmalig das Stundenglas erwähnt. Unter dem geraubten Gut befanden sich «... compassen unde glasen». Aus den Jahreszahlen der urkundlichen Erwähnungen sollte aber nicht die Schlußfolgerung gezogen werden, daß diese identisch sind mit dem Zeitpunkt der Einführung der Kompasses beziehungsweise der Sanduhren im hansischen Raum.

Der Weg zum Steuermann oder zum Schiffer eines hansischen Schiffes führte über jahrelange seemännische Praxis, in der Regel vom Schiffsjungen über die einzelnen Stufen des Schiffsvolkes. Nur die wenigsten, aber in den meisten Fällen die Fähigsten und Tüchtigsten, die auch geschäftlich erfolgreich waren, erreichten dieses Ziel. Dementsprechend hoch war auch das Ansehen, das der hansische Schiffer genoß. Nicht selten wurde er als weiser Mann bezeichnet. Wenn man einer Quelle aus der Zeit um 1100 glauben darf, dann umfaßte die Steuermannskunst damals bereits das Vermögen, aus «der Aufeinanderfolge und Stärke der Winde» und aus «dem wechselnden Verlauf der Luftströmungen» heraufziehende Stürme «mit schlauer Kunst» vorauszuberechnen. Man kann also annehmen, daß der Steuermann schon früh die elementarsten Gesetze der Meteorologie und die Berechnung der Bewegungsrichtungen von Sturmzentren kannte. Mit Sicherheit darf aber angenommen werden, daß die hansischen Nautiker die Küsten an den von ihnen befahrenen Routen, die besonderen Merkmale an Land sowie die Beschaffenheit des Meeresgrundes genau kannten.

In den Seegebieten aber, in denen sich wichtige Ansteuerungen zu Hafeneinfahrten und Reeden befanden oder deren Küsten keine markanten Punkte aufwiesen beziehungsweise in denen nautische

Leuchte

Gefahrenstellen auftraten, wurden im Laufe der Zeit künstliche Bauwerke errichtet. So erteilte König Waldemar II. bereits 1225 die Erlaubnis, das Seezeichen «Valsterbode reve» zur Warnung vor dem bei Falsterbo befindlichen Riff aufzustellen. Ebenfalls im 13. Jahrhundert wurden derartige Bauten auch bei Travemünde, auf der Insel Lips vor Wismar und vor der Einfahrt nach Stralsund geschaffen. 1306 wurde der Turm auf Hiddensee befeuert. Nach zehnjähriger Bauzeit errichtete man im Jahre 1310 auf einer künstlichen Warf den Turm auf Neuwerk vor der Elbmündung als weithin sichtbares Landobjekt. Das 1644 zum Leuchtturm hergerichtete Bauwerk erhob sich noch 1910 5,6 Meter über NN (Normal Null). Gleichzeitig begann im 14. Jahrhundert die Markierung von Untiefen in der Nähe von Fahrwassern und Hafeneinfahrten mit den ersten Leuchttonnen (Viertonnen). Die Beschreibungen zu diesen nautisch sicherstellenden Maßnahmen fanden als Mitteilungen und Hinweise in den Segelanweisungen ihren Niederschlag.

Die älteste erhalten gebliebene Segelanweisung aus dem Ostseeraum stammt aus der ersten Hälfte des 13. Jahrhunderts. Sie beschreibt die Route vom Kalmarsund über Stockholm zur finnischen Südküste und von dort weiter nach Reval. Wie später im niederdeutschen Seebuch sind die Entfernungsangaben sorgfältig vorgenommen worden und in «Weeke sees» ausgedrückt.

«Lyne» und «Loth» gehörten zu den wichtigsten nautischen Geräten. Bald lotete man nicht mehr nur die Tiefe, sondern entnahm auch Bodenproben. Dazu war am Boden des Handlotes, wie auch heute noch, eine flache Mulde eingearbeitet, in die Wachs oder Talg geschmiert wurde; daran festhaftend, gelangten die Grundproben mit nach oben, die ebenfalls ein wichtiges Hilfsmittel für die Standortbestimmung waren. So konnte am 24. Mai 1147 bereits eine aus niederländischen und englischen Schiffen bestehende Kreuzfahrerflotte gefährliche Untiefen vor der Westküste der Bretagne bei schlechter Sicht allein durch das Lot und die Färbung des Wassers ausmanövrieren und den Standort gissen. Durch Feststellen der Tiefe sowie der Farbe und der Beschaffenheit des Grundes und auch der Färbung, Temperatur und Strömung des Seewassers wurde annähernd genau geschätzt, wo sich das Schiff befand.

Die langjährige Erfahrung der Schiffer und Steuerleute mit der See und dem Wind brachte es mit sich, daß sie sich auch nach anderen Naturerscheinungen orientierten. So wurden Windrichtungen, die laufende See und in Küstennähe die Brandungsgeräusche aufmerksam wahrgenommen. Selbst die Flugrichtung der Vögel, die Bewegung der Walrudel und der Zug der Fische allgemein wurden berücksichtigt und zur Schätzung des eigenen Standortes sowie zum Kurshalten genutzt. Die Bestimmung des eigenen Kurses nach der Windrichtung war vor allem bei der Islandfahrt wegen der relativ konstanten Winde möglich.

Seehandbücher: Nautisches Wissen und Erfahrungen wurden wahrscheinlich mündlich, später auch schriftlich und als Handskizzen von Generation zu Generation weitergegeben. Die ältesten uns überlieferten Unterlagen sind in dem niederdeutschen «Seebuch» enthalten. Diese Sammlung von Ratschlägen, Hinweisen und Mitteilungen für den Seefahrer könnte als Bestätigung einer solchen Hypothese angenommen werden. Das von dem Rostocker Archivar Karl Koppmann 1876 herausgegebene Seebuch stammt aus der zweiten

Hälfte des 15. Jahrhunderts; die darin gesammelten Angaben reichen aber vermutlich bis ins 13. Jahrhundert zurück. So finden wir in dem Seebuch Segelanweisungen für die Küsten und Seegebiete von nördlich Gibraltar bis zum Eingang in den Finnischen Meerbusen. Es fehlen darin Angaben über die Küsten Schottlands und Irlands sowie über die Westküste Norwegens. Das Seebuch vermittelt einen Eindruck, welche Rolle das Lot in der hansischen Seemannspraxis gespielt hat. Es hält einen beachtlichen Erfahrungsschatz fest, den sicher viele Generationen von Seeleuten zusammengetragen haben. Für Seegebiete, in denen die Wassertiefe mittels Handlot gemessen werden kann, gibt das Seebuch Hinweise, die für die Standortbestimmung äußerst wichtig waren. Dabei geht es nicht nur um Wassertiefen, sondern auch um Angaben über die Grundbeschaffenheit. Das Seebuch gibt an, ob sich der Grund aus Schlick oder Schlamm beziehungsweise aus großkörnigem, grobkörnigem oder kleinkörnigem Sand zusammensetzt. Der Seemann findet Auskunft darüber, ob der Boden weiß, grau, schwarz oder rot, ob er steinig oder felsig ist und welche Farbe die Steine haben, ob sie klein wie Wicken (cleyne steynekens alse wicken) oder ob sie groß wie Bohnen (steyne so grot alse bonen) sind. Es wird sogar angegeben, ob die Steine scharfkantig oder abgerundet sind. Bei der Angabe der Grundbeschaffenheit finden sich Hinweise, ob sich in den Proben Muschelschalen befinden können (clene schulpekens; witte schelpekens de wat grot sind) oder ob der Sand mit fettiger Erde, mit Mergelbrei (merghalmose) gemengt ist.

Bei unverkennbaren Besonderheiten des Grundes kann man Hinweise über den eigenen Standort finden. So erfährt man, daß Quessant in rechtweisend Ost vom eigenen Schiff liegt, wenn die Grundprobe kleine längliche Nadeln nach oben gebracht hat, die den Grannen der Kornähren ähnlich sehen (alse gy alle clene langelachtighe dinghelkens vinden, alse nateln, dan schal Heysant von juew wesen ostwart).

Aber auch aussagekräftige Küstenbeschreibungen geben dem Seemann Anhalte, wo er sich befindet, welche Gefahren es vor der betreffenden Küste gibt und wie man navigieren muß, um sicher passieren oder einlaufen zu können. Wie noch heute in den Seehandbüchern findet er Angaben, ob es sich um eine flache oder steile Küste handelt, ob Sanddünen, Berge oder schroffe Felsen vorherrschen oder ob es markante Erscheinungen, wie überragende Felsen, Baken, Leuchttürme, Dörfer und anderes, gibt. Diese Segelanweisungen liegen in zwei fast gleichlaufenden Handschriften synoptisch gedruckt vor. Die Texte sind offensichtlich verschiedener Herkunft. Es gibt Anzeichen dafür, daß die ursprüngliche Fassung in Flandern zusammengestellt und von hansischen Seefahrern ergänzt und ins Niederdeutsche übertragen worden ist. Dafür spricht die Tatsache, daß in einer Reihe von Segelanweisungen Brügge als Bezugspunkt angenommen wurde und daß Lübeck, die Trave und die Lübecker Bucht, für die Hanse also ein markantes geographisches Gebiet, nicht enthalten sind. Statt dessen finden wir in der Ostsee vorrangig solche Seestädte verzeichnet, die wegen des Salzimportes aus Westeuropa und ihres Getreideexports nach westeuropäischen Häfen vor allem von niederländischen Seeschiffen angelaufen wurden.

Besonders wichtig waren für den Seefahrer Mitteilungen über die Gezeiten, über Stromverläufe und über die nautischen Verhältnisse auf Reeden, auf Ansteuerungen zu Häfen und in den Häfen selbst. Darüber gibt das Seebuch in den verschiedenen Kapiteln Auskunft.

Beabsichtigte ein Schiffer zu ankern, so konnte er sich vorher über die Grundbeschaffenheit informieren. Das ist noch heute eine wichtige Information, denn bei felsigem Grund faßt der Anker nicht, und bei Schlamm- und Schlickschichten trägt er häufig auch nicht; in beiden Fällen schliert der Anker über Grund.

Aus den Segelanweisungen des Seebuches kann, wenn man die Wegbeschreibungen als auf allen Handelsfahrern vorhanden voraussetzt, der Schluß gezogen werden, daß die Schiffahrt auf eben diesen festen Seewegen verlief. So wird auch der im Seebuch und in den Hanserezessen immer wiederkehrende Begriff «upp de trade» fahren verständlicher. Gleichzeitig wird bestätigt, daß die in der Regel in Küstensicht segelnden Hansen im Laufe der Entwicklung auch über die offene See gingen.

Die Segelanweisungen mit der Erläuterung der Schiffahrtsrouten sind wesentlich älter als die ersten Kartenskizzen; sie sind Vorläufer und zum Teil Grundlage für die ersten Seekarten in unserem Raum. Sie waren neben dem Lot und dem später aufgekommenen Kompaß und dem Stundenglas das wichtigste Hilfsmittel.

In den ältesten Kapiteln des Seebuches finden sich noch keine

Entfernungsangaben. Der Schwerpunkt der Angaben bezieht sich auf die Gezeiten und auf die im Ergebnis der Gezeitenunterschiede entstehenden Strömungen. Als dann im Laufe der Zeit in den einzelnen Kapiteln auch Entfernungsangaben hinzukamen, erschienen diese in unterschiedlichen Maßeinheiten, so zum Beispiel in «Kennungen» (etwa 16 Seemeilen), «Weeke sees» (ungefähr 4 Seemeilen) und «Meilen» (etwa 4 Seemeilen).

Untersuchungen, ob und inwieweit die in jener Zeit entstandenen Seehandbücher der einzelnen seefahrenden Völker voneinander abhängen, haben ergeben, daß es solche Abhängigkeiten und gegenseitige Ergänzungen gibt. Es wird auch die Möglichkeit eingeräumt, daß in der Fremde weilende hansische Kaufleute bereits vorhandene Beschreibungen über die Küstengebiete unter Verwendung der in diesem Gebiet gebräuchlichen Ortsbezeichnungen übersetzten und ihren Schiffern zur Verfügung stellten. Die im Seebuch verwendeten geographischen Bezeichnungen stützen diese Annahme; sie weisen aber auch auf die Benutzung niederländischer, französischer und englischer Vorlagen hin. Es ist sehr wahrscheinlich, daß die Wegebeschreibungen in der Ostsee vorwiegend von Seefahrern aus diesem Bereich über Generationen zusammengetragen wurden. In den jüngeren Abschnitten des Seebuches ist aber auch die Nutzung der italienischen Portolani zu vermuten.

Andererseits ist in späteren Fassungen ausländischer Seehandbücher der niederdeutsche Einfluß festzustellen. Das wiederum läßt den Schluß zu, daß die Nautiker des Mittelalters in dem Maße, wie sie des Lesens und Schreibens kundiger wurden, ihre Angaben und Erfahrungen austauschten und schriftlich festhielten. Gelegenheit dazu hatten sie genug, wenn man die jahreszeit- und wetterbedingten längeren gemeinsamen Hafenliegezeiten berücksichtigt.

Im 15. Jahrhundert dürften auch die ersten sogenannten «Partikulieren Paskarten», die den Urtyp der späteren Seekarten darstellten, entstanden sein. Es waren stark vereinfachte Faustskizzen, die sich auf die notwendigsten Angaben beschränkten und im Zusammenhang mit den Segelanweisungen genutzt wurden.

Die ersten Kompasse hatten noch keine Rose mit der entsprechenden Einteilung von 32 Strichen. Sie bestanden aus einer eisernen Nadel, die quer durch einen Schilfhalm oder durch einen Korken gesteckt wurde und damit in einem Gefäß mit Wasser schwimmfähig war. Vor dem Einsatz wurde eine Nadelspitze mit Hilfe des Magnetsteins magnetisiert und damit nordweisend. Wenn die Nadel genau rechtwinklig durch den Halm geführt wurde, war es möglich, alle vier Himmelsrichtungen zu bestimmen. Nachts wurde das Gerät angeleuchtet.

Es gibt Hinweise dafür, daß zwischen 1217 und 1219 die im Verband einer Kreuzfahrerflotte laufenden Schiffe bereits nach Kompaß steuerten. Die Entdeckung der Nordweisung der Magnetnadel und die Entwicklung der ersten Kompasse kann als Wende in die Geschichte der Steuermannskunst gewertet werden.

Als der Kompaß dann vor allem zum Kurshalten Eingang in die Seefahrt gefunden hatte, konnten sich die Kapitäne und Steuerleute bereits auf einen in langjähriger Praxis erworbenen Erfahrungsschatz im Bestimmen der Geschwindigkeit stützen. Der Seemann hatte gelernt, die in den Küstengewässern zurückgelegte Distanz relativ genau zu schätzen. Wenn er die Küste entlang fuhr, kannte er aus der Überlieferung und aus eigener Anschauung die Entfernungen an Land, diese verglich er mit der in einer bestimmten Zeit auf dem Wasser zurückgelegten Distanz und lernte so rein empirisch, die gesegelten Geschwindigkeiten zu schätzen.

Diese Kenntnisse und Fertigkeiten, gepaart mit dem von Flavio Gioja sinnvoll entwickelten Steuer- und Peilkompaß, versetzten, wenn auch erst später, die hansischen Seefahrer in die Lage, ihre Wege über die offene See zu suchen und im Gegensatz zur bisher geübten Praxis die Küstennähe zu meiden, da sie mehr Gefahren barg als die hohe See.

Der von Flavio Gioja um 1300 geschaffene Kompaß war ein wichtiger Schritt in der mittelalterlichen Nautik. Seine Bedeutung lag darin, daß er die Strichrose auf die in einer mit Wasser gefüllten geschlossenen Büchse frei schwebende und daher gegen äußere Einwirkungen geschützte Nadel gelegt und die Nordsüdrichtung parallel zur Kielrichtung gebracht hatte. Damit war der Steuerkompaß in seiner einfachsten Form erfunden. So wurde die nautische Schiffsführung zu einer Wissenschaft, in der die Kapitäne und Steuerleute ohne elementare Kenntnisse der Mathematik und der Astronomie bald nicht mehr auskamen.

Wenn sich diese Entwicklung in der hansischen Seefahrt nur sehr langsam durchsetzte, so hatte das verschiedene Ursachen: Die ersten, für heutige Begriffe primitiven Kompasse wiesen noch viele Ungenauigkeiten auf, außerdem gibt es in der Nord- und Ostsee eine Reihe Gebiete mit unsicherer Mißweisung, was man damals überhaupt noch nicht berücksichtigen konnte, weil es weitgehend unbekannt war. Hinzu kam, daß dieser Kompaß kaum zur Winkelmessung benutzt wurde.

Der Seemann ersetzte das Winkelmaß noch immer durch ein Linienmaß, das auf Schätzung und auf dem Augenmaß beruhte. Es handelt sich dabei um den Gesichtswinkel, unter dem der Abstand zweier Punkte erscheint. Das hatte seine Ursachen: Die Winkelmessung mittels Kompaß war für den Steuermann zu umständlich, und direkte Winkelmesser, die einfach zu handhaben waren, die wie späteren Oktanten und Sextanten, gab es noch nicht.

Die genannte Schätzungsmethode basierte auf langjährigen Erfahrungen und Kenntnissen der tatsächlichen Größen von Gegenständen und Landmarken sowie der Entfernungen zwischen verschiedenen Objekten. Selbstverständlich waren diese geschätzten Werte stark vom subjektiven Vermögen oder Unvermögen abhängig; aber ein Vergleich der im Seebuch angegebenen Abstände und Entfernungen mit den tatsächlichen Werten in unseren heutigen Seekarten bringt doch eine relative Genauigkeit zutage.

So gibt das Seebuch die Entfernung von Falsterbo rev nach Bornholm wie folgt an: «Hem van Valsterbode reve to Bornholme osten ton suden 14 Weeke sees.» Die Entfernung von Bornholm nach Visby beträgt nach dem Seebuch 48 Weeke sees: «Hem van Bornholme to Gotlande nortost ton norden 48 Weeke sees bet vor Wissebuͤ.»

Eine Überprüfung der Angaben in der Seekarte bestätigt im wesentlichen diese Distanzen. Wobei nicht immer klar ist, ob bei den Entfernungen die Distanz von der Ausfahrt des Abgangshafens zur Einfahrt des Bestimmungshafens zugrunde gelegt wurde oder das Insichtkommen des Reiseziels bereits das Ende der Reise anzeigte. Von Falsterbo rev nach Bornholm war die Strecke von 14 Weeke sees bereits 1 Weeke sees vor Bornholm abgelaufen. Nach Visby dagegen stimmten die 48 Weeke sees genau. Neben relativer Genauigkeit weisen auch die empfohlenen Kurse Ungenauigkeiten und Fehler auf. So wird der Kurs von Bornholm nach Revekoel beispielsweise mit Nordost statt mit Südost angegeben.

Seekarten: Die Erkenntnisse und Erfahrungen in der Steuermannskunst fanden in Italien ihren Niederschlag in einer für damalige Verhältnisse hochentwickelten Kartographie, deren Produkte bereits relativ genau waren. Die in den ersten Karten noch lückenhaft eingetragenen Angaben über Wassertiefen wurden im Laufe der Zeit verdichtet.

Während also in der Mittelmeerseefahrt durch die sich rasch entwickelnde Kartographie und die im Vergleich zu den nördlichen Meeren unkomplizierten hydrometeorologischen Bedingungen das Seehandbuch in den Hintergrund trat und vorwiegend nach der Karte navigiert wurde, bedurfte die Seefahrt vor allem an den Atlantikküsten und in der Nord- und Ostsee solcher «Seebücher». Ganz abgesehen davon, daß im hansischen Raum von einer Kartographie im italienischen Sinne überhaupt nicht gesprochen werden konnte, brauchte der Seemann in diesen Gewässern ein Handbuch, um sich Auskunft über Gezeiten, Strömungen und die verschiedenen hydrometeorologischen Einflüsse zu holen, die auf der Karte kaum Platz gefunden hätten. So waren die Kartenskizzen im nördlichen Europa noch lange Zeit nur die Erläuterung der Segelanweisungen.

Am Ausgang des 15. Jahrhunderts erschien in Nürnberg eine gedruckte Übersichtskarte von Mitteleuropa, in der unter anderem die südliche Nordseeküste recht detailliert und richtig dargestellt worden ist. Diese Tatsache läßt den Schluß zu, daß es im Raum der Nordsee am Ausgang des Mittelalters zumindest skizzenartige erste Seekarten gegeben hat.

Das Vorhandensein von Seekarten in der Ostsee läßt sich zwar für diese Zeit noch nicht nachweisen, ist aber auch nicht auszuschließen. Bisher können ab 1526 mit der «Carte van de Oosterscherzee» von Jan van Hoirne erste Seekarten für den Nord- und Ostseeraum belegt werden.

Im 16. Jahrhundert wurde der niederländische Einfluß auf die Entwicklung der Steuermannskunst im nördlichen Europa immer deutlicher. So wurde in den zwanziger Jahren jenes Jahrhunderts eine in Flandern als Seekarte herausgegebene Sammlung von Segelanweisungen bekannt. Dieses «Buch der Schiffsführung» ähnelte den niederdeutschen Seebüchern. Neu in diesem Werk sind die wirklichen Überseewege als «dwars ouer de zee» bezeichnet. Weiterhin wurden um die Mitte des 16. Jahrhunderts in den Neuauflagen detaillierte

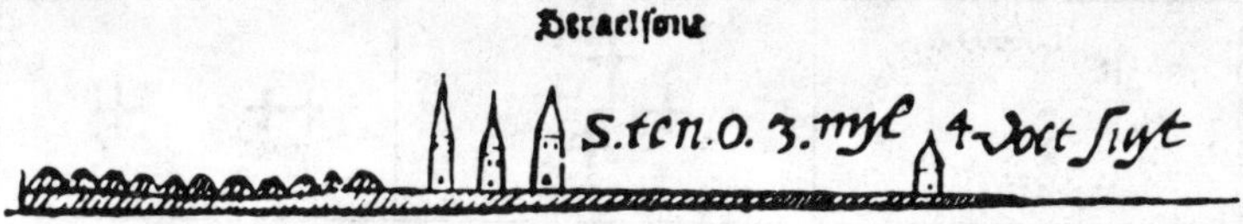

«Vertonung» der Küste bei Stralsund in einer Segelanweisung

Küstenansichten (die Vertonung) aufgenommen, die mit dem Fortschreiten der Bauten an Land und von nautischen Objekten an den Küsten durch Skizzen und Abbildungen von Ausgabe zu Ausgabe erweitert wurden. Diese Bücher wurden in viele Sprachen übersetzt und auch von hansischen Seeleuten genutzt. Sie waren die Vorstufe der holländischen Seebücher, die im Zuge des Aufschwungs der niederländischen Seefahrt von 1584 an entstanden und eine Zäsur in der Geschichte der Nautik darstellen.

Bis dahin kam es aber noch zu einigen interessanten Entwicklungen. So fertigte der Niederländer Jan Jansz eine Seekarte der «Gewässer und Fahrwasser, Städte und Landschaften von der Bretagne bis nach Danzig» an, die im Jahre 1530 erschien. Im Jahre 1543 beziehungsweise in zweiter Auflage 1560 brachte der Niederländer Anthonisz seine «Caerte van oostland» heraus. Diese Seekarte war auf der Grundlage des bewährten Segelhandbuches «Caerte van de Oosterscherzee» entstanden. Sie umfaßte die Nord- und Ostsee von den Ostküsten Englands und Schottlands bis zu den finnischen Schären, von Kap Stad in Norwegen bis nach Calais in Nordfrankreich. Von der Gradeinteilung her war es eine Plattkarte, das heißt, die Kugelgestalt der Erde wurde nicht berücksichtigt. Das Kartenblatt war von einer 16strahligen Netzfigur nautischer Hilfslinien in dichten Maschen überzogen.

Der Nullmeridian ist noch auf Ferro, die südwestlichste der Kanarischen Inseln, bezogen. Insgesamt gesehen wies die Karte, wenn man von einer Reihe von Fehlern, Verwechslungen und Lücken absieht, bereits einen erstaunlichen Informationsgehalt auf. Die Entfernungsangaben zwischen bestimmten geographischen Orten sind verhältnismäßig genau, wenn man bedenkt, daß das als Grundlage dienende Segelhandbuch ausschließlich auf Schätzungen beruhte.

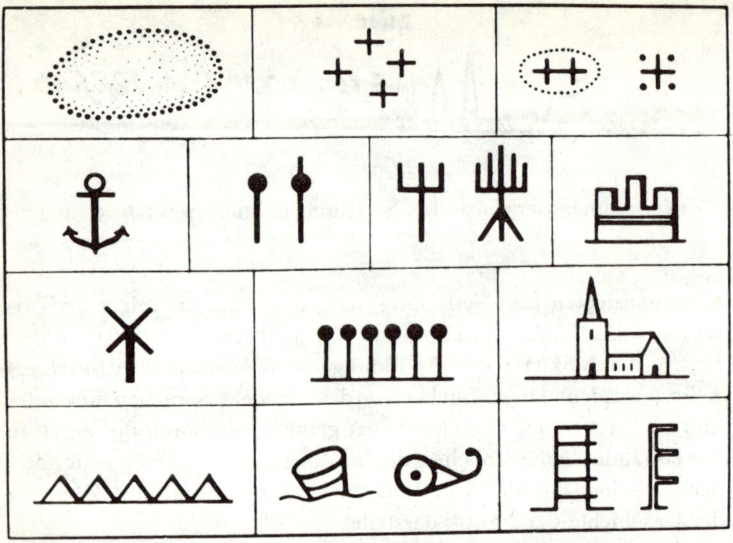

Seezeichensymbole auf niederländischen Karten des 16. Jahrhunderts

Im Jahre 1569 schuf der deutsche Kartograph Gerhard Mercator mit seiner epochemachenden Weltkarte die Grundlage für eine geographisch richtige Seekarte, in der mathematisch exakt die Konvergenz der Meridiane nach den Polen hin berücksichtigt worden war. Beim Druck der Mercatorprojektion wurde die Erdoberfläche auf einen die Erde im Äquator berührenden oder sie in einem bestimmten Breitenparallel überdeckenden Zylinder abgewickelt. Mit der Mercatorprojektion wird noch heute nicht nur die Oberfläche unseres Planeten winkeltreu dargestellt, sondern die alle Meridiane unter demselben Winkel schneidenden Loxodromen werden als Gerade abgebildet. Das war für die Geschichte der Navigation ein wesentliches Novum und führte folgende praktische Möglichkeiten in den nautischen Bereich ein: Der Kurswinkel erscheint in der Seekarte in der gleichen Größe wie auf der Erde, die Loxodrome ist in der Seekarte eine gerade Linie, und die Distanzen können leicht aus der Karte entnommen werden.

So groß die Bedeutung der Mercatorkarte für die weitere Entwicklung vor allem des Seekartenwesens auch gewesen ist, so war eine Wirkung auf die hansische Steuermannskunst zumindest in ihrer Zeit nicht zu spüren. Im Gegenteil, diese wichtige Erfindung geriet zunächst in Vergessenheit. Mercator war seiner Zeit vorausgeeilt. Der Steuermann des 16. und 17. Jahrhunderts verfügte noch nicht über die Voraussetzungen, um ein solches Kartenwerk zu fordern, geschweige denn mit einer solchen Seekarte umgehen zu können, und die dazu erforderlichen Ausbildungsstätten gab es noch nicht. Zu dieser Zeit beherrschte das in verschiedenen Sprachen herausgegebene kleine Segelhandbuch, das sogenannte «Leescartboeck van Wisby», in Verbindung mit handgeschriebenen Seekarten die Nautik im nordeuropäischen Raum.

So war 1578 für den Gesandten Philipps II., Francisco de Eraso, der von Stralsund nach Kalmar fuhr, die Navigation an Bord des Schiffes erschreckend. Es wurde weder nach der Karte noch nach dem Kompaß gefahren. Nur ein kleines geschriebenes Buch, wahrscheinlich ein Seehandbuch, stützte die Nautik. Im Jahre 1584 besorgte Lucas Janszon Waghenaer die erste Ausgabe eines «Großen Seebuches», des «Spieghel der Zeevaert», dem 1592 der «Thresoor der Zeevaert» folgte. Diese Sammlungen von Karten und Küstenbeschreibungen stellten gegenüber den bis dahin erschienenen Seehandbüchern eine völlig neue Qualität dar; die darin enthaltenen Abbildungen (Vertonungen) gaben dem Seemann anschaulich die erforderlichen Hinweise und Informationen.

Waghenaer hatte in sein Großes Seebuch 46 Spezialkarten mit Zahlenangaben über die Wassertiefen, dazu eine Übersichtskarte von Westeuropa aufgenommen. Wenn diese Karten auch noch keine Seekarten im heutigen Sinne waren, sondern Küstenkarten, so kommen sie der Seekarte allgemein näher als ihre Vorläufer, die Portolankarten, die auf die bereits genannten Portolani zurückgehen.

Im Textteil findet man neben Angaben über Land und Leute Informationen über die wirtschaftliche Bedeutung des betreffenden Landes und die ausführliche Hafenbeschreibung. Einleitend werden Angaben über den Kalender, die Sonnendeklination für einen Schaltjahreszyklus (sie wurden für die astronomische Breitenbestimmung benötigt), Neumondtage für einen Zyklus von 19 Jahren (die zur Vorausberechnung der Gezeiten dienten), Deklinationen und Rektaszensionen von etwa 100 Fixsternen, Anweisungen für die Bestimmung der Breite, vor allem nach dem Nordstern, sowie eine Reihe praktischer Hinweise gegeben.

Waghenaers Großes Seebuch hatte ein solches Niveau erreicht, daß es im nordeuropäischen Raum von vielen Seefahrern genutzt wurde und im weiteren dazu führte, daß später erschienene große Seehandbücher weiterhin «Waggoner» genannt worden sind.

Hansestädtische Schiffsbesatzungen im Seekrieg

Die wesentliche Voraussetzung für die Seemacht der Hanse schufen die verschiedenen Menschengruppen, die dazu in der Lage waren, sowohl seefähige Schiffe zu bauen und mit allem Notwendigen auszurüsten als auch auf den Schiffen zu Seekriegsunternehmungen auszulaufen.

Den Stamm der hansischen Seekrieger bildete das Schiffsvolk, das in ungezählten Gefechten mit Piraten und Ausliegern im Waffenhandwerk geübt war. Wurde es erforderlich, kam zusätzlich Kriegsvolk hinzu. Das Kriegsvolk an Bord hansischer Schiffe setzte sich im 13. und 14. Jahrhundert den Aufgaben entsprechend sowohl aus Kriegsknechten als auch aus Bürgeraufgeboten zusammen. Während auf den Sicherungsschiffen in der Konvoifahrt in der Regel von den Städten angeworbene Kriegsknechte dienten, gingen im Kriegsfalle Bürgerkontingente an Bord. Die Städter waren zumeist Handwerker und Kaufleute. Später wurden in zunehmendem Maße Söldner an Bord genommen. So gehörten seit dem 15. Jahrhundert zu den Schiffsbesatzungen für den Kriegseinsatz Seeleute, Bürgeraufgebote und Söldner. Als Befehlshaber und Kriegshauptleute fungierten in der Regel von den Städten berufene Ratsherren.

Das Schiffsvolk im Seegefecht: Das Kommando über die reguläre Besatzung eines hansischen Schiffes führte der «schipper». Diese Bezeichnung läßt sich nicht ohne weiteres mit dem uns heute geläufigen Wort «Kapitän» wiedergeben, denn der Schiffer der Hansezeit war in der Regel mehr als ein Schiffsführer. Er war «Schiffsherr», das heißt Eigentümer oder zumindest Miteigentümer des von ihm geführten Fahrzeugs – also Nautiker und Transportunternehmer in einer Person. Diese Schiffer hatten eine angesehene soziale Stellung, die der der Kaufleute weitestgehend entsprach. Sie mußten über das Bürgerrecht ihrer Heimatstadt und auch über eigenen Haus- beziehungsweise Grundbesitz verfügen. Von ihnen deutlich abgesetzt waren die sogenannten Setzschiffer, Schiffsführer, die im Dienst von Reedern standen und keinen Eigentumsanteil an ihrem Fahrzeug hatten.

Die Masse der hansischen Seeleute, die ihre Arbeitskraft, ihre Gesundheit und nicht selten sogar ihr Leben für die Interessen der Kaufleute und der Städte einsetzten, kam jedoch aus den unteren Schichten der Stadt- und Landbevölkerung.

Die Heuer der Seefahrer und die Möglichkeit, selbst Kleinhandel treiben zu dürfen, hob sie aber über das allgemeine Lebensniveau der Tagelöhner an Land. Die sogenannte «Führung», die Berechtigung zum Mitführen einer bestimmten Warenmenge an Bord als Handelsware, war auch ein wichtiges Mittel, den Seemann am zuverlässigen und schnellen Warentransport zu interessieren. Die Einnahmen aus der Führung konnten die Höhe der Heuer erreichen.

Nach einer Art Rangordnung, die entsprechend der Wertigkeit beziehungsweise der Gefährlichkeit der zu verrichtenden Arbeiten gestaffelt war, wurde die Entlohnung vorgenommen. So bekam der Zimmermann im 14. und 15. Jahrhundert eine annähernd gleiche Löhnung wie der Hovetboosmann, und ein Schiemann erhielt eine höhere Heuer als der gemeine Boosmann. Auch die Unterbringung der Besatzung war entsprechend geregelt. Während die oberen Chargen der Besatzung und die Reisenden im Achterteil des Schiffes fuhren, wohnten die Schiffskinder oder das Schiffsvolk in der Roof, im Vorschiff, «vor dem Mast».

Die tüchtigsten Seeleute in diesem mit großem Risiko behafteten Beruf hatten – wie bereits erwähnt – die Chance, in der Hierarchie des Schiffsvolkes aufzusteigen und damit ihre materielle Lage zu verbessern. Hinzu kamen soziale Regelungen, die sie erkämpft hatten und die dem Seemann schon früh gewisse Sicherheiten nach Seeunfällen oder Seegefechten boten. So nahm das Schiffsvolk in den Seestädten eine Sonderstellung ein, die die hervorragende Rolle der Seefahrt im hansischen Handelssystem verdeutlichte.

Der hansische Seemann trug wesentlich zum Gedeihen der Städte, zur Mehrung des Reichtums und der Macht der Kaufleute bei. Der genossenschaftliche Charakter der Seefahrt in der hansischen Frühzeit kommt unter anderem in dem an Bord gewählten Schiffsrat zum Ausdruck, der in bestimmten Situationen in See zusammentrat und in dem der Schipper, das Schiffsvolk und die Passagiere vertreten waren.

Das Schiffsvolk war es auch, das über die Jahrhunderte hindurch an allen Seekriegsunternehmungen teilnahm – auch noch, als die früher an Bord genommenen Bürgerkontingente längst durch Söldnerformationen ersetzt worden waren.

In den hansischen Quellen gibt es eine Vielzahl von Belegen dafür, daß das Schiffsvolk nicht nur verpflichtet war, Schiff und Ladung gegen Piraterie jeglicher Art zu verteidigen, sondern daß der Seemann auch ein von Gefahren und Entbehrungen gestählter Seekrieger war, der sich mit den gefürchtetsten Seeräubern schlug und Schiff und Ladung in den meisten Fällen unversehrt an den Bestimmungsort brachte. Schwert und Enterbeil, Bogen und Armbrust beherrschte er ebenso wie später die Feuerwaffen. Der Kampf, den er führte, ging um Sein oder Nichtsein, denn eine Niederlage gegen Piraten war gleichbedeutend mit dem Tod. Aus einem zeitgenössischen Bericht geht hervor, daß die Seeräuber «alle man over bord worpen und keynen menschen lissen davon leben».

Es gab Zeiten, da gehörte es zum Alltag auf See, daß der Ruf des Ausgucks: «En utligger, en Vitaler!» die Männer alarmierte. Jeder Mann an Bord, einschließlich der Kaufleute und Passagiere, griff zur Waffe und verstärkte so die Abwehrbereitschaft des Schiffes. Ein Ostender Kaper, der einen hansischen Englandfahrer aufbringen wollte, sein Vorhaben aber dann doch aufgab, schilderte im Jahre 1387 seine Eindrücke wie folgt: «... und da kam Maes Thiele herangesegelt, wohl versehen mit Leuten, die mit Fußbogen an Bord standen, und das Toppkastell wohlversehen mit Glavien (Speeren), Steinen und Leuten, wie es sich bei Orlogschiffen gehört und wie Feinde zu tun pflegen.»

Will man die Gesamzahl der an Bord hansischer Schiffe fahrenden Männer annähernd bestimmen, so müssen einerseits die chronologische Einordnung des betreffenden Unternehmens und andererseits die spezielle Aufgabe, die zu erfüllen war, genau berücksichtigt werden. Die Schiffe in der hansischen Frühzeit waren kleiner und brauchten für den seemännischen Fahrbetrieb eine bestimmte Stammbesatzung, die geringer war als auf den größeren Schiffen.

Das zweite Kriterium, die Aufgabe, erforderte oft zusätzlich zum Schiffsvolk für die Verteidigung des Schiffes beziehungsweise für militärische Aufgaben Kriegsvolk. Auch dessen Anzahl stieg mit dem Größerwerden der Schiffe.

In der frühen Zeit der Hanse, also bis ins 14. Jahrhundert hinein, umfaßte die Besatzung einer großen Kogge in der Regel weniger als 50 Mann. Der Personalbestand schwankte je nach der Aufgabe und der Lage in See. Im Kriegsfalle konnte die Stärke höher sein. Wurden Handelsrouten befahren, auf denen die Piratengefahr geringer war, konnte sich der Personalbestand auf die Stärke der Stammbesatzung (20 bis 25 Mann) und mitfahrender Reisender (5 bis 20 Kaufleute beziehungsweise deren Gehilfen) reduzieren. Für das 15. Jahrhundert kann auf hansischen Schiffen 1 Mann Stammbesatzung für je 5 Lasten angesetzt werden. Bei der Bemannung eines Handelsschiffes ließ man sich schon damals vor allem von ökonomischen Gesichtspunkten leiten.

Für Kriegsschiffe ist überliefert, daß um 1300 an Bord englischer Kriegskoggen je 1 Master, 2 Constabler und 39 Mariners als Besatzung eingeschrieben waren. Im hansischen Bereich sind Holkbesatzungen von 100 und mehr Mann nachgewiesen. Bei einer solchen Bemannung erscheint die folgende Überlieferung aus dem Jahre 1413 glaubhaft: Ein Verband englischer Orlogschiffe unter Admiral John Colvyle traf unterhalb der Bretagne bei Belle Isle zwei hansische Holke mit Wein und Stückgut an Bord. Die beiden Schiffe kamen aus La Rochelle und segelten heimwärts. Der Admiral schickte ein Boot zu den beiden Holken und ließ anfragen, ob die Schiffe für die Feinde des Königs von England geladen hätten. In diesem Falle müßten sie ihre Ladung übergeben. Das weitere soll sich nach dem Bericht des englischen Chronisten wie folgt zugetragen haben: «Besagte Schiffer und Kaufleute der Holke wollten darauf nicht antworten, sondern am folgenden Morgen fielen sie wie Kriegsleute und wie Feinde unseres Herrn Königs plötzlich erbittert über Herrn John Colvyle und seine Flotte her, kämpften und machten gewaltigen Angriff gegen sie in kriegerischer Weise, derart, daß eine große Zahl der Leute unseres Herrn Königs von denen in den Holken getötet wurden.» Und weiter heißt es: «... durch die Hilfe und Gnade des Allmächtigen» soll es den acht Kampfschiffen gelungen sein, die beiden Holke zu überwältigen und als Prise nach England zu bringen.

Ungeachtet dessen, daß dieser Bericht als Rechtfertigung für das Aufbringen der Schiffe dienen sollte, zeigt er aber auch, daß der hansische Seemann sehr selbstbewußt und nicht gewillt war, Schiff und Ladung kontrollieren zu lassen, geschweige denn beides kampflos zu übergeben.

Mit der weiteren Intensivierung der Seeschiffahrt und dem Erscheinen neuer größerer Schiffsklassen trat im Laufe der Zeit eine weitere Differenzierung der Schiffsbesatzungen ein. So wurden im 15. Jahrhundert auf hansischen Schiffen folgende Rangstufen unterschieden: Schiffer, Steuerleute, Hauptbootsleute, Schiffsmänner, Bootsleute und Knechte. Im 16. Jahrhundert gehörten zu den oberen Rangstufen der Schiffsbesatzung die Beischiffer und Steuerleute, denen die Hauptbootsleute, Schimmanns und Quartiermeister nachgeordnet waren. Die Arkolie (Artillerie) unterstand dem Konstabler. Weiterhin waren in den Besatzungslisten Geistliche, Proviantmeister, Hauptköche, Sekretäre und Schreiber, Barbiere und Spielleute sowie Zimmerleute und Segelmacher aufgeführt. Zu den Mannschaften zählten Bootsleute und Matrosen, Büchsenschützen, Trabanten, Diener sowie Träger.

Am Anfang des 16. Jahrhunderts versuchte man im Seekriegsrecht der Hanse die Frage der Gefangenen und der Beute zu lösen. Im Kriege von 1522 gegen Dänemark war die Verteilung der Beute wie folgt geregelt: Die Hälfte des Beutegutes fiel dem Schiffer und den Reedern zu; die zweite Hälfte wurde unter das Schiffsvolk verteilt. Ausgenommen von der Verteilung waren die Gefangenen und die Kanonen, diese gehörten dem Rat der betreffenden Stadt.

Wurden die Schiffe für den Kriegsdienst gechartert, war die Zahlung der Heuer an die lübischen Seekrieger dem Sold der Kriegsknechte angeglichen. So erhielten die Besatzungen der zu Kriegsdiensten einsatzklaren Schiffe ihre Heuer an zwei Zahltagen, einmal vor dem Auslaufen ins Gefecht und das zweite Mal nach der Rückkehr. Ein Artikel des sogenannten Artikelbriefes legte dazu fest, daß es streng verboten war, nach einem Sieg einen höheren Sold beziehungsweise eine höhere Heuer zu erzwingen. Die Grundheuer der Seekrieger lag zwar unter dem Sold der Kriegsknechte und Söldner, dafür waren die Seeleute aber an der Beute beteiligt, während die Söldner sich nur an der Habe der fremden Kriegsknechte bereichern durften.

Das **Kriegsvolk an Bord der Schiffe** setzte sich im 13. und 14. Jahrhundert in der Regel aus Bürgern verschiedener Berufszweige zusammen. In Aufgebotsrollen aus Rostock und Hamburg ist genau verzeichnet, wie viele Schützen die einzelnen Gewerbe im Verteidigungsfall zu stellen hatten. Dieses Prinzip galt auch in anderen hansischen Seestädten. Selbst als der Deutsche Orden im Rahmen der Piratenbekämpfung eine Expedition zur Landung auf Gotland ausrüstete, wurden die preußischen Städte zur Truppenstellung verpflichtet. Auch hier wurden innerhalb der Städte die einzelnen Gewerbe angewiesen, wie viele Bewaffnete sie zu stellen hatten. Aus den Quellen ist gelegentlich zu erfahren, welche Kontingente einzelne Städte insgesamt aufzustellen und welche Anteile dazu die verschiedenen Gewerbe aufzubieten hatten. Dabei waren grundsätzlich alle waffenfähigen Bürger verpflichtet, dem Aufgebot zum Kriege Folge zu leisten. Dieses Prinzip, das in erster Linie für die Verteidigung der Städte galt, wurde in den hansischen Seestädten zu dieser Zeit auch für die kriegsmäßige Bemannung der Schiffe angewendet.

Bereits bei der Leistung des Bürgereides mußte von dem Bürger der Besitz von Handwaffen nachgewiesen werden. Der Städtebürger trug im Gefecht in der Regel als Körperschutz einen Helm, einen Brustharnisch und Eisenhandschuhe. Neben Hieb- und Stichwaffen verfügten diese Krieger auch über Fernwaffen wie Bogen und Armbrust.

In Wismar verpflichteten 1483 für «außerordentliche Fälle» aufgestellte Listen die Mitglieder der einzelnen Berufsgruppen zum Wachdienst. Je nach zahlenmäßiger Stärke hatten die Handwerkerkorporationen zwischen zwei und zehn Mann für die Wache in den Landwehren vor den Stadttoren, hinter den Mauern und vor dem Rathaus zu stellen. Das Rathaus selbst hatten ein Bürgermeister und ein Ratsmann mit 22 Bürgern zu sichern.

Auch als im späten Mittelalter die Räte der Städte dazu übergingen, im Kriegsfall Söldner anzuwerben, die bei Friedensschluß wieder entlassen wurden, bildete zunächst noch die wehrfähige Bürgerschaft die Hauptkraft bei der Abwehr des Feindes. Im Laufe der Zeit stieg beim Kriegsvolk an Bord hansischer Schiffe aber der Anteil der Söldner. So gehörten seit dem 15. Jahrhundert zu den hansischen Schiffsbesatzungen für Kriegszwecke Seeleute, städtische Bürgerkontingente und Söldner, wobei sich die Zahl der Bürger im Laufe der

Zeit, wenn man von den Kriegshauptleuten und Befehlshabern absieht, ständig verringerte.

Nach ihrer Bewaffnung wurden im 15. und 16. Jahrhundert die Söldner in zwei Hauptgruppen unterschieden. In der einen befanden sich die Lanzenknechte beziehungsweise Doppelsöldner, die mit blanken Waffen wie Lanzen, Spießen und Hellebarden ausgerüstet waren, und in der zweiten die Schützen, die Hakenbüchsen und Rohre in ihrer Bewaffnung hatten. Mit dem steigenden Anteil der Feuerwaffen gegenüber den blanken Waffen veränderte sich auch das zahlenmäßige Verhältnis zwischen Lanzenknechten und Schützen.

Rechnete man um 1500 noch mit einem Verhältnis Feuerwaffen zu den blanken Waffen von 1:11, so hatte es sich im Jahre 1590 allgemein im Söldnerwesen auf 1:1 verändert. Das Bestreben, den Gegner bereits vor dem Entern wirkungsvoll zu bekämpfen, führte an Bord hansischer Schiffe schon früher zur Erhöhung des Anteils an Feuerwaffen. Bereits im Jahre 1570 hatte ein an Bord befindliches Söldnerfähnlein 510 Schützen und 200 Lanzenknechte in seinem Bestand – ein Verhältnis von annähernd 2,6:1.

Zur Anwerbung von Söldnern für den Dienst an Bord schickten die Städte ihre Werber bis weit in das Binnenland hinein. Hansische Werber werden damals im Raum Hannover, in Westfalen, Thüringen und in Sachsen erwähnt. Mit dieser Aufgabe wurden ehemalige Söldnerführer beauftragt. Sie gaben dem künftigen Söldner den Artikelbrief zur Kenntnis und den Termin für den Musterungstag, der in der Regel in einer Hafenstadt festgesetzt war. Schrieb sich der Bewerber in die Liste ein, erhielt er die Reisekosten im voraus und im Falle der Ausmusterung das «Laufgeld» für die Rückreise ausgezahlt.

Für den Fall, daß sich ein Söldner mit höheren Fähigkeiten und besserer Ausrüstung in die Musterrolle eintragen ließ, als er in Wirklichkeit hatte – wenn sich zum Beispiel ein Knecht als Büchsenschütze ausgab –, legte die hansische Schiffsordnung in Artikel 14 fest, daß dem betreffenden Krieger der halbe Sold entzogen wurde.

Nachdem die Werbelisten abgeschlossen waren, trat das gesamte Fähnlein zum ersten Male zur Musterung zusammen. Danach wurde Mann für Mann vom Musterherrn der Stadt persönlich in Augenschein genommen. Nach den Artikeln mußte jeder der künftigen Seesöldner Heimat, Vor- und Zunamen ansagen. Im Rahmen der

Musterung wurde besonders die Ausrüstung überprüft. Art und Zustand derselben wurden bei der Festlegung der Höhe des Soldes berücksichtigt. War die Einheit formiert, so wurde sie vereidigt.

Die Rangordnung eines Schiffsfähnleins entsprach der an Land. Es gab folgende Dienstgrade: Hauptmann, Leutnant, Fähnrich, Profoß, Feldweibel, Fourier, Weibel, Musterschreiber, Pfeifer und Trommler.

Der Hauptmann als Anführer des Fähnleins befand sich an Bord des Flaggschiffes; er war gegenüber dem Befehlshaber der Flotte relativ selbständig. Ihm unterstanden alle an Bord der Schiffe eingestiegenen Krieger über deren Führer. Wie im Landkrieg trug auch bei den Seekriegsunternehmen der Fähnrich, der sich ebenfalls auf dem Flaggschiff befand, die Fahne im Gefecht voran.

Die an Bord untergebrachten Abteilungen bestanden aus mehreren Rotten zu 10 Mann. Die Rottmeister waren in der Regel folgenden Führern unterstellt: Auf dem Unteradmiralsschiff, auf dem der Stellvertreter des Befehlshabers fuhr, hatte der Profoß die Befehlsgewalt über die Söldner; auf dem dritten Schiff im Verband ein Feldweibel, der auch für die Ausbildung des Fähnleins verantwortlich war. Auf den folgenden Schiffen wurden die Rotten von Weibeln befehligt. Aber auch der Fourier konnte als Führer einer Abteilung eingesetzt werden.

An Bord des Flaggschiffes, oft als Admiralsschiff bezeichnet, befanden sich neben dem Hauptmann und seinem Stellvertreter, dem Leutnant, die Spielleute, Trommler und Pfeifer. Während der Formierung des Flottengeschwaders zog das Söldnerfähnlein dann unter klingendem Spiel in den betreffenden Stadthafen ein.

Stammbesatzungen und zugestiegene Söldner ergaben verhältnismäßig starke Kriegsbesatzungen. Es ist anzunehmen, daß gelegentlich die Städte beim Chartern der Schiffe die Besatzungen gleich mit übernommen haben. Diese Praxis ist jedenfalls für 1522 belegt.

Befehlshaber und Kriegshauptleute: Durch Beschluß eines Hansetages wurden in der Regel aus den Reihen der Ratsherren die Befehlshaber und Kriegshauptleute festgelegt, die aus den beteiligten Städten kamen und mit dem Kauf beziehungsweise dem Chartern von Handelsschiffen, mit der Ausrüstung, Bemannung und Formierung der Flottengeschwader sowie mit der Führung von Seekriegsunternehmen beauftragt wurden.

Der Befehlshaber und die Kriegshauptleute der Städte bildeten als nichtständiges hansisches Organ das Flottenkommando, dem alle Vollmachten zur Erfüllung der militärischen Aufgabe übertragen wurden. Dabei war es auch zum Abschluß des Waffenstillstandes ermächtigt. Dieses Kommando stellte auf der Grundlage des vom Hansetag beschlossenen Vorhabens den Kriegsplan auf.

Mit dem Auslaufen der Schiffe wurden dann Entschlüsse gefaßt, die der Lage in See entsprachen. Das betraf sowohl das Gefecht als auch die Aburteilung von Verrätern und Deserteuren. Die dem Flottenführer erteilte uneingeschränkte Befehlsgewalt über die Bürger- und Söldnerkontingente schloß die Gerichtsbarkeit mit ein. Auf dieser Grundlage wurde auch versucht, die Disziplin und Ordnung in den hansischen Kriegsflotten aufrechtzuerhalten. Die Hauptleute selbst waren ihrer Heimatstadt verantwortlich. Von ihnen gefällte Gerichtsurteile konnten von dieser und vom Hansetag aufgehoben oder revidiert werden.

Aus der Tatsache, daß die Ratsherren in erster Linie Kaufleute waren, darf nicht geschlußfolgert werden, daß sie als Flottenführer oder Kapitäne über keine Kenntnisse und Erfahrungen in der Seekriegführung verfügten. Im Gegenteil, viele hansische Ratsherren waren am Anfang ihres Werdegangs Kaufmannsgehilfen gewesen, und diese jungen Kaufleute verfügten über beträchtliche seemännische Fahrpraxis, weil eben sie es waren, die in der Regel jahrelang die Waren über See begleiteten. Über den Einsatz als Kriegshauptleute bei kleineren und größeren Seekriegsunternehmen erwarben sie sich ihre seetaktischen Fähigkeiten. Die einflußreichsten und in der Regel auch die erfahrensten konnten zu Befehlshabern berufen werden. Betrachtet man die zwölf bedeutendsten Seekriegsunternehmen, die von hansischen Flottenverbänden im Verlauf von mehr als 300 Jahren durchgeführt wurden, so kann man feststellen, daß die Seekriegführung der Städte in vielen Fällen ihr Ziel erreichte. Es gibt aber auch Beispiele, in denen gut geplante Vorhaben an der Unfähigkeit der Befehlshaber scheiterten, die oft beachtlichen Schiffsgruppierungen in kurzer Zeit zu einheitlich handelnden Kampfverbänden zu formieren und geschlossen ins Gefecht zu führen.

Das änderte sich auch nicht, als anstelle der Bürgerkontingente angeworbene Söldner mit ihren Hauptleuten und Unterführern an Bord genommen wurden. Das Kommando über die Flotte oder über die Geschwader, ja oft auch über einzelne Schiffe, lag weiterhin in den Händen von im Seekrieg nicht speziell ausgebildeten Ratsherren. Sofern der Schiffer nicht ausdrücklich zum Hauptmann seines Schiffes bestimmt wurde, war er nur der seemännische Stellvertreter, der Hauptschiffer des vom Rat ernannten Hauptmanns.

Die Regel, daß im Kriegsfall die Schiffshauptleute beziehungsweise Kapitäne vom Rat bestimmt wurden und die «Friedens»-Schiffer als Hauptschiffer fuhren, ist für Lübeck 1522 nachgewiesen. Je nach Schiffsgröße unterstanden dem Hauptschiffer bis zu drei Beischiffer. So war der Hauptschiffer weiterhin der eigentliche Schiffer in seemännischer und nautischer Hinsicht, während der Kapitän die militärische Führung und die Entscheidungsgewalt hatte. Wegen ihrer langjährigen Erfahrungen und der besonderen Spezifik des Krieges zur See wurden die Hauptschiffer in der Regel zu den Beratungen der Flottenführer und Kapitäne hinzugezogen.

Wenn neben hansischen Niederlagen zur See viele erfolgreiche Seekriegsunternehmungen standen, dann lag das auch an der Tatsache, daß die Gegner der Hanse ebenfalls mit improvisierten Flotten kämpften. Mit deren Befehlshabern konnten sich die hansischen Ratsherren bis in das 15. Jahrhundert hinein allemal messen.

So war die Führung der Flottenkräfte im zweiten Krieg gegen den Dänenkönig Waldemar IV., an dem Schiffs- und Truppenkontingente einer starken hansischen Koalition beteiligt waren, auf mehrere Befehlshaber verteilt. Kontingente der einzelnen Städte oder Städtegruppen standen unter dem Befehl eines ersten Hauptmanns (capitaneus). Den Oberbefehl über alle Flottenkräfte von den Niederlanden bis nach Livland hatte der capitaneus der lübischen Schiffe Bruno Warendorp, der sich als hervorragender Flottenführer bewährte und die Dänen sowohl in See als auch an Land schlug.

Aber nicht nur im Kriegsfall wurden Ratsherren als Schiffshauptleute eingesetzt. Als um die Wende vom 14. zum 15. Jahrhundert das Piratenunwesen solche Ausmaße angenommen hatte, daß die Freibeuter in größeren Gruppen angriffen und die hansischen Seeverbindungen zeitweilig unterbrachen, gingen die Städte dazu über, auf gemeinsame Kosten Abteilungen von Friedeschiffen in See zu legen. Dazu wurde ebenfalls ein hansischer Schiffsrat als Führungsorgan gebildet. Zu dieser Zeit wird in den Quellen für den hansischen Bereich zum erstenmal ein Flottenführer als Admiral bezeichnet.

Beim Einsatz von Friedeschiffen hatten die Schiffshauptleute, ebenso wie die Flottenhauptleute bei Seekriegsunternehmungen, richterliche Gewalt über die Besatzungen. Als Grundlage galt das heimatliche Stadtrecht. Außerdem waren sie wie Flottenhauptleute berechtigt, im Namen der Städtehanse Verträge abzuschließen.

Gegen diese Vollmachten der Friedeschiffskapitäne bei Verhandlungen mit Dänemark wandten sich 1394 die preußischen Städte, obwohl sich die Hauptleute auf einen entsprechenden Beschluß des Hansetages stützen konnten. Lübeck vertrat die Sache der Hauptleute ausdrücklich mit der Begründung, daß die Hauptleute der Friedegeschwader Ratsherren wären und als solche das Recht hätten, im Namen des Rates zu verhandeln.

Die richterliche Gewalt der Hauptleute wurde im Laufe der Zeit zunehmend vom hansischen Schiffsrecht gestützt. In den Schiffsordnungen, die eine wesentliche Grundlage des sich entwickelnden Schiffsrechtes darstellten, und in den Schiffsordnungen für den Einsatz in Orlogflotten beziehungsweise Friedeschiffsgeschwadern ist das Bemühen zu erkennen, auf der einen Seite die Disziplin und Ordnung auf den Schiffen durch Androhung drastischer Strafen gegenüber dem genossenschaftlichen Charakter der Bordregeln früherer Zeiten straffer zu gestalten und auf der anderen Seite dem Seemann beziehungsweise Seekrieger mehr Sicherheit für seine Zukunft im Falle von Krankheit oder einer Verwundung, die er sich beim Einsatz in See zugezogen hatte, zu gewährleisten. So legt die Schifferordnung von 1591 fest, daß diejenigen, die sich weigerten, dem Schiffer im Kampf gegen Freibeuter bei großer Not zu helfen, «offenbar mit Rhuten aufen dem Blocke gesteubt werden» sollten. Für das gleiche Delikt sollte der Schiffer seiner Stellung enthoben werden und nicht mehr zur Führung eines Schiffes berechtigt sein.

Die Bewaffnung hansischer Schiffe

Die auf hansischen Schiffen mitgeführten Waffen entsprachen vom 13. Jahrhundert bis zum ausgehenden 15. Jahrhundert der auch im Landkrieg eingesetzten Bewaffnung. Der Mann an Bord war mit Handwaffen wie Schwert, Enterbeil und Streitaxt sowie mit Bogen

Blide

und Armbrust ausgerüstet. Die Schiffe wurden bei Notwendigkeit mit Wurfmaschinen, den Bliden und dem Treibenden Werk, versehen.

Mit der Einführung von Feuergeschützen in die Landkriegstechnik wurden in der Folge auch die hansischen Schiffe mit diesen Waffen bestückt. Wenn auch anfangs die Effektivität dieser Kanonen noch viel zu wünschen übrig ließ, so war doch ihre moralische Wirkung beachtlich.

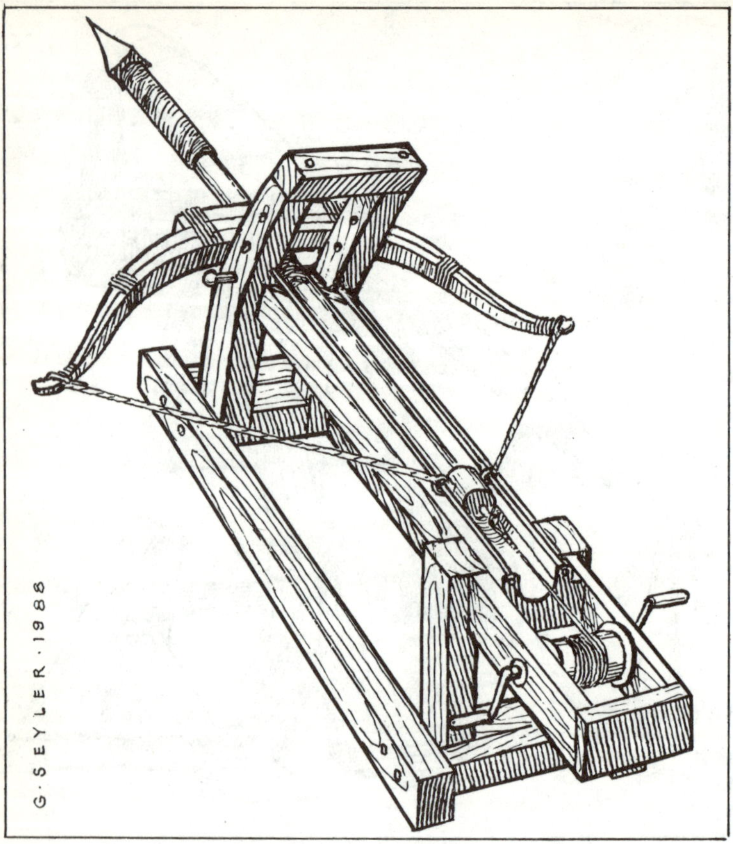

Treibendes Werk

Wurfmaschinen, Drahtkanonen und Bussen: Die Blide war ein zweiarmiges Gegengewichtswurfgeschütz. Die Last am kurzen Hebelarm riß nach dem Lösen einer Sperre den langen Hebelarm nach oben, und der Stein flog im hohen Bogen aus einer sich öffnenden Tasche in Richtung Gegner. Beim Treibenden Werk, oft auch einfach «Werk» genannt, handelte es sich um eine überdimensionale Armbrust, die eisenbeschlagene schwere Pfeile verschoß. Dieses

Schiffsgeschütz wurde 1139 von einem Konzil zu Rom als «fluchwürdige Armbrust ungeheuren Maßstabes» verboten, aber dieses Verbot fand keine Beachtung. Vielmehr entwickelten und bauten die Hansestädte, wie auch ihre Gegner, in den folgenden Jahrhunderten Werke mit immer größerer Wirkung. Die Geschosse, die im Laufe der Zeit Balkengröße annahmen, durchschlugen beim Auftreffen das Deck oder die Bordwand des feindlichen Schiffes oder richteten schweren Schaden unter der Besatzung und in der Takelage an. Auch zum Beschuß von Landbefestigungen wurden Schiffswaffen verwendet. Die Trefferwahrscheinlichkeit bei größerer Entfernung dürfte allerdings nicht sehr hoch gewesen sein.

Während die Bogen- und Armbrustschützen sowie die leichten Bliden in den Kastellen aufgestellt wurden, waren die großen Bliden und das Werk mittschiffs angeordnet. Mit der Bewaffnung der Schiffe machten die Armbrustmacher und Ballistenhersteller in den Städten einträgliche Geschäfte, zumal diese Waffen auch noch nach der Einführung der Feuergeschütze auf hansischen Schiffen Verwendung fanden.

Die Lübecker Kämmerei zum Beispiel gab 1452, 1453 und 1457 für die Anfertigung von 39 700 Pfeilen insgesamt 384 Mark und 10 Schillinge aus. 1476 kaufte sie für den Kriegsbedarf der Stadt 50 Armbrüste.

Mit der weiteren Entwicklung der gewerblichen Produktion in den mittelalterlichen Städten erlangte die Technik einen Stand, der die ersten Feuergeschütze, die sogenannten Drahtkanonen oder Stabringgeschütze, herzustellen ermöglichte. Die Drahtkanonen wurden sowohl als Hinterlader als auch als Vorderlader gefertigt. Bei diesen Geschützen wurden Eisenstäbe mit rechteckigen Querschnitten und entsprechender Länge über einen kaliberstarken Kern geschmiedet. Zusätzlich schmiedete man eiserne Ringe über die Rohre, um so die Stücke gegen das Zerspringen beim Schuß zu sichern.

Das erste deutsche Geschütz soll 1330 in Freiburg im Breisgau hergestellt worden sein. Das Pulver setzte sich aus 75 Prozent Salpeter, 10 Prozent Schwefel und 15 Prozent Kohle zusammen.

Mitte des 14. Jahrhunderts beschafften sich die ersten Hansestädte Pulvergeschütze. Die unsachgemäße Lagerung des Schießpulvers in den Kellergewölben des Lübecker Rathauses führte im Jahre 1360 zu einer Explosion, die einen Teil des Gebäudes zerstörte. Zwischen

1362 und 1368, also zwischen den beiden Kriegen gegen Dänemark, gingen die Städte zur verstärkten Herstellung und Verwendung von Feuerwaffen über. Auf den Schiffen befanden sich aber im zweiten Krieg gegen Waldemar IV. noch keine bordgestützten Feuergeschütze. Dagegen gehörte bei dem zugestiegenen Kriegsvolk die Artillerie zum festen Bestand der Bewaffnung. Im Jahre 1384 sind dann für hansische Schiffe erstmalig Feuergeschütze, die «schotbussen», urkundlich erwähnt. Diese ersten deutschen Schiffsgeschütze bestanden aus der «Büchse» und dem «Rohr» oder «Flug». Die Büchse wurde mit Pulver gefüllt; obenauf wurde lose das Geschoß – eine Steinkugel – gelegt. Um den Stein in eine bestimmte Richtung feuern zu können, befestigte man auf der Büchse ein kurzes Rohr, den «Bumhart». Mit einem glühenden Eisen wurde die Treibladung «losgeeist». Zu diesem Zwecke mußte ein eiserner Haken in der Nähe des Geschützes glühend gehalten werden. Erst später wurden diese Haken durch die Lunte ersetzt.

Die Schotbussen hatten leichte Kaliber; zur besseren Handhabung waren sie mit Holzschäften versehen. Im Gefecht wurden sie über das Schanzkleid in Stellung gebracht. Zu diesem Zweck war im unteren Teil des Schaftes eine Nut eingelassen, in die der obere Rand des Schanzkleides genau hineinpaßte. Zusätzlich wurde der hintere Teil des Geschützes zum Abfangen des Rückstoßes an den Aufbauten beziehungsweise an festen Verankerungen am Oberdeck abgestützt. Mit dem Größerwerden der Stücke kam es zur Entwicklung der Lafetten.

In der Folge wendeten die Hansestädte beachtliche Mittel auf, um die «arcolie» – so wurde in Deutschland bis ins 17. Jahrhundert das Artilleriewesen bezeichnet – an Bord der Schiffe auf den erforderlichen Stand zu bringen. Die Bliden und das Werk sowie die Ballisten mußten Schritt für Schritt den neuen Feuerwaffen und ihren Bedienungen weichen. In diesem Prozeß scheint Lübeck unter den Städten führend gewesen zu sein. Schon 1352 findet in den Unterlagen der Stadt ein «vüerschütte» Erwähnung, und im 15. Jahrhundert lieferte Lübeck bereits umfangreiche Mengen an Artillerie und Munition nach Hamburg. Im Jahre 1385 soll der Stralsunder Bürgermeistersohn Wulf Wulflam bei seinem Einsatz zur Seebefriedung gegen die Piraten sechs «Donnerbüchsen» an Bord gehabt haben.

Wie schon früher im Schiffbau, so sicherten sich die Städte auch in der Waffenproduktion gegen die Lieferung von Kanonen an «Butenhansen» ab. Am 9. Oktober 1384 wurde ein Beschluß gefaßt, der die Herstellung von Geschützen für Auswärtige verbot.

Im Krieg gegen Dänemark von 1426 bis 1435 setzte die hansische Flotte neben den Schiffsgeschützen eine auf ein floßartiges Bollwerk montierte schwimmende Batterie größeren Kalibers ein, unter deren Feuerschutz zur Sperrung des Kopenhagener Hafens 40 mit Steinen und Kalk beladene Schiffe vor der Hafeneinfahrt versenkt wurden.

In der ersten Hälfte des 16. Jahrhunderts besaß Lübeck 1 203 Geschütze und Schußwaffen, von denen sich 447 in den Befestigungen in Stellung und 139 an Bord der Schiffe befanden. 617 waren in den Zeughäusern der Stadt eingelagert.

Die auf hansischen Schiffen eingeführten Geschütze wurden nach der Geschoßart «Lotbussen» und «Steenbussen» genannt. Es waren überwiegend geschmiedete Schiffsgeschütze, die Lübeck auch später noch im Nordischen Siebenjährigen Krieg, also rund 150 Jahre später, in der Bewaffnung hatte. Im 15. Jahrhundert gehörten dann Feuergeschütze zur normalen Bewaffnung eines größeren Handelsschiffes. Besonders bei den Baienfahrern war die Bestückung der Schiffe zur Notwendigkeit geworden. So verfügte das Danziger «Grote Kraweel» über 17 Steinbussen, eine Terras (Wallbusse) und eine Lotbusse.

Bombarden und Enterkampf: Die Bombarde, als Landgeschütz entwickelt, bestand aus einem dicken, innen glatten Rohr, das für den Bordeinsatz auf einem hölzernen Wagen mit kleinen Rädern beziehungsweise Rollen, der Lafette, montiert war. Von den hansischen Schiffen wurden hauptsächlich Vollgeschosse, Stein- und später auch Eisenkugeln, verschossen, die beim Auftreffen nicht detonierten. Mit diesen Geschossen wurde der Gegner lediglich durch die Wucht des Aufpralls auf die Bordwände, in die Takelage usw. bekämpft.

Seit der zweiten Hälfte des 15. Jahrhunderts kamen in der hansischen Schiffsartillerie wahrscheinlich auch kartätschenähnliche Geschosse zum Einsatz. 1460 und 1461 vermerken die Lübecker Kämmereirollen den Ankauf von bedeutenden Mengen an Eisen, «dar hagelschot van gemaket was». Was unter «hagelschot» zu verstehen ist, konnte nicht eindeutig geklärt werden. Kürzlich wurden aus der Elbe bei Hamburg unter anderem Teile der Armierung von Schiffen des 16. Jahrhunderts geborgen, unter denen sich auch ein Lehmklumpen befand, in den scharfkantige Nägel eingeknetet waren. Mit großer Wahrscheinlichkeit war das ein sogenanntes Hagelgeschoß, dessen Wirkung auf Besatzung und Takelage des gegnerischen Schiffes verheerend sein konnte.

Der Ladevorgang bei den mittelalterlichen Geschützen muß sehr umständlich und zeitaufwendig gewesen sein und gestattete nur eine langsame Schußfolge. Beim Laden wurde zunächst das Pulver von vorn mühsam in das Rohr gelöffelt und mit einem Ladestock festgestampft; dann wurde das Geschoß eingeführt. Um Unebenheiten der Kugel auszugleichen und das Rohr nach vorn abzudichten, wurden die Geschosse mit Tauwerk umwickelt. Durch eine runde Öffnung im hinteren Teil des Rohres, das Zündloch, wurde die Ladung mit einer Lunte gezündet. Der Rückstoß beim Schuß wurde an Bord über Trossen und Keile vom Schiff abgefangen. Das hatte Konsequenzen für den Schiffbau hinsichtlich der Festigkeit der Verbände auf der einen und der Stabilität sowie des Seeverhaltens der Schiffe auf der anderen Seite.

Nach dem Schuß mußten die Rohre von glimmenden Tauwerks- und Pulverresten gesäubert werden, um zu verhindern, daß sich das neue Pulver bereits beim Laden entzündete und so Bedienung und Schiff in Gefahr brachte.

In Unkenntnis der Ballistik – man nahm an, daß die Geschosse bis zur maximalen Reichweite horizontal fliegen und dann herunterfallen würden – wurde auf kurze Distanzen im direkten Richten über das Rohr geschossen. Die Reichweiten sollen zwischen 400 und höchstens 1000 Metern gelegen haben. Die Reichweite durch entsprechende Rohrerhöhung zu vergrößern war am Anfang noch unbekannt. Außerdem wurden solche Faktoren wie der Feuchtigkeitsgehalt der Luft und die Temperatur sowie die genaue Zusammensetzung des Pulvers, die für die Schußentfernung wesentlich sind, kaum berücksichtigt beziehungsweise eingehalten.

Erste wissenschaftliche Grundlagen der Ballistik schuf Galilei im Jahre 1590, indem er die Schwerkraft der Erde bei der Berechnung der Flugbahn eines Geschosses berücksichtigte.

Das seitliche Richten konnte entweder durch das Richten mit dem ganzen Schiff vorgenommen werden, oder die Geschütze wurden mittels Taljen gerichtet. Vor allem, wenn in Vorausrichtung geschossen wurde beziehungsweise wenn die Schiffe dann später ganze Breitseiten abfeuerten, wurde das seitliche Richten mit dem Schiff durch entsprechende Manöver gewährleistet, das heißt, der Kapitän nahm einen solchen Kurs ein, daß die Kanoniere nur geringe Korrekturen und die Höhenrichtung vornehmen mußten.

Ziel des Artillerieeinsatzes war es, den Gegner zu vernichten oder durch größtmöglichen Schaden an Menschen und Material sturmreif zum Entern zu schießen. Die Unzuverlässigkeit und Ungenauigkeit der damaligen Artillerie ließen aber bis in das 16. Jahrhundert hinein den Enterkampf als Hauptphase des Seegefechtes bestehen. Bei Konvois und Einzelfahrern lag der Schwerpunkt des Artillerieeinsatzes auf der Abwehr oder Abschreckung des Gegners.

Große Probleme gab es mit der trockenen Lagerung des Pulvers. Immer wieder kam es vor, daß Pulver feucht und damit zunächst unbrauchbar wurde. 1420 wurde eine Teillösung des Problems gefunden, die gleichzeitig zu einer höheren Brisanz führte. Beim Feuchtwerden des Pulvers löste sich der Salpeter zum Teil und wurde zu einem Bindemittel zwischen den übrigen Bestandteilen des sonst mehligen Sprengstoffes. Die dabei entstehenden Pulverbrocken konnte man, wenn sie getrocknet waren, beliebig zerkleinern. Es stellte sich heraus, daß das Mehlpulver zu einer Art Granulat kleinerer und größerer unregelmäßiger Körner geworden war. Dieses Gemisch verbrannte nach Entzündung erheblich heftiger, da die Flamme aus den Räumen zwischen den Körnern wesentlich mehr Sauerstoff erhielt als aus dem Pulvermehl. Das so gekörnte Pulver soll dann relativ resistent gegen Feuchtigkeit gewesen sein.

In einem Feuerwerksbuch von 1420 werden drei Arten von Pulver nach ihrer Zusammensetzung von Salpeter zu Kohle zu Schwefel unterschieden:

- das «gemeine Pulver» im Verhältnis 2:0,5:1;
- das «bessere Pulver» im Verhältnis 2,5:0,5:1;
- das «stärkste Pulver» im Verhältnis: 3:0,5:1.

Es soll aber auch Mischungen 6:2:1 und 5:2,5:1 gegeben haben.

Am Ende des 15. Jahrhunderts wurden an Bord hansischer Schiffe zwei Arten Pulver oder «Kruth» verwendet. Es gab für die schweren Stücke das sogenannte Schlangenpulver und für die leichte Artillerie und die Handfeuerwaffen das feinere Rohrpulver. Als Verbrauchsnorm rechnete man für einen Schuß die Hälfte des Geschoßgewichtes. So wird verständlich, daß die Vorräte an Schlangenpulver weit größer waren als die an Rohrpulver. Diese Angaben vermitteln aber auch eine Vorstellung davon, wie hoch der Laderaum veranschlagt werden muß, den die Kauffahrer zur Aufstellung der Geschütze, zur Lagerung der Geschosse und der verschiedenen Pulvermengen aufbringen mußten.

Nach der Einführung der Geschützpforten um 1500 ging man dazu über, die schweren Kanonen an Deck über die Breitseite der Schiffe zu verteilen, zunächst nur in der Poop, dann aber in der Mitte des 16. Jahrhunderts über die ganze Schiffslänge.

Im Jahre 1526 gehörten zur Bewaffnung von vier lübischen, zu Kriegszwecken gecharterten Schiffen ausschließlich Hinterlader, die im Interesse einer höheren Schußfolge mit zwei bis drei Kammern versehen waren. Die Verbesserung der Bewaffnung führte dazu, daß der Einsatz der Artillerie auf größere Distanzen den Enterangriff in den Hintergrund stellte, ihn zur letzten Phase des Seegefechtes gegen alles, was sich noch über Wasser befand, werden ließ.

Kartaunen und Schlangen: Die größeren Kaliber, die Hovetstücke, liefen in der hansischen Flotte unter der Bezeichnung «Kartaunen». Entsprechend der Größe der Stücke wurden sie in doppelte, ganze, dreiquarter und halbe Kartaunen eingeteilt. Die Eisenkugeln der Dreiquarter-Kartaunen konnten eine Masse von 40 Pfund erreichen. Stücke dieses Kalibers wurden aber nur auf den größten Orlogschiffen gefahren. Die bewaffneten Handelsschiffe verfügten als schwerste Geschütze über halbe Kartaunen. Diese verschossen Kugeln von 15 bis 20 Pfund.

Die Masse einer Dreiquarter-Schiffskanone betrug über 3 Tonnen, ihre Länge etwa 3 Meter. Selbst die halbe Kartaune wog bis zu 3 Tonnen. Diese Massen waren natürlich eine enorme Belastung für die Schiffe und stellten wegen des Rückstoßes der Geschütze erheblich gesteigerte Anforderungen an den Schiffbau.

Die Rohrbelastungsfähigkeit der mittelalterlichen Geschütze war sehr gering; die Höchstzahl der zulässigen und oft auch nur möglichen Schüsse betrug etwa 30. Die Ursache dafür war, daß die Bronzestücke nicht auf der Grundlage exakter Berechnungen, sondern rein empirisch gegossen wurden. Hinzu kam, daß das Material zu weich war. In vielen Fällen zersprangen die Rohre schon nach den ersten Schüssen. Deshalb ging man im 16. Jahrhundert dazu über, die Stücke aus Eisen beziehungsweise Eisenlegierungen herzustellen.

«Schlangen» auf hansischen Schiffen

Art	Masse (in Tonnen)	Länge (in Metern)	Geschosse (in Pfund)	Pulver je Schuß (in Pfund)
Notschlangen	2,5	–	16–18	8–9
Feldschlangen	2,0	5	7–10	4–5
Dreiviertel-schlangen	1,5	5	5–6	2–3
Halbschlangen	1,0	–	3–5	1,5–2,5
Einviertel-schlangen	–	–	2,0–2,5	1,0–1,5

Leichtere Geschütze, die aber über eine größere Rohrlänge verfügten, wurden als «Schlangen» bezeichnet. An Bord hansischer Schiffe befanden sich sowohl geschmiedete als auch gegossene Stücke. Außerdem wurden kleinere Geschütze mitgeführt, deren Kugeln unter zwei Pfund Masse hatten. Sie liefen unter der Bezeichnung «Falkaunen» und «Falkonctts». Es waren transportable Feldgeschütze, deren Masse 150 bis 200 Kilogramm betrug. Die leichtesten Artilleriewaffen auf hansischen Schiffen waren die «Barsen», die 1- bis 1,5-Pfund-Kugeln verschossen. In der Überlieferung erscheinen gegossene, geschmiedete, doppelte und einfache Barsen.

Weiterhin werden im 15. und 16. Jahrhundert sogenannte Hagelbüchsen erwähnt. Dabei dürfte es sich um mehrrohrige leichte Geschütze gehandelt haben, die durch gemeinsames Zünden der La-

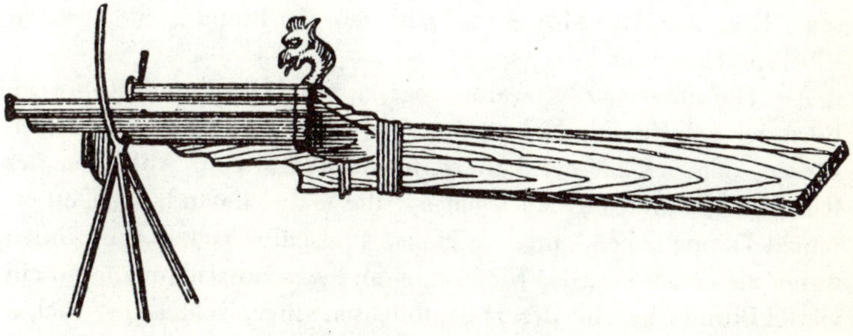

Hakenbüchse/Arkebuse

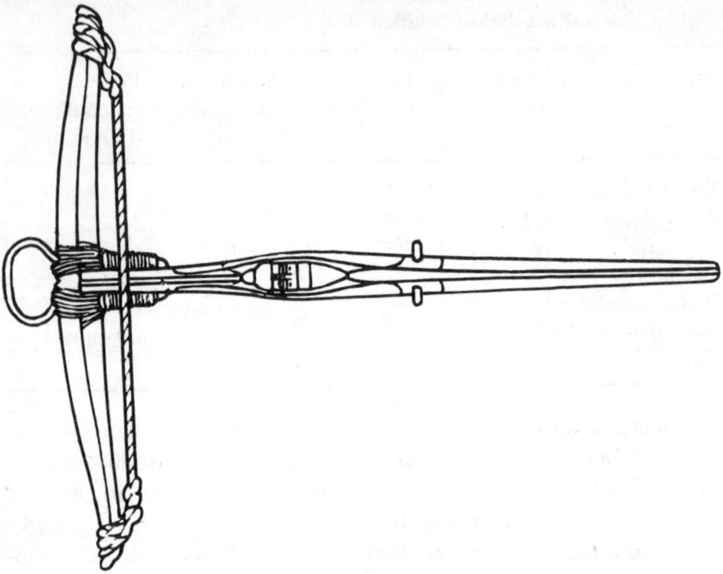

Armbrust

dungen zu einer höheren Feuerdichte geführt haben. Auch Mörser beziehungsweise Böller der Belagerungsartillerie befanden sich an Bord hansischer Schiffe. Mit diesen Stücken, die zum geschmiedeten Waffenbestand gehörten, wurden im Seegefecht die feindlichen Schiffe mit glühenden Kugeln, Steinen und Brandstoffen beschossen. Die kleinen Mörser verschossen 50-Pfund-, die großen 100-Pfund-Ladungen.

Als Handfeuerwaffen waren sogenannte Haken und Rohre an Bord der Schiffe. Die Hakenbüchsen verdankten ihren Namen dem Haken, der sich an der Unterseite der Waffe zum Abfangen des Rückstoßes durch das Auflegen auf die Gabel befand. Man unterschied Doppelhaken, einfache Haken und halbe Haken. Von ihnen waren die ersten etwa 1,5 Meter lang und verschossen annähernd ein viertel Pfund Blei. Aus den Hakenbüchsen gingen später die Arkebusen hervor, die Anfang des 15. Jahrhunderts mit Kimme und Korn versehen wurden. Bis dahin hatten die Schützen nur über den Lauf gepeilt. Mit der Einführung der Visiereinrichtungen wurde der gezielte Schuß möglich. Trotzdem waren die Handfeuerwaffen noch lange der Armbrust an Reichweite, Treffsicherheit, Durchschlagkraft und Feuergeschwindigkeit unterlegen. Ende des 15. Jahrhunderts konnte der Schütze mit einer Arkebuse ein 200 bis 250 Schritt entferntes Ziel treffen. Die Reichweite der Armbrust war doppelt so groß.

Die Rohre waren als Handfeuerwaffen für den Nahkampf bestimmt und wirkten nach dem gleichen Prinzip wie die Hakenbüchsen. Haken und Rohre waren die Waffen der eingestiegenen Söldner und wurden jeweils von einem Mann eingesetzt. Die hansischen Schiffe hatten im 16. Jahrhundert je 10 bis 20 Handfeuerwaffen an Bord.

III.
Seekriegsunternehmen hansischer Städte

Frühhansische Zeit und Aufstiegsphase der Städtehanse (13. Jahrhundert bis 1370)

Historischer Hintergrund

Die Zeit des Aufstiegs der Städtehanse begann in der ersten Hälfte des 13. Jahrhunderts mit der Herstellung erster engerer Verbindungen zwischen einzelnen nord- und nordwestdeutschen Städten, setzte sich an der Wende vom 13. und 14. Jahrhundert fort mit der Herausbildung der wendischen Städtegruppe, des eigentlichen Kerns des Städtebundes, sowie mit dessen allmählicher Ausdehnung über den gesamten norddeutschen Raum und gipfelte schließlich in dem großen Sieg der Hanse über das feudale Dänemark im Jahre 1370. Diese anderthalb Jahrhunderte waren eine Periode bedeutsamer ökonomischer, sozialer und politischer Veränderungen in den Nordseeländern und vor allem in der Ostseeregion, die nun im kontinentalen Maßstab rasch und sehr wesentlich an Gewicht gewann.

Auch im Ostseeraum vollzog sich der Übergang vom Früh- zum Hochfeudalismus. Bedeutende Fortschritte der Entwicklung der Produktivkräfte in der Landwirtschaft schufen die entscheidende Voraussetzung für die Entfaltung eines Städtewesens mit sich stetig verdichtendem und weiter ausgreifendem Handel und differenzierter gewerblicher Produktion. Von den Städten aus begann die Geldwirtschaft immer nachhaltiger auf die feudale Agrarsphäre auszustrahlen. Das Bürgertum betrat auch die politische Bühne, die bisher von der Feudalklasse allein beherrscht worden war.

Das Kräfteverhältnis zwischen den Feudalmächten in den Ländern an Nord- und Ostsee unterlag in jener Periode einem ständigen Wandel. Nachdem sich die deutsche Zentralgewalt seit dem Ende des 12. Jahrhunderts mehr und mehr aus dem Norden des Reiches zurückgezogen hatte, beherrschten dort weltliche und geistliche Territorialfürsten das Feld: die Herzöge von Brabant, Geldern, Braunschweig-Lüneburg und Sachsen-Lauenburg, die Grafen von Holland, Seeland, Hennegau, Berg, Oldenburg und Hoya, die Erzbischöfe von Köln, Bremen und Magdeburg sowie die Bischöfe von Utrecht, Lüttich, Münster, Osnabrück, Paderborn und Hildesheim – um nur die wichtigsten Potentaten zwischen den Unterläufen von Schelde und Elbe zu nennen. Neue feudale Herrschaftskomplexe bildeten und konsolidierten sich östlich der Elbe am Südrand des Baltischen Meeres: die Grafschaft Holstein, die Fürsten- beziehungsweise Herzogtümer Mecklenburg und Pommern, die Markgrafschaft Brandenburg und schließlich eine Feudalherrschaft besonderer Art – der Staat des Deutschen Ordens.

In Nordeuropa dominierte das Königreich Dänemark, zu dem nicht nur die jütische Halbinsel und die Inselwelt der westlichen Ostsee gehörten, sondern auch das Herzogtum Schleswig und die Landschaften Schonen, Halland und Blekinge im heutigen Südschweden. Das norwegische Königreich, das sich 1261 bis 1263 Grönland und Island einverleibt hatte, fiel 1319 durch Erbfolge an Schweden. Die schwedischen Feudalherren hatten ihren Machtbereich bislang vornehmlich in östlicher Richtung ausgedehnt: In der Mitte des 12. Jahrhunderts begannen sie mit der Eroberung und gewaltsamen Christianisierung Finnlands, ihre Vorstöße gegen Rußland wurden 1240 in der Schlacht an der Newa von dem Nowgoroder Fürsten Alexander Newski zum Stehen gebracht. Die expansivsten Feudalmächte im Ostseeraum waren jedoch zur damaligen Zeit der Staat des Deutschen Ordens und das Königreich Dänemark.

Der Deutsche Orden, der 1190 während des dritten Kreuzzuges im Orient zunächst als eine Bruderschaft für Krankenpflege gegründet und 1198 dann in einen Ritterorden umgewandelt worden war, folgte 1226 einer Aufforderung des Herzogs Konrad von Masowien, sich auf polnischer Seite am Kampf gegen den baltischen Volksstamm der Preußen (Pruzzen) zu beteiligen. Der Orden verfolgte aber sehr bald eigene Eroberungsziele und wurde zu einer großen

Gefahr für alle seine Nachbarn. Von 1230 bis 1283 unterwarf er sich das Kulmerland und Preußen, 1308 bis 1311 okkupierte er Pomerellen und das Weichselmündungsgebiet. Die Marienburg wurde 1309 zum Sitz des Hochmeisters des Deutschen Ordens. Schon vorher hatte der Deutsche Ritterorden seine Herrschaft auch auf große Teile des Ostbaltikums ausgedehnt. Dort begann am Ausgang des 12. Jahrhunderts die Eroberung und Christianisierung durch sogenannte Kreuzfahrer. An der Spitze eines solchen Kreuzfahrerheeres war der Bremer Domherr Albert von Appeldern nach Livland gekommen, wo er 1201 Riga zur Stadt erhob und unmittelbar danach einen neuen Ritterorden, den Schwertbrüderorden, gründete. Dieser unterwarf bis 1230 Livland und Kurland, erlitt aber 1235 im Kampf gegen die Litauer und Semgaller ein schwere Niederlage. Infolgedessen vereinigte sich der Schwertbrüderorden 1237 mit dem Deutschen Orden, der nun die Expansion vor allem in östlicher Richtung zu intensivieren versuchte. Diese Bestrebungen machte jedoch der Ausgang der berühmten Schlacht auf dem Eise des Peipussees im Jahre 1242 zunichte: Das russische Heer unter Alexander Newski brachte dem Ritterorden eine Niederlage bei. Trotzdem blieb der straff organisierte und auch auf ökonomischem Gebiet lange sehr erfolgreiche Ordensstaat bis in das 15. Jahrhundert hinein die stärkste Feudalmacht im östlichen Ostseeraum, der auch zahlreiche bedeutende Hansestädte, wie zum Beispiel Danzig, Elbing, Königsberg, Braunsberg und Thorn, unterstanden.

Bedeutsamer jedoch als die Entstehung und Ausbreitung des Ordensstaates war für die frühe Geschichte der Städtehanse die Expansionspolitik der dänischen Feudalklasse. In der Hansegeschichtsschreibung ist zuweilen Dänemark «das Schicksalsland der Hanse» genannt worden. Diese Formulierung ist zwar gewiß eine Überzeichnung der Realität, als völlig unbegründet kann man sie aber nicht abtun. Durch dänische Gewässer liefen seit etwa der Mitte des 14. Jahrhunderts die wichtigsten Schiffahrtsrouten im Ost-West-Verkehr, die Halbinsel Schonen galt als eines der bedeutendsten Zentren des hansischen Handels – und dazu war Dänemark noch die dem Kern der Hanse, der wendischen Städtegruppe, am nächsten benachbarte starke Feudalmacht. Deshalb waren für den Städtebund die Beziehungen zu diesem nordeuropäischen Königreich immer von ganz besonderer Wichtigkeit.

In beständiger Rivalität mit norddeutschen Fürsten hatten die Könige von Dänemark schon im 12. Jahrhundert nach der Annexion von möglichst großen Teilen des Territoriums an der südwestlichen Ostseeküste gestrebt. Allerdings konnten sie 1168 nur das Fürstentum Rügen für längere Dauer in ihren Besitz bringen. Zu Beginn des 13. Jahrhunderts und dann erneut am Anfang des 14. Jahrhunderts nahm das dänische Königtum diese Expansionsbestrebungen jedoch wieder auf. Unter König Waldemar II. (1202–1241) schien der Plan der Errichtung eines dänischen Großstaates Realität zu werden. Schon vor seiner Thronbesteigung eroberte Waldemar 1201 die Grafschaft Holstein mitsamt Lübeck und Hamburg und zwang auch den Grafen von Schwerin zur Huldigung. Der Kaiser Friedrich II. (1212–1250) legalisierte sogar die Ausdehnung des dänischen Herrschaftsbereiches: Um den Dänenkönig als Verbündeten gegen seine deutschen Widersacher zu gewinnen, trat ihm das Reichsoberhaupt alle Territorien an der Ostseeküste jenseits von Elbe und Elde ab. 1219 okkupierten die Dänen dann noch Estland und gründeten dort die Stadt Reval. Waldemar II. wurde jedoch 1227 von einer Koalition norddeutscher Fürsten und Städte geschlagen und mußte seine Eroberungen in Holstein und Mecklenburg wieder preisgeben. Ein Jahrhundert später griff der dänische König Erich Menved (1286–1319) die Expansionspläne Waldemars wieder auf. 1317 scheiterte aber auch dieser Versuch einer gewaltsamen Ausdehnung der dänischen Machtsphäre – und zwar an der erfolgreichen Gegenwehr der Hansestädte.

In dieser Auseinandersetzung wurde besonders offensichtlich, daß die meisten Feudalmächte zunächst nicht in der Lage waren, sich auf die durch die wachsende Bedeutung der Geldwirtschaft auch in der Politik entstandenen neuen Bedingungen einzustellen. Ihre dünkelhafte Geringschätzung der Bürger trug ihnen bittere Niederlagen ein und drängte sie zeitweilig völlig in die Defensive. Die Städte scheuten bald nicht mehr davor zurück, feudale Willkür nun auch ihrerseits mit Gewalt zu beantworten – und sie waren dabei erfolgreich. Das zeigte sich erstmalig in dem hansisch-norwegischen Konflikt von 1283 bis 1285, dann aber besonders eindrucksvoll im zweiten Krieg gegen König Waldemar IV. von Dänemark in den Jahren von 1367 bis 1370.

In Nordwesteuropa hatten die Hansekaufleute im 13. und 14. Jahrhundert feste Positionen bezogen. Ihre wichtigsten Stützpunkte waren die Niederlassungen in London und Brügge. Die Vermittlung des für die hochentwickelte Tuchproduktion Flanderns unentbehrlichen Imports von Wolle aus England ging zu einem großen Teil in die Hände der Hansen über, die die flandrischen Kaufleute auch immer mehr aus dem gewinnbringenden Tuchexport in die Länder des Ostens verdrängten. Wegen der Verletzung hansischer Privilegien in Brügge mußte die Hanse ihren Geschäftsverkehr mit dieser Stadt zwar wiederholt – nämlich 1280 bis 1282, 1307 bis 1309 und nochmals von 1358 bis 1360 – unterbrechen, um die Wiederherstellung ihrer verbrieften Rechte zu erzwingen, aber trotzdem nahm ihr Flandernhandel insgesamt beständig an Umfang und Bedeutung zu.

1337 begann in Westeuropa der längste Krieg in der Geschichte unseres Kontinents, der Hundertjährige Krieg zwischen England und Frankreich, der erst 1453 endete. Den Anlaß zu diesem Krieg bildeten Erbansprüche des englischen Königs Edward III. (1327–1377) auf den französischen Thron, die von Frankreich abgewiesen wurden. Die eigentlichen Kriegsursachen aber waren weit umfassender: Nachdem die englische Krone 1259 im Frieden von Paris auf den größten Teil ihrer einstigen riesigen Besitzungen im westlichen Frankreich hatte verzichten müssen, drohte ihr nun auch noch der Verlust des Herzogtums Guyenne, ihrer letzten Bastion auf dem Festland.

Auch die flandrische Frage spielte beim Ausbruch des Krieges eine wichtige Rolle. Die Versuche des französischen Königs, diese reiche Grafschaft mit Unterstützung des einheimischen Adels und des Patriziats fester seiner Herrschaft zu unterwerfen, beantwortete der König von England 1336 mit dem Verbot des englischen Wollexports nach Flandern. Dort stellte sich nun die Masse der Tuchproduzenten und -kaufleute offen auf die englische Seite, um dem wirtschaftlichen Ruin zu entgehen.

Der Hundertjährige Krieg führte dazu, daß sich die Kräfte der beiden stärksten Feudalmächte Westeuropas für lange Zeit gegenseitig aufzehrten. Für den hansischen Handel brachte die englisch-französische Auseinandersetzung zwar manche besonderen Chancen, vor allem aber auch zahlreiche Störungen und Gefahren mit sich.

Die in der hansischen Frühzeit und in der Aufstiegsphase der Städtehanse zunächst von einzelnen Städten und dann von größeren

Städtegruppen des sich entfaltenden Bundes geführten Kriege, in denen es zu bedeutenderen militärischen Operationen zur See kam, sollen nun nachfolgend dargestellt werden.

Seegefecht vor Warnemünde (1234)

Das erste hier zu schildernde Seegefecht ist nur widersprüchlich, spärlich und zum Teil legendenhaft überliefert und gehört an sich noch nicht zur eigentlichen Geschichte der Hanse. Es handelt sich vielmehr um ein Seekriegsunternehmen der Stadt Lübeck gegen das Königreich Dänemark und seinen Verbündeten, den Grafen Adolf IV. von Holstein, das aber in die Geschichte als erstes Seegefecht eingegangen ist, das von einer norddeutschen Stadt geführt wurde.

Nach der vernichtenden Niederlage gegen die verbündeten norddeutschen Feudalherren und Städte 1227 bei Bornhöved hatte Dänemark seine Vorherrschaft im Ostseeraum vorerst eingebüßt. Mit Ausnahme von Rügen und Estland verlor die dänische Krone ihre Eroberungen an den Südküsten der Ostsee.

Mit dem erneuten Erstarken der dänischen Macht zielte die Politik Waldemars II. auf die Inbesitznahme von Lübeck, dessen Wert als Einnahmequelle und als Stützpunkt auf dem Festland er genau erkannt hatte. Doch Lübeck lehnte seine Schutz- und Privilegienangebote ab. Ein ähnlich gespanntes Verhältnis entwickelte sich zwischen der Stadt und Graf Adolf IV. von Holstein. Graf Adolf, der mit Travemünde die Einfahrt nach Lübeck beherrschte, hatte sich mit König Waldemar II. verbündet. Darüber berichtet die etwa 150 Jahre später geschriebene Lübecker Detmar-Chronik: «By den tiden do greve Alf sik hadde bevrondet mit deme Koninge van Denemarken unde worden was weldlich des landes to Holsten, he vorgat den truwen denst, de em de van Lubeke bewisenden, de eme weder hulpen to dem lande; he wolde de van Lubeke van erer vryhet drengen. des wart de Konyng vro. se sworen sik tosamende, de stat to vordervende. («Zu der Zeit, da Graf Adolf sich befreundet hatte mit dem König von Dänemark und des Landes Holstein mächtig geworden war, vergaß er den treuen Dienst, den ihm die Lübecker bewiesen, welche ihm wieder zu dem Lande verhalfen. Er wollte die Lübecker von ihrer Freiheit verdrängen. Darüber wurde der König froh. Sie verschworen sich gemeinsam, die Stadt zu verderben.»)

In dieser Situation wandte sich Lübeck an Herzog Albert von Sachsen, welcher der Stadt den Hafenort Travemünde übereignete. Die unmittelbare Bedrohung ihrer Unabhängigkeit von seiten der feudalen Nachbarn mußten die Bürger aber selbst abwenden.

Der Dänenkönig und der Graf zogen selbst gegen Lübeck. Das vereinte Heer schloß von Land einen Ring um die Stadt, und der König soll mit seinen Schiffen in die Trave eingelaufen sein, um die Hafeneinfahrt zu sperren. An den Ufern zu beiden Seiten des Flusses ließ er Türme errichten, versenkte Schiffe im Flußlauf und sperrte das Fahrwasser durch eine starke Kette.

Die Ungerechtigkeit dieses Krieges, vor allem aber die Tatsache, daß der Lübecker Hafen als Umschlagplatz für die Kreuzfahrerheere im Zuge der deutschen Ostexpansion genutzt wurde, veranlaßten Papst Gregor IX. dazu, den Propst und den Dekan des Stifts zu Halberstadt zu beauftragen, den König von Dänemark zur Öffnung des Hafens aufzufordern und im Weigerungsfalle mit Interdikt und Bann gegen ihn und seine Räte vorzugeben.

Für die vereinigten Belagerer muß Lübeck als eingeschlossen gegolten haben. Auch die Hafensperre soll von Land, von den errichteten Türmen am Ufer der Trave, gesichert worden sein. Die dänische Flotte hatte anscheinend keine nennenswerten Schiffskräfte in der Lübecker Bucht entfaltet. Der König war angeblich zu dieser Zeit in Rostock, nachdem er zuvor brandschatzend und verheerend in das Land eingefallen war. Das Gros der dänischen Flotte lag im Seegebiet der heutigen Warnemünder Reede. Die Dänen hatten offensichtlich die Absicht, die Sperre vor dem Lübecker Hafen durch Versenken weiterer speziell dafür hergerichteter Schiffe zu verdichten. Die Detmar-Chronik berichtet darüber: «He leit sonderlik grote schepe reden, unde bot over ene herevart, noch groter to watere unde lande den he vor hadde dan. de schepen quemen alle to Vemeren. dar mede quemen 8 schepe groter den er der tid gi weren gesen oppe de zee; dar medde wolde he de havene tomale tostoppen.» («Er ließ besonders große Schiffe ausrüsten und bot außerdem eine Heeresmacht auf, noch größer zu Wasser und zu Lande, als er vorher getan hatte. Die Schiffe kamen alle nach Fehmarn. Mit ihnen kamen acht

Schiffe, die größer waren als man je vor dieser Zeit auf See gesehen hatte. Damit wollte er die Häfen zumal zusperren.»)

Das eingeschlossene Lübeck muß seine einzige Chance zur Sprengung des Belagerungsringes in einem Durchbruch durch die Hafensperre gesehen haben. Um sich aus der Umklammerung zu befreien, besetzte die Stadt alle verfügbaren Schiffe im Hafen mit waffenfähigen Bürgern und formierte ein Flottengeschwader. Mit einem im Hafen voll aufgetakelten Schiff soll bei günstigem Wind mit hoher Fahrt die Sperrkette durchbrochen worden sein. Dem «Sperrbrecher» – im wahrsten Sinne des Wortes – folgten die übrigen Schiffe mit dem Ziel, zunächst das Tief vor der Travemündung durch sechs mit Bewaffneten besetzte Schiffe gegen einen erneuten Angriff des Dänenkönigs zu sichern. Am Ende gingen sie unter Führung ihres Bürgermeisters Alexander von Soltwedel in See, um den Gegner zu suchen und zum Kampf zu stellen.

Nach der Überlieferung kam es dann im Seegebiet vor der Warnow zum Gefecht. Dabei ist nicht bekannt, ob sich die dänischen Schiffe bereits auf dem Marsch nach Lübeck befanden oder noch vor der Warnowmündung ankerten.

Vor Warnemünde müssen die Geschwader beider Seiten aufeinandergetroffen sein. Eine Rekonstruktion des Gefechtsverlaufes ist wegen der spärlichen und zum Teil widersprüchlichen Überlieferung kaum noch möglich. Auch der genaue Kräftebestand beider Flottengeschwader ist nicht bekannt. Vom Morgen bis zum Abend wurde mit Erbitterung gefochten. Nachdem die Lübecker fünf große Schiffe gewonnen und verbrannt, die übrigen in den Grund gebohrt hatten, kehrten sie mit dem größten erbeuteten Schiff, das 400 Mann Gewappneter trug, heim. Bei Detmar lautet der Bericht folgendermaßen: «Sie nahmen Gott den Allmächtigen und ihr Recht zur Hilfe und zogen ihnen mit gutem Mut vor die Warnow. Dort stritten sie mit von der Prim bis zur Vesperzeit. Sie gewannen fünf der größten Schiffe und verbrannten sie. Von den anderen Schiffen fuhren sie viele in den Grund mitsamt den Leuten, die alle ertranken. Das allergrößte Schiff, worin mehr als 400 Mann wohlgewappneter Leute waren, das gewannen sie zuletzt mit Freuden in der Trave.»

Die als Sperrschiffe von den Dänen zum Versenken vorbereiteten Fahrzeuge sollen in dem folgenden «wohl von Gott gesandten Sturm» untergegangen sein.

Nach dem Sieg zur See und dem Abzug des Dänenkönigs gingen die Lübecker auch an Land zum Angriff über. Sie schlugen die Truppen des Grafen und verwüsteten das holsteinsche Land. In ihrem Zorn schonten sie angeblich selbst Kirchen nicht. Die Stadt hatte ihre Unabhängigkeit gewahrt.

Landung in Kopenhagen
(1249)

Der Sieg über Waldemar II. von Dänemark und Graf Adolf IV. von Holstein hatte die Unabhängigkeit Lübecks noch nicht dauerhaft gesichert. Der neue dänische König Erich IV. Plogpennig nahm die auf Unterwerfung der Travestadt gerichteten Ambitionen seines Vorgängers bald wieder auf. Ihn trieb, wie die Detmar-Chronik berichtet, der alte Haß des Vaters wiederum gegen Lübeck. Und so waren Repressalien gegen lübische Schiffe an der Tagesordnung. Deshalb entschlossen sich der Rat und die Bürgerschaft, unter die Schirmherrschaft der noch jungen Grafen von Holstein, Johann und Gerhard, zu treten, die mit Herzog Abel, einem Bruder des Dänenkönigs, verbündet waren.

Herzog Abel, mit der Tochter des Grafen Adolf IV. von Holstein verheiratet, herrschte über das Herzogtum Südjütland und verwaltete für die jungen Grafen Holstein. Zwischen Erich IV. und Herzog Abel war es gleich zu Beginn der Regierungszeit des jungen Königs zu ernsthaften Meinungsverschiedenheiten gekommen, die sich dann im Laufe der Jahre noch verhärteten.

Erich IV. strebte danach, über ganz Dänemark uneingeschränkt zu herrschen, Holstein in sein Reich einzugliedern und seine Brüder – Abel und Knut – als Lehnsherzöge einzusetzen. Im Zuge dieser Politik sollte auch Lübeck dem Dänenkönig huldigen. Um das zu erreichen, forcierte er die Repressalien in See und im Sund.

Fürst Jaromar II., der Nachfolger Wizlaws I. von Rügen, trat an der Seite seines dänischen Lehnsherrn ebenfalls in den Kampf gegen Lübeck ein. Es ist durchaus möglich, daß er sich damit eine Handhabe zum Widerruf der von seinem Vater im Jahre 1224 Lübeck gewährten großzügigen Privilegien für die Nutzung der rügenschen Fischgründe verschaffen wollte, zumal die sich unter Schirmherrschaft der

Fürsten von Rügen dynamisch entwickelnde Stadt Stralsund vor allem wegen ihrer günstigen Lage in der Nähe der Heringsfangplätze um Rügen mehr und mehr zur Konkurrenz der Lübecker wurde.

In dem im Jahre 1247 abgeschlossenen Vertrag verpflichteten sich die Grafen von Holstein, die Stadt Lübeck gegen auswärtige Feinde zu schützen und ihre Rechte und Freiheiten zu erhalten. Für die Dauer der Schutzherrschaft traten sie Lübeck die Feste und die Ortschaft Travemünde ab. Dafür hatte die Stadt alljährlich eine Abgabe von 100 Mark Silber zu entrichten. Eine zweite Urkunde garantierte Lübeck prinzipiell die von Kaiser Friedrich II. zugestandenen Rechte der Reichsunmittelbarkeit der Stadt.

Inzwischen befand sich Lübeck offen im Kriegszustand mit Dänemark. Noch im gleichen Jahr, Ende Dezember 1247, überfielen die Lübecker als Vergeltung für dänische Piratenakte in See die dänische Küste und verwüsteten das Land. Dabei befreiten sie den Königsbruder Herzog Knut, der bis zu diesem Zeitpunkt von Erich IV. auf der Insel Moen in der Stegeburg gefangen gehalten worden war.

Als Herzog Abel dem König gegenüber aus den genannten Gründen einen Krieg gegen Holstein ablehnte und ihm im weiteren die Heeresfolge verweigerte, kam es 1249 zum Bruderkrieg.

Nun trat auch die abgeschlossene Allianz voll in Kraft. Während Herzog Abel und die beiden Grafen zu Land gegen Erich IV. kämpften, rüstete Lübeck unter Alexander von Soltwedel ein Flottengeschwader aus und landete in Kopenhagen. Die Lübecker eroberten und plünderten die Stadt und das feste Schloß. Detmar schildert das Unternehmen wie folgt: «Die Bürger rüsteten ihre Koggen aus und fuhren nach Dänemark. Dort richteten sie großen Schaden an und eroberten Kopenhagen, die Stadt und das Schloß. Sie bemächtigten sich dort aus dem Turm eines Ritters und nahmen andere reiche Dänen gefangen und erbeuteten viel Gut und Kleinodien. Als sie dort ihre Ziele erreicht hatten, brannten sie Burg und Stadt bis zum Erdboden nieder.»

Nach dieser Aktion schien die günstige Gelegenheit gekommen zu sein, nun auch mit der lästigen Konkurrentin am Strelasund abzurechnen. Das gleiche Geschwader lief nach Süden und überfiel Stralsund, plünderte die Stadt und verheerte sie mit Feuer und Schwert. Als der Verband ablief, führte er eine Anzahl der reichsten Bürger als Gefangene fort.

Die ersten Siege Herzog Abels an Land und die Landungsunternehmen der Lübecker in Dänemark konnten nicht verhindern, daß sich Erich IV. gegenüber dem Herzog durchsetzte. Am Ende mußte Herzog Abel sein Land als Lehen nehmen und dem König huldigen. Lübeck jedoch behielt seine Selbständigkeit. Der Überfall auf Stralsund blieb aber nicht ohne Folgen. Jetzt machten rügensche Kaperschiffe Jagd auf lübische Kaufleute. Erst 1254 kam es dann in Wismar zum Abschluß eines Friedens, in dessen Ergebnis Lübeck 200 Mark lübische Pfennige zu zahlen hatte und dafür von dem Fürsten Jaromar II. seine alten Privilegien für den Handel im Fürstentum Rügen zurückerhielt.

Blockade gegen Norwegen (1284)

In Bergen war es zu Beginn der achtziger Jahre des 13. Jahrhunderts zu ernsthaften Reibungen zwischen den Norwegern und der hansischen Kaufmannschaft gekommen. Ursache dafür war eine am 16. September 1282 durch König Erich Magnusson von Norwegen erlassene Verordnung, die das den Deutschen im Jahre 1278 für ihren Norwegenhandel erteilte Privileg in wesentlichen Punkten entwertete. Diese Verordnung wurde aber zunächst von den hansischen Kaufleuten in Bergen nicht ernst genommen, weil sie fest auf ihre Unentbehrlichkeit als Getreidelieferanten für Norwegen bauten.

Unter König Magnus Haakonarson Lagaboetir («Gesetzesverbesserer», 1263–1280), dem Vater von Erich, war die Zahl der Kaufleute aus den deutschen Seestädten in Norwegen ständig gewachsen. Zug um Zug erhielten sie für ihre Aktivitäten bei der Versorgung des Landes mit Getreide und anderen Produkten im Laufe der Jahrzehnte beachtliche Vorrechte gegenüber den Einheimischen.

Die umfangreichen hansischen Einfuhren mußten natürlich bezahlt werden, und so hatten die Hansekaufleute vom König das Recht erworben, uneingeschränkt Häute, Butter und andere einheimische Erzeugnisse aufzukaufen. Die norwegische Landwirtschaft selbst war im 13. Jahrhundert nicht in der Lage, die gewachsene Bevölkerung mit Brotgetreide zu versorgen. Auch kein anderes Land in Westeuropa konnte die nötigen Getreidelieferungen übernehmen.

In Norwegen machten sich jedoch in den achtziger Jahren des 13. Jahrhunderts Bestrebungen bemerkbar, den eigenen Handel und Seetransport zu erweitern und deshalb die Geschäftstätigkeit der Fremden wieder mehr einzuschränken. Mit Repressalien in norwegischen Häfen, an denen sich auch Vertreter der Krone beteiligten, mit Kaperangriffen und Seeräuberei sollte dieses Ziel erreicht werden. So häuften sich bereits 1283 die Klagen hansischer Kaufleute über Unbilden, die ihnen täglich in Norwegen zugefügt wurden.

Die Durchsetzung der Verordnung vom 16. September 1282 durch die norwegische Seite dürfte die sich entwickelnden Spannungen noch verstärkt und in der Folge zum offenen Bruch geführt haben. Als alle Verhandlungsversuche fehlschlugen, hansische Schiffe und Waren in Bergen beschlagnahmt und die im Frühjahr 1284 nach Norwegen segelnden hansischen Schiffe, die zur Klärung der Streitfragen eine Abordnung an Bord mitführten, gekapert wurden, war der Zeitpunkt gekommen, an dem sich der hansische Kaufmann von Versuchen der Lösung der Probleme auf dem Verhandlungswege nichts mehr versprach.

Betrachtet man die diplomatischen Anstrengungen, die im Jahre 1284 von den Städten unternommen wurden, so kann man sie als Beleg für den wachsenden Einfluß der im Entstehen begriffenen Städtehanse werten. So ersuchten Anastasia, Fürstin von Mecklenburg, und ihre Söhne den norwegischen König, die Beschwerden der wendischen Seestädte abzustellen und für die ihnen zugefügten Schäden Ersatz zu leisten. Ein Schreiben ähnlichen Inhalts richtete auch Heinrich, Fürst von Werle, an Erich von Norwegen. Heinrich von Werle wandte sich zugleich mit einem Ersuchen an König Magnus von Schweden, sich dafür zu verwenden, daß der König von Norwegen den wendischen Städten Schadenersatz gewähre. Auch bat er darum, die Ausfuhr von Lebensmitteln aus Schweden nach Norwegen zu verbieten. Gleichzeitig forderte Johann, Herzog von Sachsen-Lauenburg, den König von England, Edward I., auf, den Norwegern während ihres Konfliktes mit den deutschen Seestädten keinen Vorschub zu leisten und die Ausfuhr von Lebensmitteln nach Norwegen zu verbieten. Dieses Gesuch wurde auch vom deutschen König Rudolf von Habsburg auf Bitten Lübecks befürwortet. Erich V. von Dänemark unterstützte diese Politik ebenfalls.

Im Jahre 1283 war es in Rostock zu einem Landfriedensbündnis norddeutcher Fürsten und Städte gekommen, dem 1284 auch der dänische König beitrat. Damit war eine breite Basis entstanden, auf der die Städte auch gegen die norwegische Politik vorgehen konnten. Die im Rostocker Landfriedensbündnis zusammengeschlossenen Städte einigten sich auf einer Tagfahrt in Wismar darauf, gegen Norwegen zunächst ein Handelsverbot zu verhängen. Sehr bald aber gingen die Hansestädte dann noch einen Schritt weiter: Sie errichteten gegen Norwegen eine Seeblockade.

Aus einer erhalten gebliebenen Instruktion für die lübischen Ratssendboten zur Tagfahrt in Wismar ist deren Verhandlungskonzept klar zu erkennen. Sie sollten bei der Beratung unter anderem folgendes durchsetzen: Das Verbot der Durchfahrt der Norweger durch den Sund, eine Einigung mit den Bremern, ein Ersuchen um Hilfe gegen Norwegen an die wendischen Fürsten, die Absendung von Briefen an Riga und dessen Nachbarstädte sowie nach Westfalen mit der gleichen Aufforderung sowie die Verteilung der aus dem Konflikt mit Norwegen erwachsenen Kosten zu einem Viertel auf Lübeck und zu drei Vierteln auf die übrigen wendischen Städte. Auf einer Tagfahrt in Rostock wurde dann von den Ratssendboten der Seestädte beschlossen, die Getreidezufuhr auf den Verkehr untereinander zu beschränken. Es sollte weder nach Norwegen Getreide ausgeführt, noch sollten norwegische Waren eingeführt werden dürfen.

Das norwegische Königreich blieb in dieser Situation diplomatisch weitgehend isoliert. Außer England hatte es keine Verbündeten. Das Land war von Lebensmittelzufuhren fast völlig abgeschnitten. Die norwegischen Häfen wurden von überlegenen hansischen Schiffskräften blockiert.

Zur Kontrolle der Beschlüsse wurden vor den norwegischen Häfen kriegsmäßig bemannte und ausgerüstete Schiffe entfaltet. Sie hatten die Aufgabe, das Ein- und Auslaufen von Schiffen zu verhindern und alle in See angetroffenen norwegischen Schiffe aufzubringen.

In Gruppen landeten diese Schiffe im Verlauf der Blockade auf dem Festland und verwüsteten ganze Ortschaften. Detmar berichtet darüber: «Im selben Jahr war ein großer Krieg zwischen Erich, dem König von Norwegen, und den deutschen Kaufleuten wegen vielen Unrechts, das die Norweger den deutschen Kaufleuten antaten. Deshalb verbanden sich alle Städte an der Ostsee und an der Westsee miteinander, ohne die von Bremen. Die Städte rüsteten ihre Schiffe aus und fuhren nach Norwegen, dort richteten sie großen Schaden an. Sie legten auch besondere Koggen in den Sund und an andere Stellen. So geschah es, daß nach Norwegen kein Korn, kein Bier oder Brot oder anderes Gut kommen konnte. Daraus entstand dort so großer Hunger, daß sie zur Sühne schreiten mußten.»

Als das Ausbleiben der Getreidezufuhren seine Wirkung zu zeitigen begann, versuchte Erich von Norwegen am 13. März 1285 einzulenken, ohne dabei aber die Verordnung vom 16. September 1282 außer Kraft setzen zu wollen. Er versprach, alle Kaufleute von Lübeck, Hamburg, Wismar, Rostock, Bremen, Stralsund, Greifswald, Stettin, Demmin, Anklam, Gotland, Elbing, Riga und Reval in seinen Landen gegen alle Kränkungen zu schützen, in der Erwartung, daß seinen Untertanen in jenen Städten Gleiches geschehen werde. Dieses Angebot aber war den Städten in der entstandenen Lage und angesichts der erlittenen Verluste zu wenig.

Noch am 10. Mai 1285 übersandte Erich an den König von England, Edward I. (1272–1307), ein Bündnisangebot mit dem Vorschlag, die englischen und norwegischen Kaufleute gemeinsam gegen die Deutschen zu schützen. Wenige Wochen später dankte er Edward für die ihm übermittelte Bündnisurkunde und teilte mit, daß die Deutschen einen Angriff auf Norwegen beabsichtigten. Deshalb ersuchte er ihn, gegen die sich in England aufhaltenden Deutschen Zwangsmaßregeln zu ergreifen. Aber Edward I. war selbst in kriegerische Auseinandersetzungen verstrickt; er wußte zudem, daß Repressalien gegen die Hansekaufleute in England auch seinem eigenen Reich erheblichen Schaden zufügen konnten. Daher war er nicht geneigt, dieser Aufforderung Folge zu leisten.

So konnte Erich mit der Bundesurkunde sein Volk nicht ernähren, und England war nicht in der Lage, das erforderliche Getreide zu liefern und durch die hansische Blockade nach Norwegen zu transportieren. Deshalb war der norwegische König am 3. Juli 1285 gezwungen, mit den Abgeordneten der Städte Lübeck, Wismar, Rostock, Stralsund und Greifswald einen Waffenstillstand abzuschließen.

Das endgültige Ergebnis dieser Auseinandersetzungen wurde im Kalmarer Vergleich vom 31. Oktober 1285 festgelegt. Darin erhielt Norwegen die Auflage, alle Gefangenen und beschlagnahmten Güter zu übergeben, den Städten umfangreiche Handelsprivilegien einzuräumen sowie die Summe von 6000 Mark norwegischen Silbers zu zahlen. Die Städte Stralsund und Rostock ihrerseits wurden dazu verurteilt, durch 6 Gesandte für nicht genauer bekannte Beleidigungen dem norwegischen König persönlich Abbitte zu leisten.

Dieser Krieg war der erste und einzige Seekrieg der Hanse, der nach einem generellen Zufuhrverbot hansischer Lieferungen strategisch durch eine Handelsblockade geführt und entschieden wurde. Es unterliegt keinem Zweifel, daß nicht die Verwüstungen an den norwegischen Küsten kriegsentscheidend waren, sondern die Unterbindung von Lebensmittellieferungen.

Kampf der wendischen Städte gegen eine dänisch-norddeutsche Fürstenkoalition (1311 bis 1317)

Der Kampf der wendischen Städte gegen eine starke dänisch-norddeutsche Fürstenkoalition im zweiten Jahrzehnt des 14. Jahrhunderts war die bis dahin schwerste Bewährungsprobe des noch in der Herausbildung begriffenen Städtebundes. Die Gefechtshandlungen in dieser Auseinandersetzung bewiesen, daß Schiffskräfte der wendischen Städte bereits zu dieser Zeit in der Lage waren, in See und an den gegnerischen Küsten erfolgreich zu handeln und Blockaden ihrer Gegner zu durchbrechen.

Der dänische König Erich VI. Menved (1286–1319) nahm bald nach seiner Krönung die Expansionspolitik der Könige Waldemar I. und Waldemar II. wieder auf. Er war entschlossen, das Territorium des dänischen Königreiches so weit wie möglich auszudehnen und im Zuge dieser Politik vor allem die südwestliche Ostseeküste an sich zu reißen. Dabei war es eines seiner wesentlichen Ziele, die Städte zu unterwerfen und sich deren ökonomische Potenzen nutzbar zu machen. Zu dieser den Hansestädten von Dänemark her drohenden Gefahr kam hinzu, daß sich an der Wende vom 13. zum 14. Jahrhundert im Raum der südwestlichen Ostseeküste eine Lage herausgebildet hatte, die von wachsenden Gegensätzen zwischen den Städten und ihren Landesherren gekennzeichnet war. Die mit dem Fernhandel schnell aufblühenden Seestädte Wismar, Rostock und Stralsund brachten im Laufe der Zeit Schritt für Schritt die Rechte, die ihre Landesherren gegenüber den Kommunen hatten, durch Zahlung ansehnlicher Summen an sich, so daß sie schon zu Beginn des 14. Jahrhunderts von ihren Feudalherren nahezu unabhängig waren. Damit jedoch konnten sich die feudalen Potentaten nur schwer abfinden. Deshalb suchten sie immer neue Vorwände, um die Privilegien der Städte wieder einzuschränken beziehungsweise um weiteres Geld von ihnen zu erlangen.

Rivalitäten zwischen den norddeutschen Fürsten, die zum Eingreifen Dänemarks und Brandenburgs geradezu herausforderten, machten die politischen Verhältnisse noch verworrener.

In Erkenntnis der Gefahren, die sich aus dieser Situation für sie ergeben konnten, hatten die Seestädte Lübeck, Rostock, Stralsund, Wismar und Greifswald im Jahre 1293 einen Bündnisvertrag geschlossen, der 1296 verlängert und später erneuert wurde. In diesem Vertrag verpflichteten sich die fünf Städte zu gegenseitigem Beistand zu Lande und zur See. Im Falle einer von außen drohenden Gefahr sollte jedoch keine Kommune irgendwelche Maßnahmen ergreifen, bevor sie nicht den Rat der übrigen eingeholt hatte. Diese sollten dann zunächst auf dem Verhandlungswege versuchen, den Streit beizulegen. Gelänge das nicht, so sollten Lübeck 100, Rostock 70, Stralsund 50, Greifswald und Wismar je 38 wohlbewaffnete Krieger stellen.

Am Schluß der Urkunde erscheint eine besonders bezeichnende Abmachung: Wenn eine Stadt unter der Hoheit eines «angestammten Herrn» steht und den anderen Städten gegen diesen öffentlich keine Hilfe mit Bewaffneten leisten kann, so möge sie die anderen wenigstens durch Geld unterstützen. Diese Abmachung dokumentiert, daß sich die Interessen der Seestädte mit den Interessen der feudalen Machthaber keineswegs deckten und die Bürger ihre Politik, wenn es irgend möglich erschien, auch gegen den Willen ihrer Landesherren durchzusetzen entschlossen waren.

Diese Verhältnisse im norddeutschen Raum kamen dem dänischen König bei seinen Expansionsbestrebungen sehr gelegen. Auf Grund der dänischen Lehnshoheit über das Fürstentum Rügen leitete er Rechtsansprüche auf Stralsund ab. Nikolaus von Mecklenburg-Rostock nahm im Jahre 1300 sein Land aus Furcht vor dem Markgrafen von Brandenburg und vor den mit ihm unzufriedenen Rostockern freiwillig von König Erich Menved zu Lehen. Der deutsche König Albrecht I. erneuerte 1304 dem dänischen König den

Vertrag Kaiser Friedrichs II. von 1214, das heißt, er trat ihm die ganze Südküste der Ostsee ab, nur Lübeck sollte den Status einer Reichsstadt behalten.

In dieser Situation drohte der Stadt an der Trave die größere Gefahr von den Grafen von Holstein, den Herren von Mecklenburg und dem raublustigen Adel ihrer nächsten Umgebung. Als die Lage im Jahre 1306 kritisch wurde und von den verbündeten Städten angeblich keine wirksame Hilfe erwartet werden konnte, stellte sich Lübeck unter den Schutz der dänischen Krone. Die lübischen Ratsherren mußten sich sogar dazu verpflichten, den Übergang der Stadt aus dem römischen Reich in den Besitz des dänischen Königs in jeder Weise zu fördern.

Erich Menved seinerseits übernahm für zehn Jahre die Schutzherrschaft über die Stadt und ließ sich dieses Amt entsprechend honorieren.

Lübecks Schritt war eine harte Belastung für das Fünf-Städte-Bündnis. Als 1308 die Städte ihr Schutzbündnis gegen die Feudalgewalten erneuerten, war Lübeck in dem Vertrag nicht mehr aufgeführt.

Am 14. August 1310 kam es wieder zu einem Zusammenschluß der fünf Seestädte gegen die feudalen Potentaten, dem Lübeck zwar beitrat, sich jedoch vorbehielt, nichts gegen den König von Dänemark zu unternehmen.

Unter den geschilderten politischen Bedingungen schloß sich eine mächtige feudale Koalition zusammen, deren Ziel es war, die Unabhängigkeit der noch Widerstand leistenden vier Städte mit Gewalt zu brechen und sich an der zu erwartenden Beute zu bereichern. So fanden sich im Juni 1311 auf Einladung des Dänenkönigs in provokatorischer Absicht, um «Hof zu halten», folgende Fürsten und Herren vor Rostock ein: die Herzöge von Sachsen und Braunschweig, die Markgrafen von Brandenburg, die Grafen von Wittenburg, Holstein und Schwerin, sämtliche Wendenfürsten, polnische, meißensche und thüringische Herren, die Erzbischöfe von Magdeburg, Bremen und Lund sowie eine große Anzahl von Bischöfen, Rittern und Knappen mit ihren Knechten.

Der dänische König Erich Menved verlangte von den Rostockern Einlaß in die Stadt. Die Bürger aber lehnten das Ansinnen ab und hielten die Stadttore geschlossen. Um das Gesicht zu wahren und zugleich die Bürger einzuschüchtern, reagierten die so ausgesperrten Fürsten mit der Veranstaltung prächtiger Turnierspiele vor den Mauern Rostocks. Ein Jahr zuvor (1310) soll die Stadt Wismar die Ausrichtung der Hochzeit Heinrichs von Mecklenburg in ihren Mauern verweigert haben. Diese Abweisungen nahmen die Fürsten zum Anlaß für den Krieg gegen die beiden Städte.

Herzog Heinrich von Mecklenburg, den König Erich zum Hauptmann des Landes Rostock ernannt hatte, belagerte Wismar. Sein Heer soll 18 Banner gezählt haben. Zur seeseitigen Blockade stellte der Dänenkönig – wie die Chronistik berichtet – «viele große Koggen» zur Verfügung. Ziel aller Operationen an Land und in See war die Unterwerfung der wendischen Seestädte.

Die Städte hatten die Gefahr erkannt, die ihnen drohte. Sie trafen entsprechende Verteidigungsvorbereitungen. Rostock und Stralsund sowie Greifswald waren vorläufig noch außer Gefahr. So stellten die Städte, vor allem Rostock und Stralsund, einen Flottenverband zusammen, um die Versorgung der belagerten Stadt Wismar mit Gewalt zu erzwingen. Lübeck beteiligte sich an den Rüstungen der Nachbarstädte mit finanziellen Mitteln.

Zunächst wurde die dänische Seeblockade Wismars von den städtischen Flottenkräften gebrochen. Im Schutze dieser Seekriegsunternehmungen, in deren Folge sich die dänischen Schiffe zurückziehen mußten und das Städtegeschwader die Seeherrschaft in der Mecklenburger Bucht erringen konnte, liefen die Versorgungs- und Verstärkungstransporte für das belagerte Wismar.

An dieser Lage änderte sich auch nichts Wesentliches, als Herzog Heinrich am 15. September 1311 in Warnemünde an beiden Seiten der Warnow Befestigungen errichten ließ, um Rostocker Schiffe am Aus- und Einlaufen zu hindern, da den Fahrzeugen – sowohl den Kampf- als auch den Transportschiffen – immer noch Stralsund als Belade- und Versorgungshafen zur Verfügung stand. Hinzu kam, daß die Rostocker sich nicht mit der Sperrung ihres Hafens abfanden. Sie schritten zur Tat, indem sie die Befestigungen in Warnemünde vollständig zerstörten und ihrerseits einen neuen starken Turm zur Sicherung der Warnoweinfahrt erbauten. Der Turm soll aus Steinen der Warnemünder Kirche und der Rostocker Petrikirche erbaut worden sein.

Am 22. November 1311 mußte Wismar dann aber doch unter dem

Druck der landseitigen militärischen Überlegenheit des feudalen Heeres kapitulieren. Am 15. Dezember schloß der Rat seinen Frieden mit Heinrich von Mecklenburg. Der Fürst versprach in dem Dokument den Kaufleuten für den Handel freien Zu- und Abgang nach beziehungsweise aus Wismar. Die Stadt aber verpflichtete sich, seine Verbündeten künftig zu Wasser mit einer Kogge und einer Schnigge zu unterstützen. Wismar mußte also gegen seine bisherigen Bundesgenossen den Fürsten militärische Hilfe leisten.

Nachdem Ausscheiden Wismars aus dem Krieg kam es im Februar 1312 in Zehdenick zu einer Vereinigung der Heere Erichs und Heinrichs mit den Truppen der Markgrafen Waldemar und Johann von Brandenburg. Etwa zur gleichen Zeit hatte es auf Schonen blutige Zusammenstöße zwischen Bürgern Rostocks und Stralsunds einerseits und den Dänen in Falsterbo gegeben. Außerdem waren Flottenkräfte der beiden Städte vor Ostern auf den dänischen Inseln gelandet, in eine Reihe Küstenorte eingefallen und hatten sie mit Brand und Verwüstung heimgesucht.

In dieser spannungsreichen Periode versammelten sich die Städte am 9. Mai 1312 noch einmal in Stralsund, um die Lage zu erörtern und weitere Schritte zu beraten. An dieser Tagung nahmen Sendboten von Lübeck, Rostock, Wismar, Greifswald und Stralsund teil.

Einen Monat später zog das Fürstenheer gegen Rostock. Gleichzeitig begann die elfwöchige Belagerung des Turmes von Warnemünde. Trotz aufopferungsvollen Widerstandes mußte das Befestigungswerk im September an die Belagerer übergeben werden. Dann streckte auch die Stadt die Waffen: Am 7. Dezember 1312 unterzeichneten die Belagerten bei Polchow einen Vertrag, nach dem sie König Erich und den Markgrafen von Brandenburg 14000 Mark Silbers zu zahlen hatten. Ursache für die Niederlage war aber nicht die größere militärische Fähigkeit der Fürsten, sondern die Unentschlossenheit des Rostocker patrizischen Rates, der deshalb von der Bürgerschaft gestürzt worden war. Der neue Rat sah sich dann aber unter Druck einer wachsenden Opposition der reichen Kaufleute gezwungen zu kapitulieren.

Nachdem Greifswald im Januar 1313 seinen Frieden vom Dänenkönig erkauft hatte, war es nur die Stadt Stralsund, die sich, jetzt verbündet mit dem Markgrafen von Brandenburg, der inzwischen die Seite gewechselt hatte, und unterstützt von einer Reihe rügenscher

Ritter und Knappen, in den letzten Kämpfen gegen die feudalen Mächte im Jahre 1316 trotz der Belagerung von Land und der Seeblockade behaupten konnte.

Die Städte Rostock und Wismar hatten in diesem Kriege empfindliche Verluste an Besitztümern, Privilegien und Rechten erlitten. Sie waren wieder in hohem Maße von ihren Landesherren abhängig und dazu noch verschuldet. Greifswald hatte sich seinen Frieden mit den Fürsten ebenfalls teuer erkauft. In der letzten Phase des Kampfes gegen Stralsund mußte Rostock sogar Geld und Schiffe für die Fürstenkoalition zur Blockade der Zufahrten der eingeschlossenen Stadt bereitstellen.

Stralsund jedoch konnte sich gegen die mehrmonatige Belagerung durch das Fürstenheer behaupten und erhielt im Friedensschluß vom 2. Juni 1317 von Fürst Wizlaw III. sämtliche alten Privilegien und Besitzungen zurück. Deshalb kann die erfolgreiche Verteidigung Stralsunds im Jahre 1316 als Wendepunkt in diesem Kriege betrachtet werden.

Die Gründe für die Niederlagen, die die Städte anfangs erlitten, waren vielschichtig. Sie resultierten auf der einen Seite aus der zeitweiligen militärischen Überlegenheit der Fürstenkoalition, auf der anderen aber aus der schwankenden und zum Teil verräterischen Politik des Patriziats beziehungsweise von Teilen desselben. Die Ursachen dafür, daß die Städte aber schließlich doch den Sieg über die Fürstenkoalition davontrugen, lagen hauptsächlich in ihrer ökonomischen, besonders in ihrer finanziellen Überlegenheit sowie in der zunehmenden Uneinigkeit und finanziellen Erschöpfung ihrer Gegner – und nicht zuletzt in der Standhaftigkeit der Stralsunder Bürger begründet. Der militärische Mißerfolg der Fürsten vor Stralsund beschleunigte die Auflösung ihrer Koalition und trug wesentlich zur Rettung der Freiheit der in den ersten Phasen dieser Auseinandersetzung bereits unterworfenen Städte bei.

Krieg gegen Dänemark (1361/62)

In harten Auseinandersetzungen mit inneren und äußeren Gegnern vermochte der dänische König Waldemar IV. Atterdag (1340–1375), nicht ohne Zutun der Hanse, die zeitweilig an Schweden verlorenen Territorien Schonen, Halland und Blekinge sowie große Teile der vor seinem Regierungsantritt von zahlreichen Feudalherren unrechtmäßig okkupierten Krongüter zurückzugewinnen und damit die politische und wirtschaftliche Stabilität seines Reiches wieder herzustellen. Nun war aber auch die Zeit gekommen, daß sich die Interessen Dänemarks auf der einen und der Hanse auf der anderen Seite kreuzten und sich ein ernster Konflikt zwischen ihnen anbahnte.

Der wichtigste Grund für die Auseinandersetzung waren die zahlreichen Privilegien, die die hansischen Kaufleute auf Schonen erlangt hatten und die ihnen dort ein Übergewicht sowohl gegenüber einheimischen als auch fremden Händlern gaben. Waldemar IV. betrachtete die den Hansen verbrieften Rechte auf dänischem Territorium als unerträgliche Schmälerung seiner Finanz- und Rechtshoheit. Für das noch in den Anfängen seiner Entwicklung stehende dänische Bürgertum waren sie eine sehr ernste Behinderung. Wenn nun das wiedererstarkte dänische Königtum daranging, das wirtschaftliche Übergewicht und die Sonderstellung der Hanse anzutasten, war das durchaus erklärlich. Verwerflich waren aber die von dem König angewandten Methoden der Vertragsbrüche, des Raubes und der Erpressung, die die Hanse schließlich zu militärischen Gegenmaßnahmen zwangen.

Während eines Hansetages in Greifswald erhielten die Abgesandten der wendischen und pommerschen Städte 1361 die Nachricht, daß König Waldemar mit starker Heeresmacht auf Gotland gelandet und nach der Zerschlagung der aus Bauern und Bürgern eilig formierten Inselverteidigung in Visby eingerückt war. Entgegen den vorher vereinbarten Bedingungen wurde die alte hansische Handelsmetropole von Raub und Brandschatzung nicht verschont. Für die Hanse konnte es nach diesem Ereignis nur noch einen Entschluß geben, wollte sie nicht gänzlich Waldemars Willkür unterliegen: Sie mußte kämpfen.

Unverzüglich wurden in Greifswald unter Vorsitz des Lübecker

Bürgermeisters Johann Wittenborg die ersten und wichtigsten Maßnahmen zum bevorstehenden Krieg gegen Dänemark beschlossen: Abbruch jeglichen Handelsverkehrs mit Dänemark und Erhebung eines Pfundzolls zur Finanzierung des Krieges. Ferner bemühte sich die Hanse auf diplomatischem Wege darum, starke Bundesgenossen gegen Waldemar zu gewinnen. So formierte sich auf hansische Initiative eine Koalition gegen Dänemark, der Magnus II. Erichson von Schweden (1313–1363), der norwegische König Haakon VI. (1355–1380), der Herzog von Schleswig, die Grafen von Holstein und der Hochmeister des Deutschen Ordens angehörten. Letzterer beteiligte sich dann allerdings nur mit finanziellen Zuwendungen.

Am 9. September 1361 beschlossen die Städte die von ihnen zu stellenden militärischen Kontingente. Einen Tag vorher, am 8. September, hatten sich die Könige von Norwegen und Schweden verpflichtet, mit 2000 Rittern und Knechten an dem Kriegszug gegen Dänemark teilzunehmen und auch die benötigten Schiffe zu stellen. Den Städten wurden zur Deckung der Kriegskosten die Einkünfte dänischer königlicher Schlösser zugesprochen. Die Beute sollte nach Mannzahl geteilt werden.

In diesem Kriege strebte die Hanse in erster Linie nach Behauptung und Erweiterung ihrer Handelsvorrechte, namentlich nach uneingeschränkter Handelsfreiheit in Dänemark, Bestätigung der hansischen Sonderrechte in Schonen, Überlassung der schonenschen Festungen und Einkünfte bis zur Wiedergutmachung aller Kriegslasten und Einräumung der Erstanwartschaft bei einer etwaigen Verpfändung der wertvollen Halbinsel durch die verbündeten Könige. Ihre feudalen Bündnispartner aber hatten den Raub dänischen Territoriums und damit eine generelle Schwächung des dänischen Königtums zum Ziel.

Die Ausgangslage wurde für die Hanse durch verschiedene Faktoren ungünstig beeinflußt. So verfehlte die schärfste Waffe hansischer Politik in Krisenzeiten – die Handelsblockade – ihre Wirkung, da sich die Städte an der Zuidersee nicht an die Beschlüsse hielten und Dänemark weiterhin mit notwendigen Gütern versorgten. Ferner erwiesen sich die Könige von Schweden und Norwegen angesichts von Unruhen in ihren Reichen als höchst säumige Bündnispartner. Der Krieg gegen Dänemark sollte ursprünglich am 11. November 1361 beginnen. Doch die Boten, die die Städte wegen der Ratifizierung

Von den Hansestädten zu stellende Kontingente

Städte	Koggen	Schniggen/ Schuten	Mann	Werke	Bliden
Lübeck	6	6	600	1	1
Hamburg	2	–	200	–	–
Rostock, Wismar	6	6	600	1	1
Stralsund, Greifswald	6	6	600	1	1
Kolberg, Stettin, Anklam	6	6	600	–	2
Bremen	1	–	100	–	–
Kiel	–	1	40	–	–
Gesamt:	27	25	2740	3	5

der Verträge zu den Königen geschickt hatten, waren am 19. November noch nicht zurückgekehrt. Infolgedessen mußte der Termin für die Eröffnung des Krieges auf den 27. März 1362 verschoben werden. Als dieser Zeitpunkt herankam, erschienen schwedische Gesandte in Lübeck, die um Schiffe und Proviant nachsuchten. Danach erst wurde mit Unterstützung der Städte Stralsund, Hamburg und Wismar das schwedische Kontingent kriegsbereit gemacht. Lübeck allein soll für 2000 Mark Proviant geliefert haben. Drei Schiffe bekam Graf Heinrich der Eiserne, zwei weitere Graf Adolf von Holstein; die übrigen Kontingente der Könige sollten vor Helsingborg eintreffen.

Wie eingangs erwähnt, war Waldemar IV. am 27. Juli 1361 mit einer starken Flotte auf Gotland gelandet. Zuvor hatte er die Insel Oeland angegriffen, Stadt und Feste Borgholm eingenommen und die zwischen dem schwedischen Festland und Gotland gelegene Insel unterworfen. Seine Ziele richteten sich hier weniger gegen die Hanse als vielmehr gegen König Magnus von Schweden, der vor der bevorstehenden Invasion gewarnt gewesen sein mußte, denn er hatte bereits am 1. Mai 1361 den Bürgern von Visby die sorgfältige Bewachung der Stadt gegen einen drohenden Überfall geboten.

Zwei Tage nach der Landung, am 29. Juli, bestätigte Waldemar als neuer Herrscher über Gotland den Bürgern von Visby ihre Privilegien.

Der ursprüngliche Kriegsplan der Städte war offensiv angelegt und zielte auf Kopenhagen, wo Waldemar ein festes Schloß errichtet hatte. Man plante nicht, Visby zurückzuerobern, sondern wollte Waldemar an seiner empfindlichsten Stelle treffen und ihn zur Einstellung der Feindseligkeiten und zu Verhandlungen zwingen. Auf Wunsch der Könige von Schweden und Norwegen wurde die hansische Flotte gegen Helsingborg in Marsch gesetzt. So versammelten sich Ende April 1362 im Libben, unterhalb des Dornbusches zwischen Rügen und Hiddensee 27 Koggen und 25 kleinere Schiffe mit annähernd 3000 Mann an Bord, um dann unter dem Kommando des Lübecker Bürgermeisters Johann Wittenborg durch den Sund nach Helsingborg abzulaufen. Als die nordischen Verbündeten nicht erschienen, wendete sich Wittenborg entsprechend dem ursprünglichen Vorhaben mit der Invasionsflotte zunächst gegen Kopenhagen. Als Rache für Visby wurden Stadt und Schloß geplündert. Selbst die Turmglocken wurden geraubt und nach Lübeck verfrachtet. Nach diesem leichten Sieg wendete sich die Flotte wieder nach Helsingborg. Hier belagerten die hansischen Streitkräfte zwölf Wochen lang allein die Festung, ohne daß die verbündeten schwedischen und norwegischen Geschwader erschienen. Obwohl die hansischen Belagerer nach allen Regeln der damaligen Landkriegskunst gehandelt haben sollen, darunter auch mit dem Einsatz von Werken und schweren Wurfmaschinen, konnten sie nicht die Kapitulation erzwingen.

Nach seinem Handstreich auf Gotland soll sich Waldemar in Erwartung der Gegner gelassen verhalten haben. Zwei seiner Vorpostenschiffe hätten die hansische Flotte bereits bei Moen ausgemacht und dies dem König gemeldet. Trotzdem unternahm er nichts gegen die Kopenhagen passierenden überlegenen hansischen Flottenkräfte.

Als Wittenborg dann kurz darauf in Kopenhagen landete, versuchten die Dänen sein Unternehmen durch einen Angriff zu verhindern. Dabei wurde Waldemars Sohn, Herzog Christoph, von einem Steingeschoß aus lübischen Wurfgeschützen getroffen. Dieser Verletzung erlag er später. Die dänische Flotte trat nach dem mißglückten Angriff den Rückzug an. Danach unternahm König Waldemar zunächst auch keinen Versuch, der belagerten Festung Helsingborg zur Hilfe zu kommen.

In dieser unklaren Lage beging Johann Wittenborg einen folgenschweren Fehler. Da die nordischen Verbündeten noch immer nicht eingetroffen waren, entschloß er sich, die Festung allein einzunehmen. Dazu benötigte er aber wesentlich mehr Belagerungstruppen an Land. Deshalb entblößte er seine Schiffe derart von Kriegsleuten, daß sie nun völlig unzureichend gegen einen Angriff gesichert waren. Lediglich ein Kieler Schiff mit 40 Mann Besatzung hatte den Reededienst zu versehen, und dabei sollen noch ernste Versäumnisse zugelassen worden sein, die den nun folgenden Handstreich Waldemars begünstigten. Die Dänen nutzten ihre Chance, griffen überraschend die auf Reede ankernden Schiffe an und rieben die hansische Flotte fast völlig auf. Zwölf Koggen wurden dabei von ihnen erbeutet. Die Zahl der gefangenen hansischen Bürger und Söldner reichte aus, um sehr hohe Lösegelder zu fordern.

Auch in dieser katastrophalen Situation erhielt Johann Wittenborg keine Unterstützung von den Verbündeten. Mit seinem Sieg hatte König Waldemar die Seeherrschaft in der Ostsee errungen und die hansische Streitmacht vor Helsingborg von jeglicher Zufuhr abgeschnitten. Johann Wittenborg war gezwungen, einen Waffenstillstand auszuhandeln, der es ihm ermöglichte, mit den Überlebenden des Kriegszuges in die Heimat zurückzukehren.

Die Niederlage von 1362 hatte in den folgenden Jahren noch starke Nachwirkungen. In der Hanse zeigten sich Erscheinungen der Uneinigkeit, und ihre sonst so souveräne Politik war von großer Unsicherheit gekennzeichnet. Waldemar IV. ließ sich den Waffenstillstand teuer bezahlen. Neben den 40 Kielern, die in Gefangenschaft geraten waren, hatten die Dänen 125 Rostocker, darunter mehrere Ratsherren, 2 oder 3 Kapitäne und 54 Bewaffnete, gefangengenommen, für die sie hohe Lösegelder forderten.

Ungeachtet der Probleme und Schwierigkeiten verlängerten am 8. Oktober 1362 die in Stralsund versammelten Ratsmänner der Seestädte die Erhebung des Pfundzolls bis Michaelis 1363, gestatteten, auf eigene Hand und Gefahr dem König von Dänemark Schaden zuzufügen, versagten denen, die mit Dänemark und Schonen handelten, den Schutz ihrer schonischen Vögte und verboten allen Handel während der Kriegszeit. Für sein Versagen als Flottenbefehlshaber wurde Johann Wittenborg in Lübeck vor Gericht gestellt und zum Tode verurteilt. Das Urteil wurde im Jahre 1363 vollstreckt.

Trotz der Niederlage und deutlicher Anzeichen von Unsicherheit und Uneinigkeit unter den Städten vertrat die hansische Diplomatie dann in langwierigen Friedensverhandlungen doch mit Geschick und Nachdruck die Interessen der Kaufleute. Dabei nutzten sie die Lage Waldemars, der noch immer Krieg gegen Norwegen und Schweden führte, aus. Am Ende der Verhandlungen konnte ein Waffenstillstand abgeschlossen werden, in dem auch die früheren hansischen Handelsprivilegien grundsätzlich bestätigt wurden.

Es sollte sich jedoch bald herausstellen, daß dieser Vertrag lediglich eine Unterbrechung, nicht aber eine echte Beilegung des Konflikts zwischen der Hanse und dem Dänenkönig bedeutete. Waldemar IV. bereitete sich intensiv auf einen erneuten Kampf gegen die Städte vor. Zur weiteren Stärkung seiner politischen und militärischen Position beendete er die Auseinandersetzung mit Schweden und Norwegen im November 1363 durch einen Waffenstillstand und schloß dann sogar mit den Königen Magnus und Haakon, seinen einstigen Gegnern, Bündnisverträge ab.

Krieg gegen Dänemark (1367–1370)

Willkürmaßnahmen, Schikanen und Gewalttätigkeiten des Königs und seiner Beamten behinderten schon bald nach dem Waffenstillstand von 1363 immer wieder die Handelstätigkeit der Hanse in Dänemark. Konnte Waldemar IV. nach dem von der Hanse verlorenen ersten Krieg auch zunächst die verschiedenen hansischen Städtegruppen auf Grund ihrer Uneinigkeit noch gegeneinander ausspielen, so ließen seine Repressalien auf längere Dauer die Hanse enger zusammenrücken. Das Ausmaß der Behinderungen war schließlich so groß, daß sich sogar der Hochmeister des Deutschen Ordens zum Einschreiten verpflichtet fühlte und Lübeck ein Kriegsbündnis gegen Dänemark vorschlug. Aber die wendische Städtegruppe hielt sich vorerst noch zurück. Sie scheute ein neues Kriegsrisiko und wollte zunächst alle Verhandlungsmöglichkeiten ausschöpfen. Im Gegensatz zum ersten Waldemarschen Krieg drängten aber jetzt die preußischen und zuiderseeischen Städte energisch auf einen Waffengang gegen Dänemark. Wie 1361 war neben den Repressalien die wichtigste Ursache des hansisch-dänischen Konflikts der erneute Angriff Waldemars auf die hansischen Privilegien in Dänemark im allgemeinen und auf die in Schonen im besonderen.

Zum November 1367 wurde ein Hansetag nach Köln einberufen. An den Verhandlungen nahmen Ratssendboten von Lübeck, Rostock, Stralsund, Wismar, Kulm, Thorn, Elbing, Kampen, Harderwijk, Elburg, Amsterdam und Briel teil. Nach achttägigen Verhandlungen kam es am 19. November zu einem Kriegsbündnis gegen die Königreiche Dänemark und Norwegen, dem sich in der Folge 57 Städte von Preußen bis zur Zuidersee anschlossen und das in die Geschichte als «Kölner Konföderation» eingehen sollte. Neben den Hansestädten gehörten auch Städte Hollands und Seelands zu den Bündnispartnern. Die Beteiligung niederländischer Städte war von außerordentlicher Bedeutung, da sie eine wichtige Voraussetzung für die Wirksamkeit der beschlossenen Handelsblockade bildete.

Die zu Köln gefaßten Beschlüsse wurden auch an weitere befreundete See- und Binnenstädte gesandt. Zu den wichtigsten Beschlüssen gehörten die erneute Erhebung des Pfundzolls und die Festlegung von Schiffs- und Truppenkontingenten, die die Städte beziehungsweise Städtegruppen zu stellen hatten. Ferner wurden Sanktionen gegen solche Mitglieder beschlossen, die dem Bündnis nicht beitreten wollten oder gegen die Beschlüsse verstießen. Die Sundfahrt wurde nur noch armierten Schiffen unter dem Schutz der Kriegsflotte gestattet. Im Laufe des Winters kam es dann noch zu Vereinbarungen, die den Zeitpunkt und das Seegebiet für die Formierung der Flotte, deren Befehlshaber und das Vorgehen zur Erreichung der Kriegsziele festlegten.

Unmittelbar nach dem Hansetag in Köln versuchten die Städte noch einmal, mit König Waldemar IV. in Verhandlungen zu treten. Als aber ungeachtet dieser Friedensbemühungen dänische Auslieger weiterhin hansische Schiffe kaperten, war die Ansage der Fehde die notwendige Konsequenz.

Ebenfalls nach dem Kölner Hansetag waren die wendischen Städte ein Bündnis mit einer feudalen Koalition eingegangen, die den neuen schwedischen König Albrecht von Mecklenburg mit anderen norddeutschen Fürsten sowie dänischen Adligen verband. Das formelle Kriegsbündnis mit dieser feudalen Koalition wurde am 20. Februar 1368 geschlossen. Damit begab sich die hansische Diplomatie allerdings in ein bedenkliches Zwielicht, denn die Kriegsziele der feudalen Potentaten liefen auf die Auslöschung der selbständigen Existenz Dänemarks hinaus.

Nicht unerwähnt bleiben dürfen schließlich auch die Beschwerde- und Klageschriften des Lübecker Rates über die dänischen Gewaltakte gegen Schiffe und Güter des «gemeinen Kaufmanns» an Kaiser Karl IV., an Papst Urban V., an die Könige von England und Polen sowie an 29 deutsche Fürsten. Die Schreiben bezweckten die politische Isolierung Waldemars IV.

In den Städten selbst unterlagen alle diese Maßnahmen der Geheimhaltung. Die Kaufleute in Bergen wurden auf eine kurzfristige Evakuierung vorbereitet; der entsprechende Transportraum sollte zur Verfügung gestellt werden.

Wie im ersten Krieg gegen Waldemar strebte die Hanse vor allem nach der Behauptung und Erweiterung ihrer Handelsvorrechte, nach Schutz des friedlichen Handels vor feudaler Willkür und nach vergrößertem handelspolitischem Einfluß in Dänemark. Die Schadenersatzforderungen der Hansen gegen Dänemark wurden im Abschlußdokument der Kölner Konföderation auf 150000 Mark reinen Silbers beziffert, eine Summe, die freilich von den Dänen nie hätte aufgebracht werden können.

In dem Kriegsbündnis mit der feudalen Koalition modifizierten die Städte ihre Ziele. Schonen, auf das der neue schwedische König Albrecht Anspruch erhob, sollte zunächst zur Hälfte der Hanse übergeben werden und bis zwei Jahre nach der vollen Tilgung der Kriegsschulden durch Dänemark in ihrem Besitz verbleiben. Danach sollte dieser Teil der Halbinsel ebenfalls Schweden zufallen. Ferner wurde beschlossen, Stadt und Schloß Kopenhagen dem Erdboden gleichzumachen, um damit eine besonders wichtige Festung Dänemarks für immer auszuschalten. Die feudalen Verbündeten hatten die Beseitigung des dänischen Königreiches zum Ziel. Nicht nur Gotland und Schonen wollten die Mecklenburger für ihr neuerworbenes schwedisches Reich erobern, sondern auch die dänischen Inseln Seeland, Falster und Moen. Die Holsteiner und der Herzog von Schleswig strebten nach Inbesitznahme von Jütland, Fünen und Langeland. Bei diesem Vorhaben wurden sie von verräterischen dänischen Adligen unterstützt.

So war die Ausgangslage der Hanse für einen Krieg gegen Walde-

Von den verbündeten Städten zu stellende Kontingente

Städte	Koggen	Schniggen/ Schuten	Mann	Werke	Bliden
Lübeck	3	–	300	2	2
Rostock	2	–	150	–	2
Stralsund	2	–	200	1	2
Wismar	1	20	100	–	2
Stettin	1	–	80	–	1
Greifswald	1	–	60	–	1
Kolberg	1	–	40	–	–
Preußische Städte	5	–	500	–	–
Hamburg	1	–	100	–	–
Zuiderseestädte	1	–	100	–	–
Seeland	2	–	200	–	–
Kampen	1	2	150	–	–
Gesamt:	21	22	1980	3	10

mar nie so günstig wie in der zweiten Hälfte der sechziger Jahre des 14. Jahrhunderts. Auf der einen Seite war Dänemark durch die Politik der Mecklenburger in Schweden gebunden, andererseits war sich die Hanse der aktiven Partnerschaft Schwedens zu dieser Zeit völlig sicher. Auf Grund der Repressalien des Dänenkönigs gegen die Städte und ihren Handel war aber auch eine gewaltsame Lösung der Streitfragen nie so notwendig wie 1367 zum Zeitpunkt der Kölner Konföderation.

Am 5. Februar 1368 war es dann so weit: In einem in Lübeck übergebenen Schreiben sagten die Ratmannen der Seestädte König Waldemar wegen Friedensbruchs die Fehde an. Am gleichen Tage berichteten sie in einem Brief an Köln über die Erfolglosigkeit ihrer Verhandlungen mit dem dänischen Gesandten und über neue Räubereien des Königs. Wegen der Notwendigkeit des bewaffneten Vorgehens ersuchten sie um baldige Übersendung des Fehdebriefes an Dänemark.

Der dänische König war sich offensichtlich über die militärische Lage, vor allem was den Grad der Kriegsvorbereitungen seiner Gegner betraf, im unklaren. In dieser kritischen Situation verließ Waldemar IV. am 6. April 1368 sein Reich, nachdem er zuvor den Reichshauptmann Henning von Putbus als seinen Vertreter eingesetzt hatte, um persönlich und unter hohem finanziellen Einsatz bei den feudalen Potentaten Deutschlands und Polens um Hilfe und Beistand zu werben. Sein Bemühen blieb jedoch erfolglos.

Im zweiten Krieg der Hanse gegen Waldemar stand Norwegen auf dänischer Seite. Der norwegische König war inzwischen der Schwiegersohn Waldemars geworden. Außerdem hatte der Dänenkönig, wie schon im ersten Krieg gegen die Städte, ein starkes Söldnerheer anwerben lassen, das vor allem aus deutschen Adligen und Kriegsknechten bestand.

Die Nordseegeschwader sollten am 2. April 1368 klar sein zum Auslaufen, sich in Höhe Marstrand sammeln und dann in den Sund einlaufen. Zunächst aber wurde die Südküste Norwegens östlich von Lindenäs bis zum Götaälv sowie an anderen Stellen angegriffen und eine Reihe Küstenorte geplündert und gebrandschatzt. Infolge dieser Unternehmungen mußte der norwegische König um Frieden bitten und schied damit aus dem Kriege aus.

Gleichzeitig gingen die hansischen Ostseegeschwader mit 17 größeren und 20 kleineren Schiffen und rund 2000 Mann Landungstruppen an Bord in See. Am 9. April trafen sich die Geschwader der Ostseestädte vor dem Strelasund am Gellen. Dieser vereinigte Flottenverband lief danach mit nördlichen Kursen in Richtung Sundeinfahrt ab und landete vor Kopenhagen. Am 2. Mai wurde die Stadt und am 16. Juni auch das Schloß genommen. Während die Stadt dem Erdboden gleichgemacht und der Hafen durch versenkte Schiffe gesperrt wurde, richtete der hansische Befehlshaber sein Hauptquartier im festen Schloß von Kopenhagen ein. Danach eroberten die Verbündeten Helsingör.

Im Sund sollten sich dann vor den Stützpunkten der Dänen die Geschwader aus der Nordsee mit dem Ostseeverband zu einer Flotte vereinigen. Mit dieser Operation war gleichzeitig der Durchbruch eines hansischen Konvois vorgesehen. Die Weisungen für die Kapitäne der Handelsschiffe legten fest, daß sie sich dem Befehl der Kriegshauptleute unterzuordnen und während der Sundpassage im Schutz der Kampfschiffe zu verbleiben hatten. Erst nach der Entlassung aus dem Verband durften sie weitersegeln. Verstöße gegen diese Festlegungen wurden mit dem Verlust der Ehre, des Leibes und des

Gutes bedroht. Die betreffenden Städte hatten dafür zu sorgen, daß auch die Besatzungen der Handelsschiffe, die für die Sundpassage vorgesehen waren, entsprechend kriegsmäßig bewaffnet wurden und zur Selbstverteidigung bereit waren.

Im Juni 1368 wurde der Sund von hansischen Kräften beherrscht. Auf Schonen kämpften hansische und schwedische Truppen gegen die sich zurückziehenden Dänen. In einem erfolgreichen Feldzug wurden bis zur zweiten Hälfte Juli die Städte Malmö, Falsterbo, Skanöör, Trelleborg, Lund, Ystad und Simrishamn genommen. Im Bunde mit den Holsteinern und Mecklenburgern wurden die Inseln Moen, Falster und Langeland besetzt. Auf Seeland kämpften Holsteiner und Mecklenburger gegen die zurückweichenden Dänen.

Im Juli war der wesentliche Teil Schonens im Bereich des Sundes und der Südküste der Halbinsel erobert. Die Schlösser, bis auf Helsingborg und das im Süden von Schonen gelegene Lindholm, wurden von den städtischen Truppen besetzt. Das Vorgehen der Städte wurde begünstigt durch die wirksame Handelsblockade, die ihren Gegner erheblich schwächte.

Da die dänische Seite aber trotz der hoffnungslosen Lage keine Anstalten machte, auf die hansischen Forderungen einzugehen, kamen die Städte zu der Erkenntnis, daß der Widerstand des Feindes noch nicht gebrochen war. So wurde im Oktober 1368 auf einem Hansetag in Stralsund beschlossen, den Winter über den Kriegszustand aufrechtzuerhalten und den Pfundzoll bis Ostern 1370 weiter zu erheben. Ein Teil der Flotte, einschließlich der Truppenkontingente, verblieb im Sund zur Blockade. Die verbündeten Truppen bezogen ihre Winterquartiere in Dänemark.

Die Hauptkräfte unter Führung des Lübecker Bürgermeisters Bruno Warendorp belagerten gemeinsam mit den Truppen des Herzogs Heinrich von Mecklenburg Helsingborg. Im Frühjahr 1369 begannen die Angriffsvorbereitungen, wobei auch eine systematische Täuschung des Gegners versucht wurde. So wurden Falschinformationen in Umlauf gesetzt, in denen die Stärke der Angreifer wesentlich höher angegeben wurde, als sie in Wirklichkeit war. Dabei ging man so geschickt vor, daß es selbst der Rat in Lübeck glaubte und dem Befehlshaber Vorwürfe bezüglich der hohen Verpflegungskosten für eine solche Truppenstärke machte. In einem Schreiben klärte Bruno Warendorp jedoch den wirklichen Sachverhalt auf.

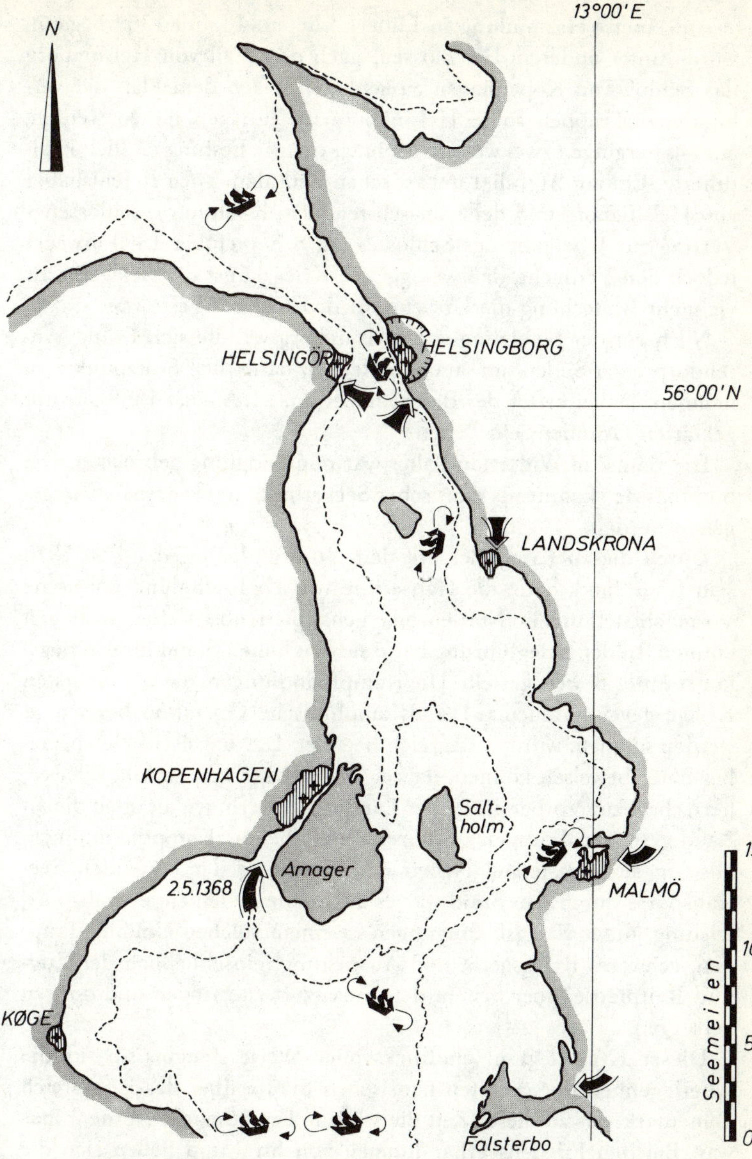

Kampfhandlungen der hansischen Flotte im Sund 1368/69

Auf einer Versammlung in Lübeck, die am 13. Juli 1369 begann, wurde unter anderem beschlossen, nach dem Fall von Helsingborg das Schloß von Kopenhagen zu schleifen. Nach dem Plan der verbündeten Truppen sollte Helsingborg im Juli genommen werden, aber es vergingen zwei weitere Monate, ehe die Festung endlich kapitulierte. Ein am 21. Juli 1369 zwischen dem dänischen Befehlshaber von Helsingborg und der hansisch-feudalen Koalition geschlossener Vertrag zur Übergabe des Schlosses am 8. September 1369 erweckt jedoch den Verdacht, daß weniger die Kriegskunst der Belagerer als vielmehr Bestechung die Ursache für den Fall der Feste war.

Noch vor der Besetzung von Helsingborg wandte sich Bruno Warendorp nach Süden, um auch die letzten dänischen Stützpunkte zu nehmen. Dabei verlor der Befehlshaber am 21. August 1369 aus ungeklärten Gründen sein Leben.

Der dänische Widerstand aber war nun endgültig gebrochen. Die Sundpassage konnte als hansischer Seeverbindungsweg wieder freigegeben werden.

Durch diesen Krieg, der mit dem Stralsunder Frieden von 1370 sein Ende fand, hatte die Hanse ihre wirtschaftliche und politische Vormachtstellung in Nordeuropa behaupten und weiter ausbauen können. In der Kriegführung hatte sie den hohen Stand ihrer Kriegskunst unter Beweis gestellt. Die Kampfhandlungen, die wie im ersten Kriege gegen Waldemar IV. als amphibische Operation bezeichnet werden können, wurden siegreich beendet. Der hansische Befehlshaber hatte beweisen können, daß er in der Lage war, sowohl die Seeherrschaft zur Vorbereitung der Landung zu erringen als auch die an Land gesetzten Truppen zu führen und dabei die Kampfhandlungen allseitig sicherzustellen. Neben der Sicherung der laufenden Seetransporte durch den Sund war es auch eine bedeutende Transportleistung, unter Kriegsbedingungen in einem solchen Umfang Truppen, schweres Kriegsgerät und Ausrüstung, einschließlich der Zug- und Reitpferde, über See an den Einsatzort zu bringen und dort zu versorgen.

Dieser Krieg legt in eindrucksvoller Weise Zeugnis ab für die Überlegenheit der geeinten hansischen Städte über das Königreich Dänemark, das zu dieser Zeit die stärkste Feudalmacht Nordeuropas war. Bei den Friedensverhandlungen von Stralsund ließen sich die Städte ausschließlich von ihren eigenen Interessen leiten. Sie hatten sich zwar vor den Verhandlungen mit dem dänischen Reichsrat von den verbündeten Fürsten Vollmachten eingeholt, in den Verhandlungen selbst aber war bald zu erkennen, daß sich die hansische Diplomatie nicht für die territorialpolitischen Interessen und Ziele der feudalen Koalition einspannen ließ. Die politische Zielstellung der Hanse blieb auch nach ihrem Sieg über Waldemar vor allem von ihren merkantilen Interessen abhängig.

Für die dänische Feudalklasse gab es nur eine Möglichkeit, wenn sie das Königreich als Ganzes erhalten wollte: Sie mußte zu einem Frieden mit den Städten kommen. Und so saßen sich vom 1. Mai bis zum 24. Mai 1370 in Stralsund die Verhandlungspartner gegenüber. Der Delegation des dänischen Reichsrates standen der Reichshauptmann Henning von Putbus, der Erzbischof von Lund und die Bischöfe von Odense und Roeskilde vor. Die Ratssendboten aus 23 Hansestädten, selbstbewußte Bürger, stellten dem feudalen Gegner ihre Bedingungen, die in erster Linie der Sicherung des friedlichen Handels dienten.

Im Ergebnis der Verhandlungen wurde den Bürgern der Hansestädte gegen Entrichtung des üblichen Zolls völlige Handelsfreiheit in Dänemark und auf Schonen garantiert, darüber hinaus wurden der handelspolitische Einfluß der Hanse in Dänemark gesichert und die Fragen der Wiedergutmachung geregelt. Das politisch Neue in diesem Friedensvertrag zwischen einer Feudalmacht und dem aufkommenden Bürgertum war die Tatsache, daß der Hanse nicht nur wesentliche königliche Einkünfte und vier der wichtigsten Festungen des dänischen Reiches zeitweilig ausgeliefert, sondern auch noch Einfluß auf die dänische Königswahl zugestanden wurde.

Der ausgehandelte Friedensvertrag, in dem die staatliche Integrität Dänemarks, entgegen den Ambitionen der feudalen Verbündeten, gewahrt blieb, dokumentiert den bedeutendsten Sieg, den deutsche Bürger während des Mittelalters im Kampf gegen die herrschende Feudalklasse errangen.

Die Zeit der Behauptung der Hanse gegen aufziehende Gefahren (1370 bis 1474)

Wandlungen im Umfeld der Hanse

Das auf den Stralsunder Frieden folgende Jahrhundert war für die Hanse keine Zeit der ungestörten Blüte. Die Entwicklung des großen Städtebundes wies vielmehr gerade in dieser Periode stark kontrastierende Züge auf. Einerseits wuchsen die einzelnen Hansestädte und das Volumen ihres Handels weiter an, widerspiegelte sich eindrucksvoll ihre wirtschaftliche Leistungsfähigkeit in großartigen sakralen und profanen Bauwerken, die damals vollendet wurden, und erreichte in den ersten Dezennien des 15. Jahrhunderts auch die Zahl der Kommunen, die dem Städtebund angehörten, ihr Maximum. Andererseits begann sich bei der hansischen Führung allmählich ein Hang zum Konservatismus bemerkbar zu machen. Die Hanse befand sich – wie es der namhafte bürgerliche Hansehistoriker Fritz Rörig einmal ausdrückte – auf dem Höhepunkt des Erreichbaren und war nun in die Verteidigungsstellung des Erreichten eingetreten. Diese Haltung ergab sich zwar zwangsläufig aus dem Wesen des ökonomischen Systems, das der hansische Städtebund als spezifische Organisationsform des hauptsächlich im privilegierten Zwischenhandel agierenden Handelskapitals verkörperte, sie mußte aber auf die Dauer mit einer sich wandelnden Umwelt in immer heftigere Kollisionen geraten. Das Charakteristische der Entwicklung nach 1370 bestand eben darin, daß sich die Hanse nun in zunehmendem Maße mit qualitativ völlig neuen Gefährdungen ihrer wirtschaftlichen Vormachtstellung im Nord- und Ostseeraum auseinanderzusetzen hatte.

Schon die ersten Jahrzehnte nach dem Stralsunder Frieden waren reich an ernsten Konflikten, die die Hanse zu bestehen hatte. Bald nach dem Tode König Waldemars IV. (1375) brach ein langwieriger Kampf zwischen einer dänisch-norwegischen und einer mecklenburgisch-schwedischen Machtgruppierung um die Vorherrschaft im Norden aus, der die hansische Führung zu sehr vorsichtigem politischem Taktieren zwang. Die Unruhen in den nordischen Reichen begünstigten die Ausbreitung einer äußerst gefährlichen Piraterie auf der Nord- und der Ostsee, die den hansischen Handel viele Jahre hindurch schwer schädigte. Erst 1401 gelang es den Hansen, dieser Bedrohung einigermaßen Herr zu werden. Störungen des Handelsverkehrs resultierten aber auch aus schwerwiegenden Differenzen mit traditionell wichtigen Handelspartnern, vor allem aus Streitigkeiten um die Respektierung beziehungsweise Auslegung der hansischen Privilegien im Ausland. Einen neuen Höhepunkt derartiger Konflikte brachte das Jahr 1388, in dem zur gleichen Zeit der Handel der Hansekaufleute mit Flandern, England und Nowgorod unterbrochen war. Die Handelsbeziehungen zu England wurden zwar relativ rasch wieder geknüpft, aber die Aufhebung der Handelssperre gegen Flandern und Nowgorod konnte nach langen und zähen Verhandlungen erst 1392 verfügt werden. Ernste Erschütterungen der Positionen des Städtebundes gingen ferner von den inneren Auseinandersetzungen in den Hansestädten aus, die von 1408 bis 1416 in einer Kette von Erhebungen in der wendischen Städtegruppe kulminierten. Da vorübergehend sogar die patrizische Ratsoligarchie in Lübeck von der bürgerlichen Opposition entmachtet werden konnte, war die Führung der Hanse bis zur Wiederherstellung der alten Herrschaftsverhältnisse in der Travestadt im Jahre 1416 so gut wie lahmgelegt.

Die genannten Konflikte und die aus ihnen erwachsenden Gefahren für die Hanse waren zwar durchweg schwerwiegend, aber ihrem Wesen nach nicht eigentlich neu. Als weit bedrohlicher erwiesen sich auf längere Sicht – wie bereits erwähnt – nach und nach deutlicher hervortretende qualitativ neuartige Faktoren, die in der Hanse selbst und von außen her auf die Stellung des Städtebundes einzuwirken begannen.

Unter ihnen ist zunächst die fortschreitende Ausprägung der Sonderinteressen einzelner Städte beziehungsweise ganzer Städtegruppen zu nennen. Köln, die rheinische Handels- und Gewerbemetropole und größte deutsche Stadt des Mittelalters, hatte auch als Hansestadt immer eine ziemlich eigenständige Rolle gespielt. Eigene Wege begannen nun auch verstärkt Bundesstädte im Ostseeraum einzuschlagen, insbesondere Danzig, Riga und Reval. Danzig erlebte seit der zweiten Hälfte des 14. Jahrhunderts einen sehr raschen Aufschwung und wurde bald zum bedeutendsten Exporthafen für Produkte der Land- und Forstwirtschaft. Westeuropäische, namentlich englische Kaufleute besuchten in wachsender Zahl diese Stadt, in der sie bessere Geschäfts- und Aufenthaltsbedingungen als in anderen Hansestädten vorfanden. Riga und Reval trachteten im 15. Jahrhundert intensiv danach, unter Nutzung ihrer vorteilhaften verkehrsgeographischen Lage möglichst große Anteile am hansischen Rußlandhandel an sich zu ziehen, was von den Kaufleuten aus anderen Hansestädten natürlich als Beeinträchtigung ihrer eigenen Geschäftstätigkeit empfunden werden mußte.

Auflockerungserscheinungen im hansischen Städtebund versuchten sich alsbald auch die allmählich erstarkenden Territorialfürsten zunutze zu machen. Als der brandenburgische Kurfürst 1442 die Doppelstadt Berlin-Kölln unterwarf und zum Austritt aus der Hanse zwang, wurde schlagartig eine neue ernste Gefahr für den Städtebund sichtbar. Allerdings erwiesen sich die Städte im Kerngebiet der Hanse zunächst noch als recht widerstandsfähig gegenüber dem Territorialfürstentum. Stralsund zum Beispiel wehrte in den fünfziger Jahren des 15. Jahrhunderts die Angriffe der Pommernherzöge auf die städtische Autonomie erfolgreich ab.

Die ernsteste Bedrohung für die wirtschaftliche Vormachtstellung der Hanse aber ging von den im 15. Jahrhundert stark aufkommenden Konkurrenten aus – von den oberdeutschen, den englischen und vor allem den holländischen Kaufleuten. Namentlich gegen die Holländer fanden die Hansen keine auf die Dauer erfolgversprechenden Abwehrmittel. Wirtschaftliche und militärische Zwangsmaßnahmen zeitigten nur vorübergehende Wirkung, die Appelle der wendischen Hansestädte zu gemeinschaftlichem Vorgehen gegen die Konkurrenten stießen insbesondere bei den östlichen Bundesstädten immer mehr auf Zurückhaltung oder gar direkte Ablehnung. Als sich hingegen die alten und neuen Widersacher der Hanse – nämlich das dänische Königtum und die Holländer – einander anzunähern begannen, war das Schicksal der hansischen Handelssuprematie im Nord- und Ostseeraum eigentlich schon besiegelt. Der dänisch-holländische Vertrag vom August 1441, in welchem König Christoph III. (1439–1448) den Holländern gegen die Zahlung von 5000 rheinischen Gulden großzügige Handelsprivilegien in Dänemark garantierte, war auch für die Entwicklung des Verhältnisses zwischen den Hansen und ihren holländischen Konkurrenten ein wichtiger Markstein.

Die politische Landkarte der Nord- und Ostseeregion veränderte sich in der Zeit zwischen 1370 und 1474 in bedeutender, zum Teil sogar einschneidender Weise. 1397 entstand die Kalmarer Union, die die drei nordischen Reiche unter einem gemeinsamen Herrscher vereinigen sollte. Dieses nach außen hin zunächst sehr mächtig wirkende Staatsgebilde krankte aber bald an gravierenden inneren Gegensätzen, die der Krieg mit der Hanse von 1426 bis 1435 dann ans Licht brachte. Mit dem Ausbruch des schwedischen Volksaufstandes von 1434 unter der Führung des Bergmanns Engelbrekt Engelbrektsson, der sich gegen die Entrechtung und Ausplünderung Schwedens durch den dänischen Feudaladel richtete, begann schon der Zerfall der Union.

Als stabiler und auch erfolgreicher erwies sich die 1386 zwischen dem Königreich Polen und dem Großfürstentum Litauen geschlossene Union. Dieser neue Großstaat brachte dem Deutschen Orden 1410 in der Schlacht bei Tannenberg/Grunwald eine erste schwere Niederlage bei und schaltete ihn – im Bunde mit den preußischen Städten und Landadligen – im Dreizehnjährigen Krieg von 1454 bis 1466 als bedeutenden Machtfaktor im Ostseeraum endgültig aus. Die nach dem Friedensschluß von 1466 unter polnische Hoheit gelangten preußischen Hansestädte, unter ihnen vor allem Danzig, gewannen nun nicht nur ein ganz wesentlich erweitertes Hinterland, sondern auch erheblich größeren politischen Spielraum.

In Nordwesteuropa begann sich seit dem Ausgang des 14. Jahrhunderts ein starkes burgundisches Zwischenreich zwischen Deutschland und Frankreich herauszubilden, in das Schritt um Schritt das gesamte Territorium der Niederlande eingegliedert wurde. Flandern, Brabant, Seeland und Holland unterstanden nun einem gemeinsamen Oberherrn. Während die Hansen jetzt die früheren Gegensätze zwischen den verschiedenen feudalen Potentaten nicht mehr zu ihrem eigenen Vorteil ausnutzen konnten, fanden ihre holländischen Konkurrenten zunehmend Rückhalt in einer starken Staatsgewalt.

Im Jahre 1453 endete der Hundertjährige Krieg zwischen England und Frankreich. Letzteres ging aus diesem langwierigen Kampf als Sieger hervor und begann seinen Aufstieg zur stärksten Feudalmacht des Westens. England, das alle seine Festlandsbesitzungen bis auf Calais verloren hatte, wurde von seiner herrschenden Klasse sogleich in neue Kriegswirren gestürzt: Dreißig Jahre hindurch, von 1455 bis 1485, rangen zwei Fraktionen des Hochadels in den sogenannten Rosenkriegen miteinander erbittert um die Herrschaft über das Inselreich. Diese Ereignisse sind eine wichtige Erklärung dafür, daß es der Hanse nach einem vierjährigen Seekrieg im Friedensschluß zu Utrecht 1474 noch einmal gelang, die Bestätigung aller ihrer Privilegien in England durch den König und das Parlament durchzusetzen. Das aber war zugleich der letzte bedeutende Erfolg des Städtebundes in der Arena der internationalen Politik.

Die von der Hanse in der Zeit zwischen 1370 und 1474 geführten Kriege, in denen der Schwerpunkt der Kampfhandlungen durchweg auf See lag, wurden – wie aus der Skizzierung der Grundlinien der historischen Entwicklung in dieser Periode ersichtlich ist – nicht zur Gewinnung neuer, sondern ausschließlich zur Behauptung früher errungener handelspolitischer Positionen geführt.

Krieg gegen Dänemark (1426 bis 1435)

Nachdem sich die Spannungen zwischen den wendischen Hansestädten und den nordischen Reichen zu Beginn der zwanziger Jahre des 15. Jahrhunderts erneut verschärft hatten, bedurfte es nur noch des zündenden Funkens, um einen neuen Krieg auszulösen. Die Ursachen für die Konflikte waren vielschichtig. Den unmittelbaren Anlaß für ihn aber gab ein Streit zwischen Dänemark und Holstein um das Herzogtum Schleswig.

Seit geraumer Zeit versuchte die dänische Krone das an die Grafen von Holstein verlehnte Herzogtum Schleswig wieder zurückzugewinnen. Dieser teils offen, teils versteckt geführte Kampf zwischen dem Unionskönig Erich und den Holsteiner Grafen zog im Jahre 1426 auch die Hansestädte in den Konflikt hinein. Zunächst hatten sowohl der König als auch die Grafen versucht, die Hanse auf ihre Seite zu bringen. In der Schleswigfrage vertraten die Städte jedoch unterschiedliche Standpunkte. Lübeck und Hamburg betrachteten das Vordringen der Dänen nach Schleswig als Bedrohung ihrer Autonomie, außerdem bestanden enge wirtschaftliche und verwandtschaftliche Verbindungen ihrer Bürger zu Holstein. Anders lagen die Dinge in Rostock, Stralsund und Greifswald: Diese Städte befürchteten bei einem Bündnis mit den Holsteinern Beeinträchtigungen ihres

Handels in den nordischen Reichen sowie Repressalien bei der Sunddurchfahrt hansischer Schiffe. Gewisse Rücksichten der pommerschen Städte auf ihre Landesherren, die in engen Bindungen zum dänischen Königshause standen, motivierten ebenfalls ihren Standpunkt, daß der König von Dänemark in der Schleswigfrage im Recht wäre. So war es verständlich, daß sich diese Städte von einem Bündnis mit den nordischen Reichen mehr versprachen als mit den Holsteiner Grafen.

Als die Hansestädte infolge ihrer Meinungsverschiedenheiten zwischen beiden Parteien lavierten, reagierte König Erich darauf mit handelspolitischen Zwangsmaßnahmen. Es häuften sich Klagen hansischer Kaufleute über Repressalien bei der Sunddurchfahrt, auf Schonen und an anderen nordischen Handelsplätzen. Auch einer Verlängerung der hansischen Privilegien in seinem Reich wich Erich aus. Außerdem versuchte er, den schonischen Zoll zu erhöhen und einen Sundzoll einzuführen.

Eine neue Handelspolitik des Dänenkönigs zielte darüber hinaus generell auf eine größere wirtschaftliche Selbständigkeit seiner Reiche gegenüber der Hanse. So öffnete er zum Beispiel die nordischen Handelsplätze den englischen und holländischen Kaufleuten, also den gefährlichsten Konkurrenten der Hanse. Infolgedessen war die Schleswigfrage nur der Anlaß für den herannahenden Krieg, der in Wirklichkeit erneut um die Vorherrschaft im Ostseehandel geführt wurde.

Zunächst untersagten beide Seiten ihren Untertanen beziehungsweise Bürgern den Verkehr mit der Gegenpartei. Mitte Mai 1426 führten Abgesandte aus Stralsund und Rostock in Wordingborg Verhandlungen mit dem Dänenkönig über die Rücknahme seiner Anordnungen gegen den hansischen Handel. Erich hob tatsächlich sein Ausfuhrverbot und die Beschlagnahme der hansischen Waren und Schiffe auf. Als Gegenleistung verlangte er aber von den Städten militärische Hilfeleistung im Kampf gegen die Holsteiner.

Am 24. Juni 1426, auf dem Hansetag zu Lübeck, vereinbarten die Städte Hamburg, Rostock, Stralsund, Wismar, Lübeck und Lüneburg unter Abweisung der dänischen Forderungen ein Schutzbündnis gegen alle Versuche, sie durch Anlegen von Befestigungen in ihrer unmittelbaren Nachbarschaft zu bedrängen. Greifswald und Anklam traten dem Bunde aus Rücksicht auf das pommersche Fürstenhaus nicht bei. Der dänischen Seite teilten die verbündeten Städte ihre Ablehnung einer Teilnahme am Kriege gegen Holstein mit. Zum Kriegsbündnis der Städte gegen König Erich von Dänemark und dessen Helfer – bei Verbot jedes eigenmächtig geschlossenen Friedens oder Waffenstillstandes – kam es dann am 22. September 1426. Die Bündnisteilnehmer verpflichteten sich zu gegenseitigem Beistand bei allen aus diesem Krieg entstehenden Fehden.

Im September vermittelten Lübeck, Hamburg und Lüneburg einen Vergleich zwischen dem Herzog Wilhelm von Lüneburg und dem Erzbischof von Bremen, die sich gegenseitig befehdet hatten, und gewannen danach die sächsischen Ritter als Verbündete der Herzöge von Schleswig.

Als der Krieg schon begonnen hatte, bemühten sich die Sädte, ihr Bündnis auf diplomatischem Wege weiter zu stärken. Am 14. April 1427 übersandten 17 Hansestädte der sächsischen Gruppe König Erich ihre Absagebriefe. Insgesamt gelang es aber nicht, die erforderliche Geschlossenheit der Städte von der Zuidersee bis nach Estland zur Blockade der drei nordischen Reiche herzustellen.

Erich nutzte die Zeit vom Herbst 1426 bis zum Frühjahr 1427 für diplomatische Aktivitäten. Er versuchte zum Beispiel, seine Vettern, die Pommernherzöge, durch Sendschreiben zur Intervention gegen die Städte zu bewegen. Damit entstand für Stralsund die Gefahr, im Rücken angegriffen zu werden. Mit diplomatischen Mitteln galt es diese Bedrohung abzuwenden. Deshalb fanden am 23. und 24. März 1427 in Stralsund Verhandlungen zwischen den Abgesandten der Städte und den Pommernherzögen Kasimir VI., Wartislaw IX. und Barnim VIII. statt. Barnim, unter dessen Hoheit Stralsund stand, versuchte, der Stadt am Strelasund den Krieg gegen Erich zu verbieten. Darauf ließen sich die Städte aber nicht ein. Sie stimmten lediglich zu, mit dem Einsatz ihrer Flotte bis zum 6. April zu warten, da bis dahin Herzog Kasimir mit König Erich persönlich in Verbindung treten wollte, um einen Vergleich anzustreben. Der Versuch mißlang jedoch.

Bereits am 10. Juli 1426 hatte König Erich die Besitzungen des Herzogs Heinrich von Schleswig angegriffen. Heinrich wandte sich daraufhin mit einem Hilfeersuchen an die Städte. Als der König am 21. Juli vor Schleswig erschien und die Belagerung der Stadt aufnahm, rief der Herzog abermals die Hilfe der Hanse an. Die Städte versuchten zunächst noch einmal, den Konflikt auf dem Verhandlungswege beizulegen. Der Hanse ging es noch immer darum, einen Krieg zu vermeiden, ohne aber ihre wirtschaftliche Vorrangstellung und ihre Privilegien in den nordischen Reichen preiszugeben. Trotz der erneuten dänischen Repressalien versuchten die Bürger bis zum Schluß, durch Verhandlungen dem bewaffneten Konflikt aus dem Wege zu gehen. Als sich Erich darauf nicht einließ, beschlossen die Städte Lübeck, Wismar, Rostock, Stralsund, Hamburg und Lüneburg am 22. September 1426 in Rostock das bereits erwähnte Bündnis gegen Dänemark.

In Rostock wurde auch die Bereitstellung der Städtekontingente vereinbart. So hatten Lübeck, Hamburg und Stralsund je 500, Rostock, Wismar und Lüneburg je 300 Bewaffnete zu stellen. Für den Fall, daß der Krieg im Jahre 1427 noch nicht beendet sei, sollten die genannten Städte dann die doppelte Anzahl Krieger aufbieten.

Am 27. September gingen dann die Städte auch offiziell ein Bündnis mit Herzog Heinrich von Schleswig und seinen Brüdern ein, in dem sie sich verpflichteten, keinen Separatfrieden mit dem Dänenkönig zu schließen. Mit dem Eingang der Absagebriefe der Städte auf dänischer Seite am 17. Oktober 1426 war der Krieg erklärt.

Unmittelbar nach Eingang der Absagebriefe der Städte brach Erich die Belagerung Schleswigs ab, alarmierte die Hauptleute der dänischen Reichsbefestigungen und zog sich zurück. Zu dieser Zeit sammelte sich die hansische Flotte im Wismarer Tief. Auf Grund der ungünstigen Wetterlage kamen die Schiffe jedoch nicht mehr zum Einsatz. Die Flotte wurde aufgelöst und bis Frühjahr in ihre Heimatstädte entlassen.

König Erich nutzte die Winterpause, um seine Flotte zu formieren und auf ihren Einsatz vorzubereiten. Unmittelbar nach der Eisperiode entfaltete er Auslieger in der westlichen Ostsee, mit denen die Seeverbindungen der wendischen Städte getroffen werden sollten. Erich ließ auch in England Schiffe und Besatzungen für den Kaperkrieg gegen die Hanse anwerben. Das war eine Praxis, die in der Folge auch von den Städten übernommen wurde. So ließen diese in Brügge, London und Danzig erfahrene Freibeuter anwerben und gegen die dänische Schiffahrt vorgehen.

Anfang April 1427 ging die hansische Flotte mit 15 größeren und zahlreichen kleineren Schiffen in See. Sie landete auf Bornholm und trieb Kontributionen in Höhe von 10 000 Mark Silber ein. Gemeinsam mit holsteinischen Kaperschiffen wurden anschließend weitere dänische Inseln heimgesucht.

Danach erreichten die hansischen Schiffe Flensburg, das von Landseite durch holsteinische und städtische Truppen belagert wurde. Unvermittelt wurde die Belagerung aber abgebrochen, weil bei einem von dem Hamburger Ratsherrn Johann Kletzeke verschuldeten Nachtangriff der betrunkenen Hamburger Belagerer Herzog Heinrich von Schleswig den Tod fand. Da an Ort und Stelle kein Entschluß über den weiteren Verlauf der Kampfhandlungen gefaßt werden konnte, lief die Flotte zu ihren Heimathäfen ab.

Anfang Juli 1427 ging eine hansische Flotte im Bestand von 36 Schiffen, die 8 000 Mann Truppen an Bord hatten, unter dem Lübecker Bürgermeister Tidemann Steen mit dem Ziel Öresund in See. Der Flotte waren folgende Aufgaben gestellt:

1. Blockade und Beherrschung des Sundes durch Einnahme der Sundfesten und Einsatz von Schiffskräften.
2. Empfang und Geleiten einer zu erwartenden Baiensalzflotte.
3. Sicherung einer aus Danzig kommenden Weichselflotte.

Bei günstigen Winden erreichte die hansische Flotte am 11. Juli den südlichen Sundeingang. Zu dieser Zeit hatte sich das Stralsunder Geschwader entgegen den Beschlüssen noch nicht in den Flottenverband eingegliedert. In Höhe Kopenhagen wurde das Auslaufen der dänisch-schwedischen Flotte beobachtet, die von Herzog Barnim VIII. von Pommern geführt wurde. Im Bestand dieser Flotte befanden sich auch holländische und englische Schiffe. Zwei zahlenmäßig annähernd gleichstarke Kräftegruppierungen trafen aufeinander.

Der Hamburger Bürgermeister Heinrich Hoyer lief mit seinem Geschwader Backbord voraus als Vorhut und holte sich von Tidemann Steen die Bestätigung für den Angriff. Ohne Zögern warfen sich die Hamburger gegen die dänisch-schwedische Übermacht in den Kampf. Im engen Fahrwasser der südlichen Sundeinfahrt müssen die Hamburger Schiffe auf Grund gelaufen sein. Manövrierunfähig und auf sich allein gestellt, wurden sie geschlagen. Der größte Teil der Besatzungen, einschließlich ihres Bürgermeisters, geriet in Gefangenschaft.

Der Befehlshaber der Flotte griff nicht sofort in den Kampf ein. Er sah vielmehr mit an, wie seine Vorausabteilung aufgerieben

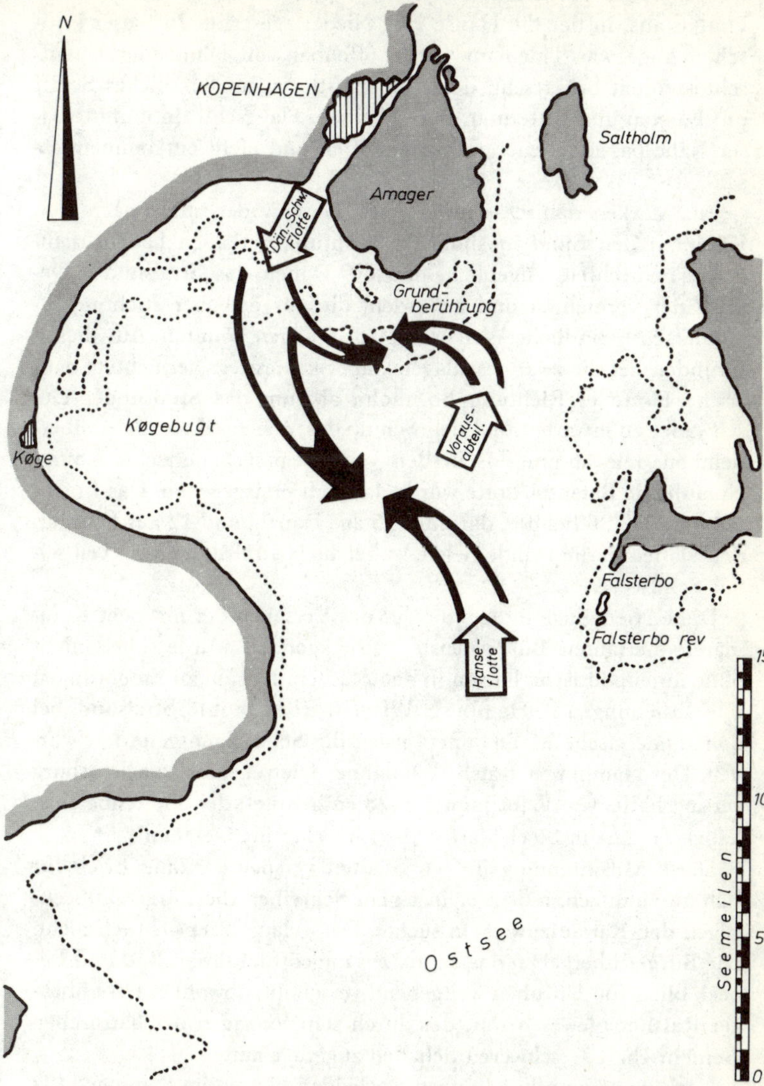

Wahrscheinlicher Verlauf der Seeschlacht vom 11. Juli 1427 zwischen einer dänisch-schwedischen und der Hanseflotte

wurde. Dieses Vorgefecht weitete sich dann aber zur Schlacht beider Flotten aus, in der die Hanse eine Niederlage erlitt. In dieser kritischen Lage war Tidemann Steen offenbar von lähmender Unentschlossenheit beherrscht, denn sonst hätte er ein feindliches Schiff mit Fürsten und Rittern an Bord, das sein Flaggschiff in unmittelbarer Nähe passierte, energisch angegriffen und nicht entkommen lassen.

Ein starkes dänisch-schwedisches Geschwader muß nach den Kämpfen den Sund in südlicher Richtung verlassen haben, denn Steen befürchtete angeblich, daß die Dänen das Stralsunder Geschwader vernichten und außerdem die aus östlicher Richtung in Anmarsch befindliche Weichselflotte abfangen könnten. Aus diesen Gründen lief die zwar geschlagene, aber keineswegs vernichtete hansische Flotte in Richtung Bornholm ab, um das Stralsunder Geschwader zu erwarten und den Schutz des Weichselkonvois zu übernehmen. Die ahnungslos in den vom Gegner beherrschten Sund einlaufende Baiensalzflotte wurde dadurch preisgegeben. Das Ergebnis war, daß 36 Schiffe, darunter 15 aus Danzig und 12 aus Wismar, den Dänen in die Hände fielen, wobei auch Stralsund einen Teil seiner Schiffe verlor.

Diese Niederlage in See, die auf das Versagen der mit dem Kommando betrauten Bürgermeister zurückgeführt wurde, blieb nicht ohne innenpolitische Folgen in den Städten. Es kam zu Empörungen und Erhebungen in Hamburg, Wismar, Rostock und Stralsund, bei denen energische Maßnahmen gegen die Schuldigen gefordert wurden. Der Hamburger Ratsherr Johannes Kletzeke, der vor Flensburg versagt hatte, wurde im Januar 1428 enthauptet; den Flottenbefehlshaber Tidemann Steen warfen die Lübecker ins Gefängnis.

Diese Mißstimmung in den Städten versuchte König Erich für sich auszunutzen, indem er in einem Schreiben die Bürger Lübecks gegen den Rat aufzuwiegeln suchte. Das gelang offensichtlich nicht. Die Bürger übergaben das Schreiben ungeöffnet ihrem Rat, und Lübeck blieb von Unruhen weitgehend verschont, obwohl es ein Lübekker Ratsherr gewesen war, der durch sein Versagen der hansischen Gemeinschaft so schweren Schaden zugefügt hatte.

Nach den Kampfhandlungen der beiden Flotten im Sommer 1427 muß König Erich einer geheimen Information zufolge, die der Stralsunder Rat an Lübeck weitergab, noch einmal stärkere dänische und schwedische Flottenkräfte zusammengezogen haben, um die Ansteuerungen Lübecks, Rostocks und Wismars durch Versenken von Schiffen zu sperren. Das Unternehmen hat aber nicht stattgefunden. So ging der Krieg in der Ostsee in einen von beiden Seiten rücksichtslos geführten Kaperkrieg über, in dem auch die Neutralen nicht verschont wurden. Selbst Schiffe der Verbündeten fielen den Freibeutern zum Opfer. Die hansische Seite dachte nicht an eine Beendigung des Krieges. Im Januar 1428 trafen sich die Sendboten aller sechs beteiligten Städte zu einer Beratung über die Fortführung des Krieges.

Mit Beginn der Schiffahrtsperiode sollte eine große Landungsoperation vor Kopenhagen durchgeführt werden. Es wurde die Formierung einer starken, mit 6800 Söldnern und allem zur Einnahme von Festungen benötigten Kriegsgerät an Bord umfassenden Flotte beschlossen. Dazu hatten Lübeck 2000, Hamburg, Rostock, Stralsund und Wismar je 1000 und Lüneburg 800 Mann zu stellen. In dem Beschluß wurde festgelegt, daß die Städte die von ihnen zum Transport ihrer Truppenkontingente bereitzustellenden Schiffe mit Geschützen, Pulver, Geschossen und anderem Kriegsgerät auszurüsten hatten. Für die geplante Blockade der im Kopenhagener Hafen befindlichen dänischen Flotte sollten Schiffe zum Versenken aufgekauft werden.

Das Vorhaben der Städte beinhaltete den überraschenden Beschuß Kopenhagens, die Sperrung des Hafens und die Vernichtung der dänischen Flotte in ihrem Stützpunkt. Verrat und die zögernde Haltung des Lübecker Rates ließen aber das für einen Erfolg der Operation notwendige Überraschungsmoment verlorengehen. König Erich begann unverzüglich nach Erhalt der Informationen mit der Vorbereitung der Landungsabwehr und der Verteidigung Kopenhagens.

Ende März 1428 trafen vereinbarungsgemäß die Flottenkontingente der einzelnen Städte im Wismarer Tief ein. Nur die Lübecker Schiffe wurden von ihrem Rat zurückgehalten, der noch immer auf den günstigen Ausgang von diplomatischen Friedensbemühungen hoffte, die im Auftrag des Kaisers Sigismund von dem Magister Nikolaus Stok geführt wurden. In dem entsprechenden Schreiben des deutschen Königs wurde den Städten, falls sie den Krieg gegen Dänemark nicht einstellten, die Bestrafung als Helfer der «böhmischen

Ketzer» (Hussiten), gegen die Sigismund auch die Hansestädte zur Teilnahme an einem «Reichskrieg» aufgefordert hatte, angedroht. Schließlich befolgten aber weder die Holsteiner noch die Städte Sigismunds Gebot zur Beendigung des Krieges.

Inzwischen verstrich kostbare Zeit, was in dieser Situation nur dem Gegner Nutzen brachte. Am 21. März unterrichtete Stralsund den Lübecker Rat darüber, daß der Zeitpunkt für die Einnahme Kopenhagens besonders günstig sei. Die Stadt sei für die Abwehr noch nicht gerüstet, und außerdem herrschte dort großer Mangel an Lebensmitteln. Kopenhagen würde sich keine acht Tage halten können. Auch als der vereinbarte Termin für das Eintreffen im Sammelraum bereits verstrichen war, erschienen die Lübecker nicht in der Wismarer Bucht. Am 1. April forderten die Befehlshaber der Flotte und die im Wismarer Tief auf ihren Schiffen befindlichen Ratsherren in einem Schreiben den Lübecker Rat auf, unverzüglich die Schiffe zu entsenden. Stralsund beschwerte sich in einem Schreiben vom 3. April 1428 darüber, daß seine Schiffe untätig im Wismarer Tief lägen, und drohte mit dem Zurückziehen seiner Kräfte.

Anfang April muß das Lübecker Geschwader dann endlich eingetroffen sein, denn am 8. April erreichte die Flotte Kopenhagen. Aber an einen Erfolg der Operation war nicht mehr zu denken. König Erich hatte sich auf die Verteidigung vorbereitet. Unter Feindeinwirkung versuchte die hansische Flotte, ihre mitgeführten zehn Sperrschiffe vor dem Kopenhagener Hafen zu versenken, was auch im wesentlichen gelang, doch unter Gefechtsbedingungen sollen einige statt quer längs zur zu sperrenden Richtung gesunken sein. Dadurch entstanden Lücken in der Sperre, durch welche die Dänen auszubrechen vermochten. So konnte die dänische Flotte weder blockiert noch vernichtet werden und war eine wesentliche Voraussetzung für die Landungsoperation entfallen.

Bis zum Juni 1428 bereiteten die Städte einen erneuten Angriff mit der gleichen Zielstellung vor. Interessant ist, wie in Kriegszeiten eingehende Aufklärungsinformationen ausgewertet und präzisiert wurden. Während der Vorbereitung der neuen Operation hatte Lübeck über Gewährsleute erfahren, daß Preußen, Engländer und Holländer in Richtung Sund- und Beltzone segelten; unmittelbar darauf erging an Wismar eine Aufforderung, zur Aufklärung eine Schnigge einzusetzen und dann die eigenen Hauptleute in See zu informieren.

Beim zweiten Angriff Mitte Juni hatte man von hansischer Seite die Erfahrungen des ersten Mißerfolges berücksichtigt. Auf einem floßartigen Bollwerk wurde eine schwimmende Batterie montiert, unter deren Feuerschutz zusätzlich zu den zehn Schiffen vom Frühjahrsunternehmen an die 40 Schiffe, beladen mit Kalk und Steinen, vor dem Kopenhagener Hafen versenkt wurden. Folgendes wird darüber berichtet: «... und die Meister haben geschossen, daß von des Königs Schiffen nur drei haben herauskommen können.» Am 15. Juni war die Ansteuerung gesperrt. Aus den Quellen geht leider nicht die konkrete Zahl der vernichteten dänischen Schiffe hervor. In dem Bericht heißt es nur: «... viele Schiffe des Königs sind verderbt worden und würden ihm nichts nützen, auch wenn er sie herausbekommen könnte. An einem Tage hat er, wie sie von dänischen Schiffsleuten gehört haben, 30 Tote gehabt.»

Die städtische Flotte hatte offensichtlich keine Verluste. Dieses Unternehmen kann als erstes uns bekanntes größeres Seegefecht im nordeuropäischen Raum gewertet werden, in dem mit Schiffsartillerie auf Distanz gekämpft wurde. Auch die unmittelbare Feuerunterstützung von See bei der Blockierung des Hafens war ein Novum in der nordeuropäischen Kriegskunst.

Die Entscheidung in diesem Kriege wurde mit den beiden im Jahre 1428 vorgetragenen Angriffsoperationen jedoch nicht herbeigeführt. Nach Beendigung des letzten Unternehmens sollte die hansische Flotte nach Flensburg laufen, doch die Hauptleute bestanden darauf, sich an Dänemarks Küsten zu verproviantieren. So verlegten sich die Geschwader auf eine großangelegte Plünderung dänischer Küstenorte; unter anderen wurde auch wieder die Insel Bornholm heimgesucht.

Die dänisch-schwedische Flotte muß aber noch über genügend Kräfte verfügt haben, um ihrerseits einen Angriff gegen die städtischen Häfen führen zu können. Deshalb entschlossen sich die hansischen Hauptleute, ihre Flotte nicht nach Flensburg segeln zu lassen, sondern sie im Schutze Rügens vor dem Sunde zu halten.

Anfang August erhielten die zu Lübeck oder Wismar versammelten Ratssendboten der Hansestädte von ihren Hauptleuten in See eine Information, derzufolge aus dänischer Gefangenschaft entkommene Städter berichtet hatten, daß es dem König von Dänemark gelungen sei, sieben große Schiffe flott zu machen und aus dem Hafen von Kopenhagen zu bringen. Mit 1 200 bis 1 400 Bewaffneten bemannt, hätten sie den Sund verlassen. Zu einem Gefecht sollte es aber nicht mehr kommen. Im August sammelten sich die Geschwader wieder in der Wismarer Bucht, um dann in ihre Städte entlassen zu werden. Damit waren die Kampfhandlungen für das Jahr 1428 abgeschlossen.

Der Kaperkrieg wurde von beiden Seiten weitergeführt. Der Sund war von städtischen Ausliegern für Hansen und Nichthansen gesperrt. Selbst für holländische und englische Schiffe schränkten hansische Kaper das Anlaufen von Bergen stark ein. Als im Juli 1428 vor Bergen eine wendische Ausliegerflotte mit 17 Kaperschiffen und 800 Mann an Bord aufkreuzte, plünderten und brandschatzten sie die Stadt. Das gleiche wiederholte sich im Frühjahr 1429.

Während auf dem diplomatischen Wege noch Friedensbemühungen im Gange waren und König Erich in Schweden weilte, ließ die dänische Königin Philippa, eine Tochter Heinrichs IV. von England, einen Überfall auf Stralsund vorbereiten. Am 5. Mai 1429 gingen angeblich über 70 Schiffe mit 1 400 Bewaffneten an Bord in See und nahmen Kurs auf Stralsund. Mit nördlichen Winden drangen die Dänen durch den Gellen in den Strelasund ein.

Völlig überraschend fielen sie um Mitternacht über den Stralsunder Hafen her. Sie besetzten die dort liegenden Schiffe und nahmen alle Leute gefangen, die sich nicht rechtzeitig in Sicherheit bringen konnten. Ein Teil der Fahrzeuge, den sie nicht mitführen konnten, wurde in Brand gesteckt. Zahlreiche Schiffe hatten die Stralsunder allerdings noch durch Versenken vor der Verbrennung retten können.

In der Morgendämmerung fuhren die Dänen noch näher an die Mauern heran und beschossen die Stadt aus ihren Schiffsgeschützen. Von den Befestigungen Stralsunds scheint ihnen keine Gefahr gedroht zu haben, denn einige Dänen gingen unmittelbar vor der Stadtmauer an Land, um die Bürger zum Kampf herauszufordern. Aber die Stralsunder ließen sich nicht herauslocken. Deshalb lief die dänische Flotte mit ihrer Beute an Gefangenen und Gut schließlich ab.

Der weiter aus Norden aufkommende Wind hinderte die Dänen, mit nördlichen Kursen durch den Gellenstrom abzulaufen. So segelten sie über die Ostansteuerung in Richtung Ruden ab. Im Greifswalder Bodden brandschatzten sie dann noch die Stralsunder Besitzung Stahlbrode. Starke nördliche Winde sollen sie dann am Auslaufen aus dem Bodden gehindert haben. So gingen sie zunächst am Ruden vor Anker und suchten danach Schutz im Wolgaster Hafen.

Da die ungünstigen Winde offensichtlich anhielten, liefen die Dänen nach einigen Tagen zurück über die Ostansteuerung in Richtung Stralsund. Hier waren inzwischen sechs gut bewaffnete Lübekker und Wismarer Kauffahrer eingelaufen. Auf Grund der vorherrschenden Winde müssen die Stralsunder mit der Rückkehr der Dänen gerechnet haben. In aller Eile wurden die eingetroffenen Schiffe gelöscht, die versenkten Fahrzeuge wieder flottgemacht und mit Bewaffneten bemannt.

Am 9. Mai erschienen die Dänen erneut auf dem Strelasund. Hier wurden sie bereits erwartet. Völlig überraschend, griffen jetzt die Stralsunder an und brachten einige feindliche Schiffe auf, die sie sofort bemannten und in das Gefecht warfen. In erbittertem Kampf wurden die Dänen trotz zahlenmäßiger Überlegenheit geschlagen. Einen Teil der dänischen Schiffe, einschließlich des Flaggschiffs, eroberten die Stralsunder, andere wurden versenkt. Durch einen Fehler der Bürger – das erbeutete dänische Flaggschiff war nur mit 12 Mann Bewachung besetzt worden – gelang es den Dänen, die Wachen zu überwältigen und mit dem Schiff zu entkommen.

Bei diesem Gefecht im Strelasund hatte die dänische Flotte großen Schaden erlitten. Während Stralsund kaum 10 Mann verloren haben soll, bezifferten die Dänen ihre Verluste an Toten und Gefangenen auf 500 bis 600 Mann. Als Erich von Dänemark von der Niederlage erfuhr, soll er so zornig gewesen sein, «dat eme de trane ut sine ogen ginghen» («daß ihm die Tränen aus den Augen traten»).

Ungefähr einen Monat später brachten Rostocker und Wismarer Auslieger eine besonders wertvolle Beute nach Hause. Es war ihnen gelungen, schwedische Schiffe aufzubringen, die mit der Kriegssteuer Schwedens nach Dänemark unterwegs waren.

Trotz dieser Erfolge der Städte war an ein Ende des Krieges noch nicht zu denken. Der Kaperkrieg zog sich weiter hin, und auf diplomatischem Wege kam man auch zu keinem befriedigenden Ergebnis, da Erich unannehmbare Friedensbedingungen stellte. Die Kriegsmüdigkeit in den Städten nahm zu. Das wird um so verständlicher, wenn man die sehr hohen Lasten bedenkt, die der Krieg den Bürgern und allen Einwohnern der Städte auferlegte.

Die Stadt Lübeck gab im Jahre 1421 zur Seebefriedung 97 Mark und 2 Schillinge aus. Das steigerte sich im ersten Kriegsjahr 1426 auf 269 Mark und 4 Schillinge. Die direkten Kriegskosten betrugen aber im Jahre 1426 rund 3 140, im Jahre 1427 14 541 Mark und 1428 bereits 22 254 Mark. Demgegenüber nahmen sich die lübischen Einnahmen aus dem Kaperkrieg gering aus. So gingen durch Schiffsverkauf im Jahre 1432 1 230 Mark, im Jahre 1433 994 Mark und im Jahre 1435 660 Mark in die Stadtkasse ein. Gleichzeitig mit den wirtschaftlichen Belastungen wuchs die Bedrohung der Städte durch ihre Landesherren.

So kam es dazu, daß Rostock im September und Stralsund im Oktober 1430 einen Separatfrieden mit König Erich abschlossen. Stralsund war sogar bereit, falls ihre bisherigen Verbündeten keinen Frieden schließen sollten, ab 1. April 1431 «der stede viende» («der Städte Feind») zu werden und alle Verbindungen zu ihnen abzubrechen. Diese Handlungsweise Rostocks und Stralsunds war ein schwerer Schlag für die vier im Kriegszustand verbleibenden Bündnispartner, sowohl für die innere Lage in den Städten als auch für das Ansehen der Hanse im Ausland. In dem nun weitergeführten Kaperkrieg kam es vor, daß sich Auslieger der eben noch verbündeten Städte jetzt gegenseitig bekämpften.

Rostock und Stralsund konnten aus ihrem vorzeitigen Ausscheiden aus dem Kriege allerdings keinen Vorteil erzielen. Stralsund führte noch 1433 erfolglos Verhandlungen mit König Erich über die Freigabe seines Handelsverkehrs in den drei nordischen Reichen. Lübeck, Wismar, Hamburg und Lüneburg unterstützten weiter die Grafen von Holstein bei der Belagerung von Flensburg mit Schiffen und Söldnern, bis diese ihre Macht in dem Gebiet festigen konnten. Sie beharrten auch auf ihren Forderungen gegenüber Dänemark.

Am 22. August 1432 kam es zunächst zu einem Waffenstillstand zwischen König Erich von Dänemark, Schweden und Norwegen einerseits und den Städten Lübeck, Hamburg, Lüneburg und Wismar andererseits, der bis zum 29. September 1437 gelten sollte. In dem Abkommen wurde gegenseitige Verkehrssicherheit und Zurückziehung der Auslieger vereinbart. Durch den Abfall Schwedens war Dänemark schließlich im Jahre 1435 gezwungen, endgültig Frieden zu schließen. Im Frieden von Wordingborg gestand Erich den Grafen von Holstein den Besitz des Herzogtums Schleswig zu. Den Hansestädten wurden ihre alten Privilegien im wesentlichen bestätigt.

Krieg gegen Holland (1438 bis 1441)

In den ersten Jahrzehnten des 15. Jahrhunderts begann die holländische Konkurrenz in zunehmendem Maße die Handelsprivilegien der hansischen Städte zu gefährden. Die Beziehungen zwischen den holländischen Kaufleuten und der Hanse wurden insbesondere dadurch belastet, daß die Holländer, wo es möglich war, die hansischen Stapelgebote umgingen und sich unmittelbar den Weg zu den Produzenten beziehungsweise Konsumenten im Ostseeraum bahnten. Dadurch wurde das hansische Zwischenhandelsmonopol untergraben und der Handelsprofit der Hansekaufleute geschmälert. Die Spannungen nahmen solche Ausmaße an, daß es 1438 bis 1441 erstmalig zu längeren bewaffneten Auseinandersetzungen mit Holland kam, die in einem rücksichtslosen Kaperkrieg ausgetragen wurden.

Vorgefechte hatten sich beide Konkurrenten bereits im Jahre 1422 geliefert, als holländische Schiffe im Sund von einem Geschwader der wendischen Städte angetroffen wurden. Der hansische Verband war mit der vorgeblichen Zielstellung ausgelaufen, Seeräuber zu bekämpfen, und hatte dann unter dem Vorwand, daß der Dänenkönig die im Sund liegenden holländischen Heringsfänger für den Kampf gegen die Hanse chartern könnte, die Fischereifahrzeuge manövrierunfähig gemacht. Diese Aktion bildete einen Ausgangspunkt für die sich in der Folge entwickelnde Bundesgenossenschaft zwischen dem nordischen Unionskönigtum und den Holländern.

Seit jenem ersten Zusammenstoß mit der hansischen Seemacht vermochten die Holländer ihre Stellung im Osten Schritt um Schritt zu festigen. Dieser Entwicklung stemmten sich vor allem die wendischen Städte entgegen. Aufmerksam hatten sie im Zusammenhang mit dem englisch-burgundischen Konflikt sowie mit der zunehmenden Verunsicherung der Seeverbindungen durch holländische Auslieger die sich entwickelnde Lage verfolgt und bereits 1436 ihren Schiffen die Fahrt nach Holland und Flandern untersagt.

Schon Monate vor Beginn des Krieges gab es eine Vielzahl diplomatischer Anstrengungen, die sowohl in verstärkter Verhandlungstätigkeit als auch in einem lebhaften Schriftverkehr zum Ausdruck kamen. Im Gegensatz zu früheren Konflikten, die von der hansischen Diplomatie zu lösen waren, zeigte sich hier ein Novum: Der Konflikt war in einem historischen Prozeß gereift, der seine Wurzeln in der ungleichen wirtschaftlichen Entwicklung hatte und zwangsläufig auch in der handelspolitischen Sphäre zu unüberbrückbaren Gegensätzen führte. Beide Seiten arbeiteten in der Folgezeit auf eine gewaltsame Lösung der Streitfragen hin und waren auch bereit zu kämpfen. Wenn es dennoch in diesem Krieg nicht zu größeren oder gar kriegsentscheidenden Kampfhandlungen kam, dann lag das daran, daß die Holländer zu dieser Zeit zur See noch nicht so stark waren, um sich in größeren Verbänden mit der Hanse zu messen, und die wendischen Städte vor allem durch Blockademaßnahmen zum Erfolg zu gelangen versuchten.

Bereits am 7. April 1438 gestattete Herzog Philipp von Burgund allen, «welche von Rotterdam aus auf Kaperei gegen die Angehörigen der sechs wendischen Städte und des Herzogs von Holstein auslaufen wollen, die Beute frei untereinander zu teilen».

Am 23. April 1438 waren Informationen über einen bevorstehenden Krieg mit Holland an die Städte bis nach Preußen und Livland gesandt worden, die auch die Aufforderung zur Beendigung der Schiffahrt nach Flandern, Holland und Seeland beinhaltete. In einer Korrespondenz wurde dann der Ausbruch der Fehde zwischen Holland und den Städten verkündet und auf die allgemeine Einstellung des Handelsverkehrs nach Westen gedrungen.

Nicht unerheblich für die Ausgangslage beider Kriegsparteien war die innere Situation in Dänemark. Die Absetzung König Erichs und der Ausbruch eines Bauernaufstandes in Jütland hatten den dänischen Reichsrat dazu bewogen, am 28. Oktober 1438 Herzog Christoph von Bayern, einen Neffen Erichs, zur Übernahme der Herrschaft über die drei Reiche aufzufordern. Christoph folgte diesem Ruf. Da Lübeck die Thronbewerbung Christophs unter bestimmten Bedingungen unterstützte, war die Ausgangslage für die im Sund handelnden wendischen Auslieger günstiger als für die holländischen.

Der Hanse, in erster Linie der wendischen Städtegruppe, ging es in diesem Krieg vor allem darum, die holländische Handelstätigkeit im Ostseeraum wieder auf ein Niveau zurückzudrängen, das von der historischen Entwicklung schon längst überholt war. Die hansische Strategie war in ihren Blockadehandlungen auf die Sperrung der Ostseezugänge gerichtet, dabei war die Beherrschung der Meerengen von kriegsentscheidender Bedeutung. Hier konzentrierten die wendischen Städte auch ihre Hauptkräfte.

Für die aufstrebenden holländischen Kaufleute galt es, den erreichten Stand im Ostseehandel zu halten und auf dieser Basis auf den Märkten der Ostseeanlieger weiter voranzukommen. Diesem Ziel sollte mit einem rücksichtslos geführten Kaperkrieg in der Nordsee und den Mündungsgebieten von Elbe und Weser Nachdruck verliehen werden. Der Handlungsraum der Holländer grenzte im Westen an die Küste von Brest, im Norden an Aberdeen in Schottland sowie an Norwegens Küsten und reichte bis in das Kattegatt. In diesen Seegebieten operierten die Kaper einzeln und in kleineren Geschwadern.

Während die Hanse in sich uneins in den Krieg eintrat, da sich sowohl die westlichen und die südlichen Städtegruppen als auch die preußischen und livländischen Städte trotz wiederholter Aufforderungen Lübecks nicht an den Kampfhandlungen beteiligten, führten die Holländer von Anfang an den Kampf gegen alle Hansestädte. Für die wendischen Städte schloß diese Haltung der Holländer die Möglichkeit aus, Handel und Verkehr unter fremder Flagge zu treiben.

Mit Beginn der offenen Feindseligkeiten erließen Herzog, Rat und Ritterschaft von Holland und Seeland eine Reihe Verordnungen zum Aufbau einer schlagkräftigen Kaperflotte, durch deren Realisierung schon am 22. Juni 1438 54 große und 50 kleine Schiffe nach der Trade von Brest auslaufen konnten. Dieser Verband überfiel hier eine preußische Baiensalzflotte und brachte 23 preußische und livländische Schiffe auf. Der gleiche Befehlshaber, Hendrik van Borselen, der den Neutralen auf der Hinfahrt freies Geleit zugesagt hatte, schlug jetzt hart zu. Die elf Schiffe der wendischen Städte, die ebenfalls mitgelaufen waren, hatten sich beim Insichtkommen der Holländer in den schützenden Hafen von Brest zurückgezogen.

Die Kaperkriegführung der holländischen Seite muß zwangsläufig den Protest der Neutralen hervorgerufen haben, die ihrerseits Schadenersatzansprüche erhoben. Die Holländer ließen sich aber weder von Verboten ihres Herzogs Philipp noch von den Klagen der Geschädigten aus den neutralen Städten beeindrucken. Die erlittenen Verluste und die Empörung in den nichtbeteiligten Hansestädten führten aber nicht zu einem Anschluß an die lübische Politik oder gar zur Teilnahme am Kriege selbst. Im Gegenteil: Als Antwort auf die Sperrmaßnahmen der wendischen Städte im Sund wurden deren Güter in Preußen arretiert.

Nach der Eisperiode im Frühjahr 1439 wurde der Kaperkrieg sowohl von holländischer als auch von hansischer Seite forciert. Dabei wurden von beiden Gegnern die Anstrengungen sowohl auf die Störung der feindlichen Seeverbindungen als auch auf die Sicherung der ungefährdeten Sundpassage der eigenen Handelsschiffe gerichtet. Obwohl die Hansen im Raum der Ostseezugänge über starke Flottenkräfte verfügten, operierten die Holländer auch hier, entscheidenden Gefechten aus dem Wege gehend, in größeren Verbänden. Das geht unter anderem aus einem Schreiben Lübecks an Wismar hervor, in dem Lübeck warnt, die Wismarer Bergenfahrer auslaufen zu lassen, weil die Holländer mit 30 Schiffen bei Maarstrand lägen, um die Flotte aus Bergen abzufangen.

Das Streben beider kriegführenden Seiten nach politischem Einfluß in Dänemark setzte sich auch noch während des Krieges fort. Als der künftige König der drei nordischen Reiche, Herzog Christoph, im Frühjahr 1439 in Lübeck eintraf, wo sich bald auch der dänische Reichsrat einfand, um den neuen Herrscher zu bestätigen, beschlossen die wendischen Städte, die Thronbewerbung Christophs zu unterstützen. In einem Vertrag verpflichtete sich Christoph unter anderem, gegen Holland vorzugehen, den Sundzoll aufzuheben und den Städten ihre Privilegien zu bestätigen.

Der neue König brauchte zunächst zumindest die Loyalität der Städte, um erst einmal festen Fuß in Dänemark fassen zu können. Das war nämlich für ihn nicht leicht, da der abgesetzte Erich von Pommern noch Anhänger in allen Schichten des Adels hatte und diese für die Aufrechterhaltung und Erweiterung der Verbindungen zu Holland eintraten. So gab es trotz des hansisch-dänischen Vertrages noch genügend Möglichkeiten, die von der holländischen Seite genutzt wurden.

Erich von Pommern ging so weit, den Holländern und dem Herzog von Burgund ein Bündnis für seine Rückkehr auf den dänischen Thron anzutragen, für das er seinen Bündnispartnern Handelsprivilegien und die Übergabe der Sundschlösser Helsingör und Helsingborg versprach. Für den künftigen holländischen Außenhandel stand viel auf dem Spiel. Es ging den Holländern weniger darum, Erich von Pommern wieder als dänischen König zu sehen, sie strebten vielmehr mit allen Mitteln nach der Aufhebung der Sundsperre.

Die im Frühjahr 1440 in den Sund entsandte holländische Flotte hatte zwar die Aufgabe, sich mit Erichs Geschwader zu vereinigen, ihre Hauptleute waren aber mit verschiedenen Geheiminstruktionen versehen, die sowohl einen Friedensschluß zwischen den beiden rivalisierenden Königen als auch zwischen Holland und der Hanse einkalkulierten und entsprechend der sich entwickelnden Lage Anwendung finden sollten.

Es kam aber anders: König Christoph gelang es mit Unterstützung einer überlegenen hansischen Flotte, die letzten von seinen Gegnern besetzten Sundschlösser zur Übergabe zu zwingen und die Bauernaufstände im Lande niederzuschlagen. Die holländischen Flottenkräfte lagen bei Maarstrand im Kattegatt vor Anker und sollten nun von der hansischen Flotte angegriffen werden. Die Holländer wurden aber offensichtlich von sympathisierenden Dänen gewarnt und konnten sich so durch den Rückzug retten.

Mit der Festigung seiner Position im nordischen Königtum begann König Christoph seine Bündnispolitik zu ändern. Den wirklichen Interessen Dänemarks folgend, schwenkte er Schritt für Schritt in die außenpolitische Linie seines Vorgängers ein. Er ging zwar offiziell nicht auf die Seite der Holländer über, da er sich einen offenen Bruch mit den Städten noch nicht leisten konnte, aber er begünstigte die holländischen Bestrebungen und ließ geheime Verhandlungen mit ihnen führen.

Zu größeren Flottenaktionen kam es nicht mehr. Lediglich der Kaperkrieg wurde mit einer beide Seiten zermürbenden Hartnäckigkeit weitergeführt.

Mit dem Vertrag von Kopenhagen wurden im Jahre 1441 die hansisch-holländischen Kampfhandlungen beendet und ein auf zehn Jahre befristeter Waffenstillstand unterzeichnet.

Die wendischen Städte hatten ihr Kriegsziel nicht erreicht. In dem Vertrag mußten sie den Holländern gegenseitige Verkehrsfreiheit zusichern und alle einschränkenden Maßnahmen aufheben. Diese Zugeständnisse, die einer Untergrabung der hansischen Monopolstellung im Ostseeraum gleichkamen, werfen aber auch ein Schlaglicht auf die Folgen des Kaperkrieges für die Wirtschaft der Städte.

Das aufstrebende holländische Handelsbürgertum hatte aber trotz der empfindlichen Verluste, die es während des Krieges hatte hinnehmen müssen, für seine künftige Entwicklung viel gewonnen. Es war ihm gelungen, das völkerrechtliche Prinzip des «mare liberum», das freilich erst 1609 von Hugo Grotius formuliert werden sollte, gegenüber den führenden Städten der Hanse de facto durchzusetzen. Für Dänemark und Holland markierte dieser Krieg den Beginn einer neuen Etappe in ihren Beziehungen.

Krieg gegen England (1469 bis 1474)

Bereits in der ersten Hälfte des 15. Jahrhunderts hatte es durch die Rivalität zwischen dem aufwärtsstrebenden englischen Handelsbürgertum und den auf ihre althergebrachten Vorrechte pochenden Hansen Reibungen gegeben, die sich vor allem gegen die bevorzugte Stellung der hansischen Kaufleute in England richteten. Die hansischen Privilegien im Inselreich stellten ein Hindernis für die einheimischen Kaufleute dar, die den Export des englischen Tuches in den Ostseeraum selbst betreiben wollten. Die von England schließlich eingeleiteten Repressalien gegen die Hansestädte sollten der Forderung Nachdruck verleihen, den englischen Kaufleuten gleiche Rechte im Ostseehandel zu gewähren.

In harten Auseinandersetzungen mit der Hanse gelang es dem englischen Handelsbürgertum im Jahre 1437, mit Unterstützung durch das Königtum die prinzipielle Anerkennung ihres Rechtes auf die Teilnahme am Ostseehandel zu erreichen. Danzig verstand es jedoch, die Ratifizierung dieses Vertrages von 1437 bei seinem Landesherren, dem Hochmeister, zunächst noch zu hintertreiben.

Zehn Jahre später, im Jahre 1447, entzog der englische König den Hansen alle Privilegien, nachdem die englischen Kaufleute erneut heftige Klagen über Repressalien in der Ostsee erhoben hatten. Mit dieser Maßnahme sollten vor allem die preußischen Städte zur Respektierung der abgeschlossenen Verträge gezwungen werden. Der nun einsetzende Kaperkrieg machte die Lage noch komplizierter. Noch während der Verhandlungen um die Verlängerung der Privilegien der Hanse kaperten die Engländer im Mai 1449 eine hansische Baiensalzflotte. Dabei verloren Lübeck 16 und Danzig 14 große Schiffe.

Bei den Verhandlungen mit England traten auf hansischer Seite die Interessengegensätze der einzelnen Städte und Städtegruppen immer deutlicher in den Vordergrund. Während Lübecks Politik seit 1449 hartnäckig das Ziel verfolgte, für seine Bürger eine vollständige Erstattung der durch die Engländer erlittenen Verluste zu erreichen und dabei durch seine jedem Kompromiß abgeneigte Haltung die hansischen Privilegien in England aufs Spiel setzte, waren Danzig, Köln und die mit ihnen verbundenen Städte zu Sonderabkommen mit der englischen Krone bereit. Lübeck konnte sich mit seinen Forderungen nicht durchsetzen. Im Jahre 1456 wurde ein achtjähriger Waffenstillstand abgeschlossen, in dem die Schadenersatzfragen vertagt, die Privilegien aber vom englischen König verlängert wurden.

Selbst als der Waffenstillstand 1458 und dann auch mehrfach in den folgenden Jahren von englischen Kapern gebrochen wurde – so brachten die Engländer unter anderem eine Lübecker Baiensalzflotte von 18 Schiffen auf –, kam es nicht zu einem einheitlichen Vorgehen der Hansestädte gegen England. Das zeigte sich mit aller Deutlichkeit 1465 bei den Friedensverhandlungen in Hamburg. Englands Friedensangebot schloß wieder die Entschädigungsfrage aus. Lübeck und seine Verbündeten Wismar, Rostock und Bremen konnten die anderen Hansestädte nicht zu gemeinsamem Handeln bewegen. Infolgedessen scheiterten die Verhandlungen mit England, wodurch sich die Differenzen innerhalb der Hanse weiter vertieften. In dieser Zeit lag den einzelnen Mitgliedern der Gedanke eines Handelns im Gesamtinteresse des Städtebundes schon sehr fern. Sie waren nur insoweit bereit, das Gemeinwohl zu berücksichtigen, wie es sich mit ihren augenblicklichen eigenen Interessen vereinbaren ließ.

Als dann infolge neuer englischer Repressalien der Krieg doch ausbrach und eine wendisch-preußische Städtekoalition England entgegentrat, ging die Hanse auch mit diplomatischen Mitteln über ihre Beziehungen zu Dänemark, Polen, Burgund und auch zu Frankreich gegen England vor.

Im Jahre 1468 war es durch Übergriffe der Engländer im dänisch beherrschten Island zu Spannungen zwischen England und Dänemark gekommen. Als Antwort auf die Vergehen der Engländer ließ der dänische König im Sund englische Schiffe aufbringen und beschlagnahmen. Bei diesen Aktionen wirkten auch von der dänischen Krone gecharterte Danziger Kaper mit. Die englische Vergeltung für diese Feindseligkeiten traf voll die Hanse: In London wurde im Frühjahr 1469 der Stalhof gestürmt und geplündert, die Kaufleute wurden zeitweilig inhaftiert und mußten für den im Sund den Engländern zugefügten Schaden mit ihrem Vermögen haften.

Das war ein offener Rechtsbruch von seiten Edwards IV., denn die vom englischen König anerkannten Privilegien der Hanse verboten eindeutig die Haftbarmachung eines hansischen Kaufmanns für die Vergehen eines anderen. Zwar hatte zwanzig Jahre zuvor der Danziger Rat nach dem Überfall englischer Piraten auf die hansische Baiensalzflotte ebenfalls die Waren an diesem Vorfall an sich unbeteiligter Engländer, die in der Weichselstadt Handel trieben, beschlagnahmt, aber legitimiert war durch diesen Vorfall das Vorgehen Edwards natürlich nicht. In einem Schreiben von einem «gefangenen deutschen Kaufmann» aus London heißt es, daß der König ihm die Freilassung gegen Zahlung von 4000 Nobeln und Hinterlegung des arretierten Gutes bei Unbeteiligten sowie die Entsendung einer Gesandtschaft an den Hof des Herzogs von Burgund behufs Verhandlung mit den Hansestädten angeboten habe; käme ein Ausgleich zustande, so erhielte der Kaufmann seine Waren zurück, andernfalls stünden sie dem König zur Verfügung.

Von diesen Repressalien waren die einzelnen Städte unterschiedlich betroffen. Der Schaden Danzigs betrug allein 2700 englische Pfund und entsprach damit 40 Prozent des Gesamtschadens, während Lübeck nur mit 14 und Hamburg mit 12 Prozent davon betroffen waren. Das harte Vorgehen der Engländer führte noch einmal zum zeitweiligen Zusammenrücken der hansischen Städte.

Die Versammlung zu Lübeck im April 1469 analysierte die entstandene Lage und faßte entsprechende Beschlüsse. Drei Maßnahmen zur Durchsetzung ihrer Ziele sahen die Städte vor: Zum ersten wurde der Krieg gegen England beschlossen, sodann wurde die Einfuhr englischen Tuchs im Einflußgebiet der Hanse verboten, und schließlich sollten die Seeverbindungen zum Inselreich bei gleichzeitiger Sicherung der eigenen Seetransporte durch den Einsatz von Kaperschiffen angegriffen werden.

Auf dieser Grundlage kam es auf hansischer Seite zu gemeinsamem Vorgehen von Lübeck und Danzig und der ihnen verbündeten Städte sowie von Hamburg und den westlichen Kommunen mit Ausnahme von Köln, Wesel und Arnheim. Die führende Rolle in dem 1469 ausbrechenden Seekrieg übernahmen die großen Seestädte Lübeck, Danzig, Hamburg und Bremen. Das Ziel der Hanse bestand in der Wiedergutmachung der entstandenen Schäden und der Wiederherstellung ihrer Rechte und Privilegien in England.

Negativ für die Ausgangssituation der Hanse wirkte sich die geographische Lage des Seekriegsschauplatzes aus. Die hansischen Kaper handelten fern von ihren Heimatstädten und zeitweilig ohne Stützpunkte in der Nähe ihrer Einsatzgebiete.

In der außenpolitischen Situation, in der sich England durch die Spannungen mit Frankreich befand, war Edward IV. bestrebt, im Interesse seiner Seeverbindungen zum Festland mit einer der beiden Seemächte auf dem Kontinent, der deutschen Hanse oder Burgund, Frieden zu halten. Die familiären Bindungen zum Herzog von Burgund boten eine gewisse Sicherheit für die gegenseitige Unterstützung, so daß Edward IV. seinen Zielen im Ostseehandel mit den verschiedensten Mitteln Nachdruck verleihen konnte. Dazu war er auch aus innenpolitischen Gründen gezwungen, wenn er seine Autorität im Lande konsolidieren wollte.

So stand die englische Seite nun einer ziemlich geschlossenen Front von Hansestädten gegenüber. Edward IV. trat zu einer Zeit in den Krieg ein, als seine im Jahre 1461 übernommene Herrschaft keineswegs gefestigt war, denn zahlreiche innere und äußere Feinde bedrohten seinen Thron.

Noch bevor die Hanse ihre Kaperschiffe auslaufen ließ und während im Juni/Juli 1469 in Brügge unter Vermittlung des Herzogs von Burgund noch Schlichtungsverhandlungen im Gange waren, holte der mächtigste Untertan der englischen Krone, der als «Königsmacher» bezeichnete Herzog von Warwick, zu einem schweren Schlag gegen Edward IV. aus. Er vermählte seine Tochter mit dem Bruder des Königs, dem Herzog von Clarence. Damit löste er einen Aufruhr gegen Edward und seine Anhänger aus, in dessen Verlauf der König zeitweilig gefangengesetzt wurde. Gleichzeitig scheiterten die

Schlichtungsverhandlungen unter Karl dem Kühnen von Burgund an der starren Haltung der Gesandten Edwards in der Frage der hansischen Schadenersatzforderungen, so daß der Ausbruch des Krieges zwischen der Hanse und England nicht mehr zu verhindern war.

Die geographische Lage des Seekriegsschauplatzes war für die englische Flotte weitaus günstiger. Die Engländer waren in der Lage, ihre Kräfte zum Schutze der Seeverbindungen auf den Routen ihrer Kauffahrer zu entfalten und darüber hinaus bei Notwendigkeit schlagkräftige Flottengruppierungen zu formieren und gegen hansische Kapergruppen und Konvois ins Gefecht zu führen.

Auch in diesem Krieg setzte die Hanse neben militärischen ökonomische und politische Mittel ein, um ihre Ziele zu erreichen. Es wurde – wie bereits erwähnt – eine Handelssperre gegen England angeordnet, die aber wegen der uneinheitlichen Haltung der Hansen selbst und wegen der Unmöglichkeit, dem englischen Handel in der gegebenen geographischen Ausgangslage auf die Dauer den Zugang zum burgundischen Markt zu verschließen, nicht voll zum Erfolg führen konnte.

Daß die Städte den Seekrieg, den Einsatz ihrer Kaper, nicht als Hauptmittel zur Erreichung ihrer Ziele betrachteten, geht auch aus der Tatsache hervor, daß die größeren Seestädte ihre stärksten Kriegsschiffe in den ersten Jahren des Krieges nicht zum Einsatz brachten. So konnte der Seekrieg, der vor allem den Angriff auf die englischen Seeverbindungen nach den Niederlanden und Köln sowie die Sicherung der eigenen Handelswege zu den niederländischen Märkten zum Inhalt hatte, nicht mit durchschlagendem Erfolg geführt werden, da die Anzahl und die Qualität der eingesetzten Schiffskräfte nicht ausreichte, um Englands Verbindungen zum Festland zu unterbrechen. Dabei fehlte es in den Städten, vor allem in Danzig, weder an Geld noch an erprobten Kaperkapitänen und Schiffsbesatzungen. Auch kam es in diesem Kriege nicht zur Formierung einer hansischen Flotte oder wenigstens zur Zusammenfassung von Geschwadern der einzelnen Städtegruppen unter einheitlicher Führung.

Im Herbst 1469 liefen die ersten hansischen Kaperschiffe gegen England aus. Die aktivste Stadt im hansisch-englischen Konflikt war Danzig. In einem Schreiben an Lübeck vom 26. Dezember 1469 forderte Danzig, andere Fragen zurückzustellen, bis die Lage in England geklärt sei. Zu dieser Zeit standen die niederländischen Häfen mit Zustimmung Karls des Kühnen den hansischen Kapern noch offen. Mit Beginn des Jahres 1470 änderte sich das. Im Interesse seiner weitgesteckten politischen Ziele, zu deren Verwirklichung er die Unterstützung König Edwards IV. brauchte, zog der Herzog von Burgund diese Erlaubnis zurück. Dafür setzte er sich zur Erhaltung der durch innenpolitische Konflikte gefährdeten Herrschaft Edwards für einen baldigen Frieden zwischen der Hanse und England ein. Das erschwerte aber zunächst die Lage der fern der Heimat auf den englischen Seeverbindungen handelnden hansischen Kaper, da ihnen bei dieser Entwicklung ihre vorgeschobenen Basen entzogen wurden.

Zur selben Zeit gab es aber auch aus dem Lager der englischen Widersacher König Edwards IV. Bündnisangebote an die Hanse. Zu einer Invasion in England benötigten diese hansische Schiffe. Auch König Ludwig XI. von Frankreich, der dem Haupt der gegen Edward kämpfenden Lancaster-Partei Asyl gewährt hatte, bot der Hanse Frieden und Stützpunkte für ihre Kaper an. Ähnliche Angebote gingen aus Schottland, Dänemark und Schweden ein. Die Wirtschafts- und Seemacht der Hanse war also von fast allen nördlichen europäischen Feudalmächten umworben.

Diese politische Situation änderte zunächst aber nichts an der Lage der hansischen Kaper in See, denn die Städte entschieden sich nicht für die Annahme eines der genannten Angebote. Den Hanseschiffen blieb das Anlaufen niederländischer Häfen nach wie vor untersagt. Als die Städte dann weitere 16 bis 18 Orlogschiffe in die Nordsee schickten, obwohl erste Resultate der Schlichtungsbemühungen Karls des Kühnen vorlagen, drückte dieser in einem Schreiben seine Befremdung über die Handlungsweise der Städte aus.

Unter den gegebenen Bedingungen war ein Teil der Schiffe gezwungen, im Hamburger Hafen zu überwintern, andere liefen in ihre Heimatstädte ab, um dann im Frühjahr wieder auf dem Seekriegsschauplatz zu erscheinen. Die Zahl der Kaperschiffe nahm im Laufe des Krieges ständig zu. Auf der einen Seite war der Krieg für bestimmte Elemente willkommener Anlaß, legal Seeräuberei zu betreiben, und auf der anderen Seite erhöhte sich die Anzahl der Auslieger durch die Bemannung erbeuteter Schiffe mit eigenem Schiffsvolk.

Es muß aber festgestellt werden, daß die Städte ihre Kaper in den Kriegsjahren mit unterschiedlicher Intensität einsetzten. Während

Danziger Kaperschiffe von Anbeginn massiert in der Nordsee handelten, kamen Lübecker Schiffe auf Grund der mehr auf einen baldigen Ausgleich bedachten Politik des Bürgermeisters Hinrich Castorp nur 1472, und dann auch nur im Geleitdienst, zum Einsatz.

In diesem Kaperkrieg wurde wenig Unterschied zwischen Freund und Feind gemacht und schon gar nicht Rücksicht auf Neutralität genommen. Insgesamt gesehen, hatten sich der Krieg und in seiner Folge das Verbot des Handels mit englischem Tuch zu einer schweren Belastung für die englische Wirtschaft ausgewachsen. Für König Edward entstand eine immer bedrohlichere Situation. Die inneren Machtkämpfe in England zwangen ihn 1470 dazu, vorübergehend das Land zu verlassen. Im Herbst ging er mit 700 bis 800 Mann an Bord dreier Schiffe, um nach Holland überzusetzen.

Obwohl der Statthalter von Holland in flandrischen Gewässern die Jagd auf Schiffe des englischen Königs untersagt hatte, sollen 7 oder 8 hansische Kaper die Engländer gesichtet und vor Alkmar angegriffen haben. Nur auf Grund der eintretenden Ebbe konnten die tiefer gehenden hansischen Schiffe dem englischen Verband nicht folgen.

Im Frühjahr 1471 bereitete Edward in Flandern, unterstützt von Karl dem Kühnen, seine Rückkehr nach England vor. Der Herzog von Burgund richtete in diesem Zusammenhang an die Städte das Ersuchen, daß hansische Auslieger in seinen Dienst treten sollten, um gemeinsam mit burgundischen Schiffen Edward bei seiner Rückkehr zu unterstützen. Herzog Karl gestattete dafür diesen Schiffen den Zugang zu den Landeshäfen für ein Jahr.

Bei ihren Kaperfahrten brachten die Hansen zahlreiche englische Schiffe auf, auf denen sich Anhänger der Warwicks – also der Feinde des Königs – befanden. Die hansischen Kaperkapitäne lieferten diese Gefangenen an Edward in Flandern aus. Schließlich kam es sogar dazu, daß hansische Kaperschiffe im Jahre 1471, also mitten im Kriege gegen England, dem König der feindlichen Macht Geleitschutz gaben, obwohl es sich Edward, der seine Macht vor allem auf das Handelsbürgertum stützte, das gegen die Hanse eingestellt war, zu diesem Zeitpunkt noch nicht leisten konnte, der Hanse ihre Privilegien zu bestätigen und ihr für den ihr entstandenen Schaden Wiedergutmachung zu gewähren.

Der Kaperkrieg ging inzwischen weiter, wobei die Hansen jetzt wieder flandrische Häfen nutzen konnten. Nach Edwards Rückkehr nach England gelang es dem legendären Danziger Kaperkapitän Paul Beneke, die Fluchtschiffe der Feinde des Königs, «Magdalena von Dieppe» und «Schwan von Caen», aufzubringen. Dabei fiel der Lord Mayor von London in seine Hände. Die Schiffe befanden sich auf dem Wege nach Frankreich.

Die Städte hatten inzwischen ihre Kriegsschiffe klargemacht und in die Kampfhandlungen eingeführt. Bald jedoch ließ Karl der Kühne wiederum öffentlich seine Verbote verkünden, auf hansischen Schiffen Söldnerdienste anzunehmen, hansische Kaper zu proviantieren und Prisengut von ihnen aufzukaufen. Damit verloren die hansischen Kaperschiffe ein weiteres Mal die flandrischen Häfen als Operationsbasen. Die dadurch verursachten Mangelerscheinungen an Bord führten zu Auflehnungen, Disziplinverstößen und sinkender Effektivität des Einsatzes der Schiffe.

Das sollte sich allerdings im Jahre 1472 ändern: Franzosen und Engländer kämpften mit ganzen Flotten gegeneinander. Im Seetransport hatten die beiden Feudalmächte ebenfalls die Konvoifahrt mit verstärktem Einsatz von Kriegsgeschwadern eingeführt. So war die Hanse gezwungen, mit größeren Verbänden zu operieren. Massiert setzten Danzig, Hamburg und Lübeck nun ihre Kriegsschiffe ein. Im Hamburger Geschwader befanden sich unter anderen die «Große Marie» und der «Fliegende Geist». Im Lübecker Verband segelten neben weiteren Schiffen der «Mariendrachen» und der «Georgsdrachen».

Aus einem Bericht über Verlauf und Ausgang einer neunwöchigen Kreuzfahrt hansischer Schiffe auf den Seewegen zwischen dem Festland und englischen Häfen, die im Januar 1472 begann und an der das «Große Kraweel» sowie Schiffsgruppen der Hauptleute Michel Ertmann und Jacob Heymann beteiligt waren, kann man das Operationsgebiet der hansischen Kaper rekonstruieren.

Nach diesem Bericht war der Verband aus dem Zwin in die Straße von Dover ausgelaufen, um dort acht Tage zu kreuzen. Nach dem Aufkommen nordöstlicher Winde sind die Schiffe in Richtung Plymouth abgelaufen und suchten den Gegner. Bei Wetterbesserung wurde mit südlichen Kursen die See bis zur Insel Quessant an der bretonischen Küste abgesucht. Danach geriet der Verband in einen großen Sturm, der mit Hagel und Schnee einherging. In diesem Un-

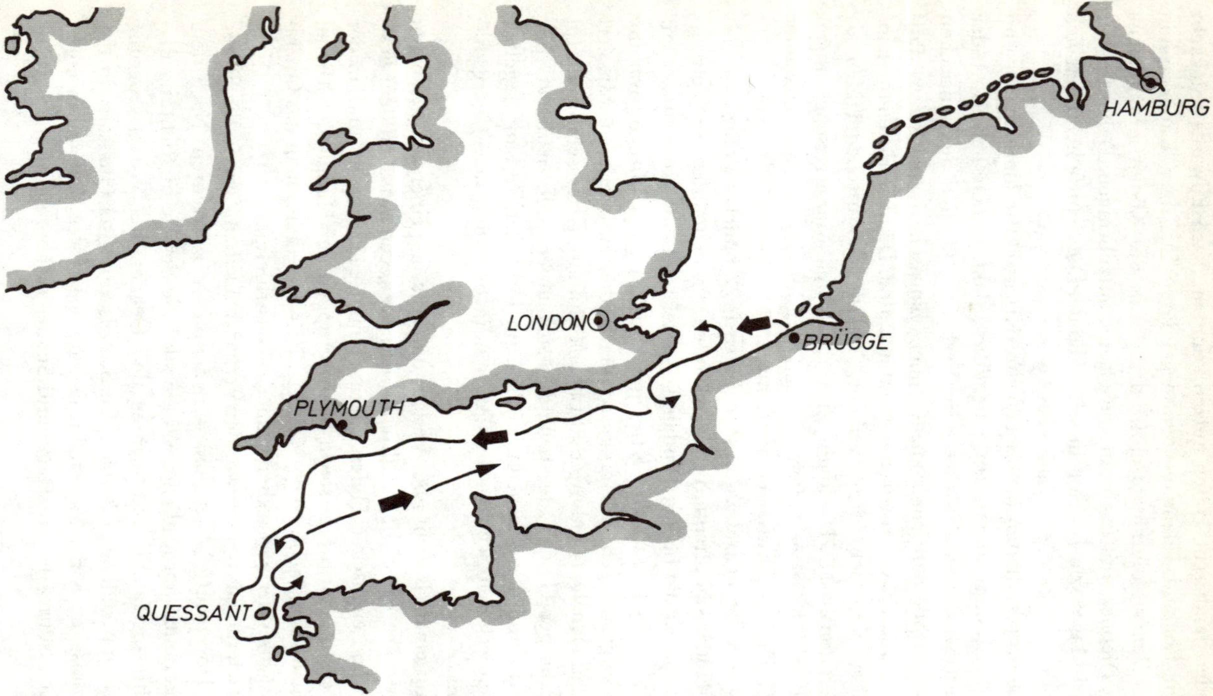

Kreuzfahrt eines hansischen Kapergeschwaders von Januar bis März 1472

wetter verloren die Hansen einen Teil ihrer Schiffe unter Michel Ertmann. Der Berichterstatter, Berndt Pawest, wußte zum Zeitpunkt des Berichtes weiter nichts über den Verbleib der Schiffe zu sagen, als daß es sie in westliche Richtung verschlagen haben müsse. Der verbliebene Verband segelte nach Wetterbesserung auf der Trade in Richtung Brest. Englische Schiffe sichteten sie nicht, diese waren offensichtlich von Fischern vor dem Kreuzen hansischer Kaper gewarnt worden. Nach einiger Zeit segelten sie dann zur Rade de Cameret, zwei Meilen südöstlich von Post St. Matthieu, der westlichsten Spitze des Eingangs nach Brest, um Wasser zu übernehmen und Wein einzukaufen.

Von dort nahmen sie erneut Kurs auf St. Matthieu. Unterwegs versuchten sie von bretonischen Seefahrern Informationen über englische und französische Schiffe zu erhalten. Sie erfuhren nur, daß die Engländer und Franzosen, als sie vom Aufenthalt hansischer Kaperschiffe hörten, zurückgesegelt seien. Eine Zeitlang muß der Verband vor Le Conquet, Klippe und Hafen nördlich von St. Matthieu, gelegen haben. Vor dem Hafen sichteten sie ein französisches Schiff. Als sie es nehmen wollten, stellten sie fest, daß die Franzosen das Schiff leckgebohrt hatten, um zu verhindern, daß ihr Schiff den Hansen in die Hände fiel. Die gesamte Ausrüstung einschließlich Segel hatten sie vorher an Land gebracht. Es muß den hansischen Kapern aber gelungen sein, das Schiff wieder flott zu machen.

Der Verband wartete weitere 4 bis 5 Tage in der Bai von Blancsablon, nördlich von Le Conquet, und segelte von dort in den Kanal, um weiter den Gegner zu suchen. Da bekamen sie 6 englische Kraweelschiffe vom Vawiker-Typ in Sicht. Sofort wurde die Verfolgung aufgenommen, aber die Engländer waren schneller. Drei Tage lang erschienen die neuartigen, manövrierfähigeren Kraweelschiffe von abends bis morgens, um dann wieder zu verschwinden, als wollten sie die Hansen aus dem Gebiet locken. Die Plänkeleien nahmen ein jähes Ende, als das Große Kraweel einen größeren Leckschaden erlitt. Aufkommender Sturm aus Ostnordost, der das Schiff auf die Klippen zu treiben drohte, brachte es in höchste Gefahr. Im harten Kampf mit den Naturgewalten, in dem die hansischen Seeleute ihr ganzes Können aufbieten mußten, brachten sie das Schiff zurück in den Zwin.

Insgesamt hatte diese Fahrt, die mit großem Kräfteaufwand ausgeführt worden war, nur mäßigen Erfolg gebracht. Berücksichtigt man aber die Verunsicherung und Störung der Seeverbindungen sowie die Nötigung der englischen Seite zu aufwendigen Gegen- und Sicherungsmaßnahmen allein durch die Präsenz hansischer Kaperschiffe, die als Unterstützung der Friedensverhandlungen mit England wirkte, dann hat auch dieses Unternehmen seinen Zweck erfüllt.

Während das Große Kraweel zur Reparatur seiner schweren Sturmschäden in Brügge lag, kreuzte die französische Flotte mit 18 Schiffen unter dem Kommando Wilhelms von Casanova im Kanal auf. Vor dieser Übermacht mußte sich ein anderes hansisches Geschwader, überwiegend Lübecker, im Bestand von 6 Schiffen kämpfend in die Wielinge bei Vlissingen zurückziehen. Die Franzosen, im weiteren auf 29 Kampfschiffen verstärkt, blockierten die hansischen Schiffe. In dieser Lage auf dem Seekriegsschauplatz erkannte Edward seine Chance, zwei Ziele gleichzeitig zu erreichen. Als erstes beabsichtigte er, die französischen und dann auch die hansischen Flottenkräfte zu schlagen. Mit einer eilig formierten Flotte von 20 Schiffen ließ er zunächst die französischen Geschwader angreifen. Die Franzosen wichen jedoch der Schlacht aus und liefen in Richtung Normandie ab. Der englische Befehlshaber Lord Howart griff jetzt die zwischen der Insel Walcheren und der Scheldemündung blockierten hansischen Schiffe an und brachte sie auf.

Indessen führten Hamburger und Danziger Kaperschiffe, auf Grund mangelnder Kommunikationen in See in Unkenntnis über die bedrohliche Lage der Lübecker, den Seekrieg in zwei Hauptrichtungen weiter: Kampf auf den Seeverbindungen und Sicherung der eigenen Seetransporte. Nach Beseitigung der Schäden wurde das Große Kraweel nach Hamburg übergeführt und zu drei Parten verkauft. Danzig ermächtigte drei seiner Bürger durch Kaperbrief, auf eigenen Gewinn und Verlust Kaperkrieg gegen England zu führen.

Mit der Ausstellung von Kaperbriefen suchten die Städte finanziellen Belastungen auszuweichen. Das hatte aber auch zur Folge, daß die Kriegsbeute zugunsten der Stadtkassen zurückging. So gab Lübeck im Jahre 1470 rund 6 840 Mark, 2 175 Mark 1471, 11 800 Mark 1472, 1 750 Mark 1473, 124 Mark 1474 und 3 195 Mark 1475 für den Krieg zur See aus. Demgegenüber fällt die Einnahme aus dem Erlös für eine verkaufte englische Bardse mit 250 Mark kaum ins Gewicht. Die Ausgaben für den Krieg, aber auch die Einnahmen aus der Beute dürften in Hamburg und Danzig wesentlich höher gewesen sein.

Obwohl die Anzahl der Kaperschiffe in diesem Krieg von Jahr zu Jahr gestiegen war, wurde die Kriegführung auf seiten der Hanse nicht zentralisiert. Es kam – wie bereits erwähnt – weder zur Formierung einer hansischen Flotte noch zur Zusammenfassung von Geschwadern der einzelnen Städtegruppen unter einheitlichem Kommando, wie es die Hanse in anderen Kriegen praktiziert hatte. Das aber wäre eine wichtige Voraussetzung dafür gewesen, dem Seekrieg als Druckmittel für die Verhandlungen mit der englischen Krone mehr Gewicht zu verleihen.

Im Gegensatz zur bürgerlichen deutschen Hansegeschichtsschreibung, in der vor allem vor dem ersten Weltkrieg die Kampfhandlungen der hansischen Kaperschiffe als Mittel zur Bezwingung Englands gefeiert wurden, ist nüchtern zu konstatieren, daß sich die erfahrene hansische Diplomatie als wirksamer erwies als der Seekrieg. Die Unterhändler wußten die für sie selbst günstigen und die für England mißlichen Umstände der politischen Lage geschickt zu nutzen. Sie verstanden es, den Gegensatz zwischen Frankreich und der englisch-burgundischen Koalition ebenso einzukalkulieren wie die Abhängigkeit der englischen Regierungspolitik vom burgundischen Bündnispartner. Die Pläne Karls des Kühnen zur Errichtung eines Reiches zwischen Deutschland und Frankreich machten ihn zeitweilig zum Förderer hansischer Interessen. Er bedurfte des englischen Verbündeten, der ihm gegen Frankreich Rückendeckung geben sollte. Dazu mußte der Frieden zwischen England und der Hanse hergestellt werden.

So ergibt sich bei heutiger Betrachtung, daß die Hanse den Krieg gegen England nicht aus eigener Kraft gewann. Vielmehr schufen die günstige Entwicklung der politischen Situation und deren geschickte Ausnutzung die Voraussetzungen für den erfolgreichen Einsatz des diplomatischen und militärischen Potentials der verbündeten Städte.

Die Hanse konnte in diesem Krieg ihre Ziele erreichen. Sie erlangte im Utrechter Frieden von 1474 ihre Rechte und Privilegien in England wieder, erhielt den Stalhof und ihre Niederlassungen in Boston und Lynn zurück und wurde darüber hinaus für die erlittenen Verluste mit 10 000 englischen Pfund entschädigt.

Hansische Spätzeit

Die Stellung der Hanse im 16. Jahrhundert

Bereits am Ausgang des 15. Jahrhunderts hatten die Holländer die Hanse aus der führenden Position im Nord- und Ostseehandel verdrängt. Im 16. Jahrhundert nahm die Zahl der holländischen Schiffe, die die Handelsplätze am Baltischen Meer aufsuchten, ständig weiter zu. Die Hansestädte selbst entwickelten sich in dieser Zeit sehr ungleichmäßig: Lübeck fiel hinsichtlich der Bevölkerungszahl und des Handelsvolumens hinter der immer mehr aufblühenden Stadt Danzig auf den zweiten Rang unter den Ostseestädten zurück. Im Nordseegebiet begann der steile Aufstieg Hamburgs, das in der ersten Hälfte des 17. Jahrhunderts dann alle anderen deutschen Städte an Einwohnerzahl überflügelte. Danzig und Hamburg hatten sich – im Gegensatz zu Lübeck, das am anachronistisch gewordenen hansischen Handelssystem starr festhielt – auf die veränderten Bedingungen in den internationalen Wirtschaftsbeziehungen besser einzustellen vermocht. Dabei kam ihnen die besondere Gunst ihrer verkehrsgeographischen Lage zugute: Beide Städte verfügten über ein großes, von Binnenwasserstraßen durchzogenes Hinterland, das als Absatzmarkt für Importgüter und vor allem als Produktionsgebiet exportfähiger landwirtschaftlicher Erzeugnisse hervorragende Bedeutung erlangt hatte. 1534 berichtete ein kaiserlicher Beamter, daß alljährlich ein- oder zweimal die Holländer mit 200 bis 300 Schiffen nach Danzig kämen, um dort Getreide zu kaufen und zu verladen. Im Ostbaltikum erlebten in der ersten Hälfte des 16. Jahrhunderts die Städte Riga, Reval und Dorpat eine Phase dynamischen Wachstums, was vor allem auf ihre zu dieser Zeit besonders starke Stellung im Rußlandhandel zurückzuführen war.

Die ungleichmäßige Entwicklung der Hansestädte und ihre sehr unterschiedliche Bereitschaft und Fähigkeit zur Anpassung an die neuen Gegebenheiten in den internationalen Wirtschaftsbeziehungen trieben die weitere Auflockerung des Städtebundes unaufhaltsam voran. Zahlreiche Bundesstädte beteiligten sich nicht einmal mehr an gemeinsamen Beratungen auf den Hansetagen. Deshalb wurden 1518 auf einer Versammlung der hansischen Ratssendboten nicht weniger als 31 Städte aus der Hanse ausgeschlossen. Unter ihnen befanden sich Stettin, Frankfurt/Oder, Breslau, Krakau, Halle, Halberstadt, Groningen, Stavoren, Arnhem und Roermond. Andere Städte blieben zwar formal Bundesmitglieder, ließen sich aber immer ungescheuter ausschließlich von ihren Sonderinteressen leiten. Hamburg zum Beispiel, das im 16. Jahrhundert zum deutschen Hauptumschlagplatz für Tuchimporte aus England geworden war und davon kräftig profitierte, erteilte 1567 gegen alle hergebrachten hansischen Gewohnheiten den englischen Kaufleuten besondere Privilegien für ihren Geschäftsverkehr in der Elbemetropole. Ebenso verfuhr 1579 auch die Stadt Elbing. Vorrangig eigene Interessen verfolgte im Grunde genommen Lübeck mit seinen wenigen Verbündeten aus dem wendischen Quartier in der sogenannten Grafenfehde von 1534 bis 1536, als es den aussichtslosen Versuch unternahm, im Kampf gegen Dänemark und Holland seine alte Schlüsselstellung im Ost-West-Handel zurückzugewinnen. Vollends zum Alleingang des einstigen Hauptes der Hanse gestaltete sich die Teilnahme Lübecks am Nordischen Siebenjährigen Krieg (1563 bis 1570), in dem die lübischen Politiker mehr die besonderen Interessen ihrer Stadt im Rußlandhandel als die – ohnehin schon fiktiven – gesamthansischen Interessen im Auge hatten. Unter diesen Umständen konnten Versuche zu einer Reorganisation der Hanse, die in der zweiten Hälfte des 16. Jahrhunderts unternommen wurden, zu keinem wirklichen Erfolg führen.

Schwerwiegende Veränderungen vollzogen sich auch im unmittelbaren Umfeld der Hansestädte. Die lutherische Reformation, bei deren Durchsetzung in Norddeutschland das hansestädtische Bürgertum – nach Überwindung des anfänglichen Widerstands der patrizischen Ratsoligarchie – eine sehr wesentliche Rolle gespielt hatte, führte auf längere Sicht vor allem zu einer Stärkung der Fürstenmacht. Hinzu kam, daß mit der Entstehung der Gutswirtschaft seit der zweiten Hälfte des 16. Jahrhunderts der ostelbische Adel zunehmend auch auf ökonomischem Gebiet aktiv wurde. Mit wachsendem Erfolg war er bestrebt, sich mit den auf seinem mehr und mehr vergrößerten Eigenwirtschaften produzierten landwirtschaftlichen Erzeugnissen, namentlich mit seinen Getreideerträgen, in den profitablen Exporthandel einzuschalten. Häufig nahmen nun adlige Gutsherren direkte Kontakte zu den holländischen und englischen Aufkäufern auf und umgingen über kleine und nichtprivilegierte

Hafenplätze, die sogenannten Klipphäfen, das Hafenmonopol der Hansestädte, wodurch die dort ansässigen Kaufleute natürlich beträchtliche geschäftliche Einbußen erlitten.

In der europäischen Politik brachte das 16. Jahrhundert neue einschneidende Veränderungen, die die internationale Position der Hanse weiter verschlechterten. Von herausragender Bedeutung war die frühbürgerliche Revolution in den Niederlanden. Die Bestrebungen des spanischen Königs Philipp II. (1556–1598), die von ihm ererbten 17 niederländischen Provinzen einem absolutistischen Herrschaftsregime zu unterwerfen und die calvinistische Glaubensrichtung wieder auszutilgen, beantworteten die Niederländer seit 1559 mit wachsendem Widerstand, der in dem Bildersturm des Jahres 1566 seinen ersten Höhepunkt fand. Dieses Ereignis markierte zugleich den Ausbruch der frühbürgerlichen Revolution. 1579 entstand durch die Utrechter Union, den Bund der sieben nördlichen Provinzen Holland, Seeland, Geldern, Utrecht, Friesland, Overijssel und Groningen, der erste bürgerliche Staat der Weltgeschichte, der sich 1581 auch offiziell von Philipp II. lossagte. Die Republik der Vereinigten Niederlande mußte zwar noch Jahrzehnte hindurch anhaltende schwere Kämpfe bestehen, bis Spanien endlich 1648 ihre Unabhängigkeit anerkannte, aber ihre wirtschaftliche Expansionskraft – besonders in Richtung auf den Ostseeraum – wuchs trotzdem fast kontinuierlich weiter.

Einen mächtigen Aufschwung nahmen auch der Außenhandel und die Seemacht Englands unter der Regierung der Königin Elisabeth I. (1558–1603). 1584 wurde die erste englische Kolonie in Nordamerika, Virginia, gegründet. England trat damit in unmittelbare Konkurrenz mit Spanien, das bisher den Handel mit der Neuen Welt beherrscht hatte. 1588 bereitete die englische Flotte der spanischen Armada im Ärmelkanal eine vernichtende Niederlage. England war auf dem Wege, eine Großmacht auf den Weltmeeren zu werden. Ein so mächtiges Land bedurfte für seine Außenwirtschaftsbeziehungen nicht mehr der Hansen als Vermittler: 1598 verfügte Königin Elisabeth die Schließung des Stalhofs, der alten hansischen Niederlassung in London.

Im Ostseeraum bahnte sich im 16. Jahrhundert ebenfalls eine tiefgreifende Verschiebung der Machtverhältnisse an. Nachdem der Moskauer Großfürst Iwan III. (1462–1505), der sich als erster «Zar von ganz Rußland» nannte, mit der Vereinigung der russischen Teilfürstentümer begonnen, 1478 Nowgorod erobert und 1494 die hansische Niederlassung in dieser Stadt geschlossen hatte, versuchte sein Enkel Iwan IV. (1533–1584) dem gewaltig gewachsenen Russischen Reich nun auch einen unmittelbaren Zugang zum Baltischen Meer zu erkämpfen. In den Livländischen Kriegen (1558 bis 1582) gelang es ihm zwar anfangs, Narva und Dorpat zu erobern und 1570 auch die Oberhoheit über Livland zu gewinnen, aber diese Erfolge blieben vorerst nur kurze Episode. Erben der einstigen Machtstellung des Ordensstaates im Baltikum wurden zunächst Polen und Schweden.

Nachdem der Deutsche Orden bereits im 15. Jahrhundert durch die Niederlagen, die er im Kampf gegen Polen-Litauen und gegen die Opposition im eigenen Lande erlitten hatte, als Machtfaktor ersten Ranges im Ostseeraum ausgeschaltet worden war, büßte er durch den Sieg der Reformation in Preußen und in den ostbaltischen Gebieten die traditionelle Grundlage seiner Existenz vollends ein. Der Ordenshochmeister Albrecht von Brandenburg selbst trat zum Protestantismus über und erklärte Preußen zum weltlichen Herzogtum, das er 1525 vom polnischen König Sigismund I. (1506–1548) zu Lehen nahm. Seinem Beispiel versuchte auch der letzte Landmeister von Livland zu folgen. Jedoch übergab ihm König Sigismund II. August von Polen (1548–1572) nur Kurland als weltliches Lehen, Livland hingegen gliederte er 1561 direkt seinem polnisch-litauischen Großreich ein. Zur gleichen Zeit bemächtigte sich Schweden der ehemaligen Ordensgebiete in Estland.

Während die Reformation in Deutschland die Fürstenmacht gestärkt hatte, vermochte in Nordeuropa vor allem das Königtum aus der Beseitigung der katholischen und der Errichtung der neuen evangelischen Kirche bedeutende Vorteile für die staatliche Zentralisation zu ziehen. König Christian III. (1534–1559), der 1536 die Reformation in Dänemark durchführte und das Kirchengut säkularisierte, nahm das Kirchenregiment in seinem Reich uneingeschränkt für sich in Anspruch. Noch energischer verfuhr der schwedische König Gustav I. Vasa (1523–1560), der Schweden endgültig von der dänischen Vorherrschaft befreite und aus der Nordischen Union herauslöste. Er schlug nicht nur einen großen Teil der ehemaligen Kirchenländereien dem Krongut zu, sondern ließ ganz systematisch alle Kostbarkeiten aus den katholischen Kirchen und Klöstern in die königlichen Schatzkammern überführen. Rigoros ging Gustav Vasa auch gegen die Hansen vor, insbesondere gegen die Lübecker, die Schweden anfänglich, aus freilich keineswegs uneigennützigen Motiven, im Kampf gegen Dänemark bedeutende politische und finanzielle Unterstützung erwiesen hatten: 1533 erklärte er die Lübecker Privilegien in seinem Reich für erloschen.

Unter Gustav Vasas Nachfolgern begann dann der Aufstieg Schwedens zur neuen Großmacht im Ostseeraum. 1561 annektierten die Schweden – wie bereits erwähnt – Estland mit der wichtigen Handelsstadt Reval, und 1583 vergrößerten sie ihre baltischen Besitzungen noch um Narva, Iwangorod und Ingermanland. Nachdem Schweden an der Südküste der Ostsee festen Fuß gefaßt hatte, dehnte es dort den Gürtel seiner Stützpunkte in den nächstfolgenden Jahrzehnten in westlicher Richtung fortschreitend so weit aus, daß er schließlich, gemäß dem im Westfälischen Frieden von 1648 bestätigten Stand, bis an die Lübecker Bucht reichte und sogar Territorien an den Mündungen von Elbe und Weser mit einschloß.

In dieser so grundlegend veränderten Umwelt hatte die Hanse nicht nur ihre wirtschaftliche Mittlerfunktion, sondern auch ihr politisches Gewicht endgültig verloren.

Krieg gegen Dänemark und Holland (1509 bis 1512)

Im 16. Jahrhundert wurden der Hanse ihre Privilegien in den nordischen Reichen nur noch mit Widerwillen gewährt. Sowohl das Königtum als auch das sich allmählich konsolidierende Städtebürgertum in Skandinavien, besonders aber in Dänemark, empfanden die Sonderrechte der Fremden für die Entwicklung des eigenen Städtewesens und Außenhandels als immer unerträglicher. So waren Angriffe auf die hansische Schiffahrt, Willkürmaßnahmen der dänischen Vögte auf Schonen gegen Hansekaufleute und Gewährung von Vergünstigungen für die Holländer mit Beginn des 16. Jahrhunderts an der Tagesordnung. Die Möglichkeiten, sich durch Verbindung zu holländischen Handelspartnern dem wirtschaftlichen und politischen Druck der Hanse zu entziehen, verstanden die nordischen Herrscher immer besser zu nutzen.

Uneinigkeit und Aufstände in den drei Reichen, vor allem gegen die dänische Vorherrschaft, brachten jedoch das nordische Unionskönigtum endgültig ins Wanken und boten den Hansestädten zunächst noch Gelegenheit, sich zu ihrem eigenen Vorteil auf die eine oder die andere Seite zu stellen und dem ihnen genehmen Herrscher zum Siege zu verhelfen.

In einer solchen Konstellation wurden Lübeck und die mit ihm verbündeten Städte Stralsund, Rostock, Wismar und Lüneburg 1509 in einen Konflikt mit Dänemark und Holland gedrängt, aus dem sich aber Danzig und die preußischen Kommunen herauszuhalten verstanden. Hamburg wollte sich nach endlosen Verhandlungen nur finanziell an dem Kriege beteiligen.

Lübeck war es im Vorfeld des aufziehenden Krieges gelungen, sich zunächst der Gunst Kaiser Maximilians zu versichern. Dieser forderte die deutschen Fürsten und Seestädte auf, dem dänischen König gegen Lübeck keine Hilfe zu leisten. Den Holländern untersagte der Kaiser als Landesherr der Niederlande die Fahrt in den Sund.

Nachdem der Krieg schon begonnen hatte und es bereits im Frühjahr 1509 zu Kampfhandlungen gekommen war, erschienen im Juli noch einmal Gesandte des polnischen Königs, um durch Verhandlungen die Zwistigkeiten zwischen Lübeck und König Johann von Dänemark beizulegen. Der Lübecker Rat dankte für die angebotene Vermittlung, wies aber darauf hin, daß Verhandlungen nicht mehr am Platze seien. Statt dessen nahm Lübeck durch die Ratsherren Herrmann Maßmann und Bernd Bomhower im September Verbindung mit dem schwedischen Reichsrat auf und führte Absprachen über ein Kriegsbündnis gegen Dänemark, zu dessen Realisierung die Hanse Versorgungsgüter und Kriegsmaterial nach Schweden lieferte. An der Rüstung für den Krieg waren neben Lübeck Wismar, Rostock, Stralsund und Lüneburg beteiligt.

Ende Oktober unternahm Herzog Friedrich von Schleswig-Holstein einen Vermittlungsversuch zwischen den Kriegsparteien. Auch die wendischen Städte selbst versuchten nach dem Städtetag vom 23. Januar 1510, den Krieg auf dem Verhandlungswege zu beenden. Ähnliche Anstrengungen unternahmen sie noch einmal im März des gleichen Jahres. Aber König Johann ging auf ihre Angebote und Forderungen nicht ein.

Im Januar 1510 teilte Kaiser Maximilian Lübeck mit, daß er sein

Mandat über das Verbot des Verkehrs mit Dänemark aufgehoben habe, da die Provinzen Brabant, Flandern, Holland, Seeland, Friesland und Waterland von sich aus den König von Dänemark nicht unterstützen würden. Er forderte von den Hansestädten, den Handel der Niederländer nicht zu stören. Lübeck seinerseits warnte die niederländischen Städte, daß man für Schäden, die sie bei der Fahrt in die Ostsee erleiden könnten, nicht verantwortlich sein wolle.

Am 27. März 1510 richtete der Kaiser ein Schreiben an den Grafen von Nassau, in dem er mitteilte, daß er zwei Vermittler im Streit zwischen Lübeck und Dänemark eingesetzt habe, und er befahl dem Grafen, Lübeck auf dessen Ersuchen mit allen Rechtsmitteln zu unterstützen. In weiteren Schreiben erneuerte er seinen Erlaß über das Verbot, dem König von Dänemark Hilfe zu gewähren. Knapp ein Jahr später, am 3. Februar 1511, ließ Maximilian jedoch mitteilen, daß Lübeck im Jahre 1509 vom «schlechtunterrichteten Kaiser» ein Mandat erlangt und mißbraucht habe. Das Reichsoberhaupt vollzog also eine politische Kehrtwendung und distanzierte sich nun nachdrücklich von den Hansestädten. Dabei war mit Sicherheit holländischer Einfluß im Spiel.

Zum wendischen Städtetag in Lübeck erschienen Gesandte des schwedischen Reichsrates, die mit der hansisch-schwedischen Flotte eingetroffen waren. Am 17. September 1510 kam es hier zum Abschluß des offiziellen Bündnisvertrages zwischen Schweden und den Städten.

Im Verlauf des Winters 1510/11 war der Kurfürst Joachim von Brandenburg, Schwiegersohn des Dänenkönigs, vergeblich bemüht, zwischen den Kriegsparteien Frieden zu vermitteln. Überhaupt fehlte es während des ganzen Krieges nicht an weiteren Schlichtungsangeboten und -versuchen.

König Johann von Dänemark seinerseits blieb auf diplomatischem Gebiet ebenfalls nicht untätig. In einem Schreiben vom 13. Juli 1509 an Kaiser Maximilian versuchte er sein Vorgehen gegen die Hansen zu rechtfertigen. Fast zur gleichen Zeit schrieb er an Jakob IV., König von Schottland, und bat diesen um militärischen Beistand. Für das Frühjahr 1510 ersuchte er um die Entsendung von 2000 Bewaffneten. Fünf Monate später sandte er erneut eine Botschaft an den Schottenkönig und bat, lübische Bürger in Schottland gefangennehmen zu lassen und eine gleiche Maßregel auch beim englischen König zu erwirken. Zusätzlich richtete er diese Bitte noch persönlich an Heinrich VIII. von England. Über König Sigismund von Polen erreichte er für die preußischen Städte einen Erlaß, der diesen den Handel mit Lübeck verbot. Johann von Dänemark verfügte aber trotz seiner Bemühungen am Beginn des Krieges über keine aktiven Verbündeten.

Das Vorgehen der Städte im Kriege gegen Dänemark wurde auf einer Tagfahrt zu Lübeck im August 1509 beraten. Zu dieser Zeit liefen in See bereits die Kampfhandlungen der Auslieger beider Seiten. Auf Vorschlag Lübecks sollte die zu formierende Flotte zunächst die feindlichen Auslieger ausschalten und damit die Seeherrschaft der Städte in der westlichen Ostsee sicherstellen. Danach wollte man mit einer bewaffneten Handelsexpedition nach Schweden den nordischen Bündnispartner stärken. Das alles sollte geschehen, bevor König Johann das aufständische Schweden wieder in seine Gewalt bringen konnte.

Es gelang Lübeck aber auch weiterhin nicht, alle Ostseestädte für den Krieg gegen Dänemark zu gewinnen. Auch nach dem Städtetag im August 1509 bemühte sich der Rat vergeblich um die Teilnahme Danzigs und der preußischen Städte. Selbst Hamburg und die wendischen Städte plädierten auf dem Hansetag zu Lübeck am 23. Januar 1510 dafür, daß Lübeck den Krieg «als Haupt» führen sollte. Es sollte also ein lübischer, und nicht ein Krieg der wendischen Städte werden. Dennoch wurde beschlossen, in den verbleibenden Wochen bis zum 10. März eine Flotte zu formieren, die 4700 Söldner an Bord nehmen sollte, wovon allein Lübeck 1200 Mann anzuwerben hatte. Die verbleibenden 3500 Mann sollten nach den Satzungen der Tohopesate von den anderen Städten aufgebracht werden.

Das Ziel der Hanse bestand in diesem Krieg in der Wiederherstellung und Festigung ihrer Vorrechte in den nordischen Reichen und in der Zurückdrängung der holländischen Konkurrenz. Zum Erreichen dieses Zieles wurden die Unruhen in Schweden gegen Dänemark ausgenutzt. Am 21. April 1510 sagten die Städte dem König von Dänemark offiziell die Fehde an.

Im Frühjahr 1509 begann ein Seekrieg, der vor allem durch den Einsatz von Ausliegern in der Sund- und Beltzone sowie in der mittleren und westlichen Ostsee gekennzeichnet war. Lübeck erkannte bald, daß allein mit der Störtätigkeit gegen die Seeverbindungen Dänemarks und der Niederlande das Ziel des Krieges nicht erreicht werden konnte.

Als sich die Lage der Schweden, die sich gegen König Johann erhoben hatten, verschlechterte, landete im September 1509 ein hansischer Verband von 18 Schiffen auf Bornholm und auf Gotland, setzte Kriegsvolk an Land und ließ Schlachtvieh sowie andere Versorgungsgüter eintreiben, um dann nach Stockholm zu laufen, wo den Aufständischen unter Sten Sture Vorräte und Kriegsbedarf überbracht wurden. Gleichzeitig entbrannte in der Nordsee ein erneuter hansisch-holländischer Kaperkrieg. Hansische Auslieger sperrten den Holländern die Ostseezugänge, die trotz des damals noch geltenden kaiserlichen Verbotes Versuche unternahmen, den Dänen Beistand zu leisten.

Im Gegenzug griff der Dänenkönig Lübeck an. Seine Truppen landeten bei Travemünde und verwüsteten das Land bis Oldesloe. Hier mußte er die Söldner entlassen, da die zurückgelassenen Landungsschiffe im Zuge eines kühnen Unternehmens von einer Travemünder Abteilung in Brand gesetzt worden waren. Auf dem Städtetag zu Lübeck wurde nun gefordert, gemäß der Tohopesate Waffengewalt gegen Dänemark anzuwenden und auf weitere Ausgleichsverhandlungen mit dem Gegner zu verzichten. Über das Vorgehen in diesem Kriege wurde noch einmal am 22. Mai 1510 beraten. Allerdings schweigt sich der Rezeß über die vereinbarten taktischen Mittel aus.

Während des Winters hatten die Kampfhandlungen geruht. Nach der Eisperiode lief im Frühjahr 1510 ein lübisches Geschwader im Bestand von 6 großen Schiffen in Richtung Gedser aus. Südlich von Moen traf es auf dänische Schiffe. Die Dänen wichen dem Kampf aus und liefen in Richtung Sund ab. Nach ergebnisloser Verfolgung wendeten die hansischen Schiffe und nahmen Kurs auf den Fehmarn-Belt, passierten die Meerenge, um danach auf Langeland zu landen und die Insel zu verwüsten. Ein anderer Verband im Bestand von 14 Schiffen passierte ebenfalls die Insel Moen in Richtung Sund. Nach dem Eindringen in den Sund stellte das Geschwader in Höhe Helsingör einen schwachgesicherten holländischen Konvoi, der sich auflöste und dessen Schiffe das Weite suchten. 11 Frachtschiffe wurden aufgebracht und als Prisen nach Lübeck geführt.

Bis zum Sommer formierten die kriegführenden Hansestädte eine

Flotte von 36 Schiffen; das Kriegsvolk bestand in erster Linie aus angeworbenen Söldnern. Diese mächtige Gruppierung lief im Juli zu einer Kriegsfahrt in die mittlere Ostsee aus. Erstes Ziel war am 16. Juli 1510 die Insel Bornholm. Wiederum wurden die Inselbewohner gezwungen, Schlachtvieh, Butter und andere Versorgungsgüter zu liefern. Nach dem Vertrag, den die Lübecker Hauptleute Bernd Bomhower, Hermann Falke und Klaus Hermelin mit den Bornholmern abgeschlossen hatten, mußten die Inselbewohner 8 000 Lot Silber zahlen, wovon 4 000 Lot an die Söldner aufgeteilt wurden.

Danach lief die Flotte in Richtung Gotland. Im Kalmarsund stießen 9 schwedische Schiffe zu dem Verband. Die vereinigte hansisch-schwedische Flotte nahm, nachdem sie die Küste von Blekinge heimgesucht hatte, Kurs auf den Belt und verwüstete die Insel Laaland. Bei diesen Raubzügen wurde reiche Beute gemacht. Die beutebeladenen Söldner drängten danach, heimzukehren und das geraubte Gut umzusetzen. Sie wurden aufsässig, was in der Folge dazu führte, daß die geplante Landung auf Fünen abgesetzt werden mußte.

Bei der Abmusterung und Auszahlung des Kriegsvolkes muß es zu ernsten Zwischenfällen gekommen sein, denn der Lübecker Rat sah sich gezwungen, die Bürger aufzurufen, sich mit Waffen gegen die Ausfälle der Söldner zu wehren.

Im Jahre 1510 kam es nur noch zu einem nennenswerten Flotteneinsatz, als im Herbst 8 Lübecker Orlogschiffe das schwedische Geschwader in Richtung Heimat begleiteten. In Höhe Bornholm traf der Verband auf ein dänisches Geschwader, die Dänen aber wichen dem Kampf aus und liefen in Richtung Kalmarsund ab. Im Zuge der Verfolgungsgefechte hinderte der hansisch-schwedische Verband die Dänen daran, der Feste Borgholm auf der Insel Oeland, die von schwedischen Truppen belagert war, Entsatz zu bringen.

Die Winterpause im Flotteneinsatz war kurz. Bereits Anfang März 1511 lief aus Lübeck eine Gruppe Kaperschiffe aus, die in kurzer Zeit 40 dänische Handelsschiffe aufbrachte. Als Antwort erschien die dänische Flotte am 1. Juni mit 20 Schiffen vor Travemünde, um unmittelbar Lübeck zu bedrohen.

Lübeck hatte jedoch im Verein mit den Travemündern die Küstenverteidigung gründlich vorbereitet. Mit schwerem Geschütz auf der Schanze und mit einem als schwimmende Batterie speziell hergerichteten Schiff, dem «Isern Hinrich», wurde der dänische Angriff abgewehrt. Die Dänen liefen in Richtung Wismar ab und vernichteten beziehungsweise kaperten 14 Schiffe. Danach landeten sie im Wismarer Raum, wo sie mehrere Dörfer plünderten und niederbrannten. Als sie das gleiche vor Warnemünde versuchten, wurden sie durch einen Ausfall der Rostocker Bürger zurückgeschlagen. Jetzt wandten sich die Dänen Rügen zu. Plündernd und brandschatzend fielen sie über die Stralsund gehörenden Dörfer her. Zu diesem Zeitpunkt war die hansische Flotte noch nicht wieder auslaufklar.

Zur Beendigung des Raubzuges der Dänen ging eine von den Städten formierte Flotte im Bestand von 18 Orlogschiffen unter dem Oberbefehl der Lübecker Ratsherren Fritz Grawert und Herrmann Falke in See. Ziel des Flotteneinsatzes waren nicht Raub und Brandschatzung, sondern Herstellung der Seeherrschaft durch Vernichtung der dänischen Flotte in einer Seeschlacht, um danach einen aus östlicher Richtung zu erwartenden holländischen Großkonvoi aufzubringen. Um die Willkür gewinn- und raublustiger Söldner auszuschließen, setzte sich das Kriegsvolk auf den Schiffen, etwa 2 500 Mann, wie in alten Zeiten aus Städtebürgern zusammen.

Auf dem Marsch ins Operationsgebiet sollten noch 3 Stralsunder Schiffe zum Flottenverband stoßen. Doch bevor man sich mit den Stralsundern vereinigen konnte, kam es am 9. August 1511 vor Bornholm zur Schlacht. Die Hanse mußte gegen eine zahlenmäßig überlegene dänische Flotte kämpfen. Auf beiden Seiten wurde Artillerie eingesetzt. In Artilleriegefechten, die sich bis zum Abend hinzogen, wurden die Dänen zum Abdrehen gezwungen und verloren ihr Flaggschiff. Nach lübischen Angaben retteten nur ungünstige Winde die Dänen vor der völligen Vernichtung. In dieser Schlacht soll die Hanseflotte kein Schiff verloren haben.

Mit dem vollen Bestand der Flotte ließ Fritz Grawert Kurs auf den holländischen Konvoi nehmen. Die Niederländer hatten sich, aus Reval, Riga und Königsberg kommend, inzwischen gesammelt. Der Konvoi war auf 250 Transportschiffe angewachsen, die nur von vier Orlogschiffen gesichert wurden. Im Verband liefen auch Schiffe aus Friesland, Dänemark und Hamburg. Nördlich der Halbinsel Hela wurden die Holländer am 12. August gesichtet und angegriffen. Eine Reihe Schiffe wurde versenkt oder auf den Strand getrieben. Danzig hatte den Bewohnern der Halbinsel geboten, den Niederländern beim Bergen des Strandgutes zu helfen. Der Konvoi lief auseinander,

Ansicht von Stadt und Hafen Rostock um 1597

Großes Koggensiegel von Stralsund 1329

Ansicht von Stadt
und Hafen
Stralsund um 1650

Rekonstruktion der
Bremer Kogge.
Gemälde von
Norbert Hennings,
Greifswald

Holk. Gemälde von Norbert Hennings, Greifswald

Großes Siegel von Danzig um 1400 mit der Abbildung eines Mischtyps von Kogge und Holk

Holk, Schute und Bojer 1526

Kraweel. Gemälde von Norbert Hennings, Greifswald

Dreimastiges Kraweelschiff um 1475

Schnigge. Gemälde von Bernd Anders, Greifswald

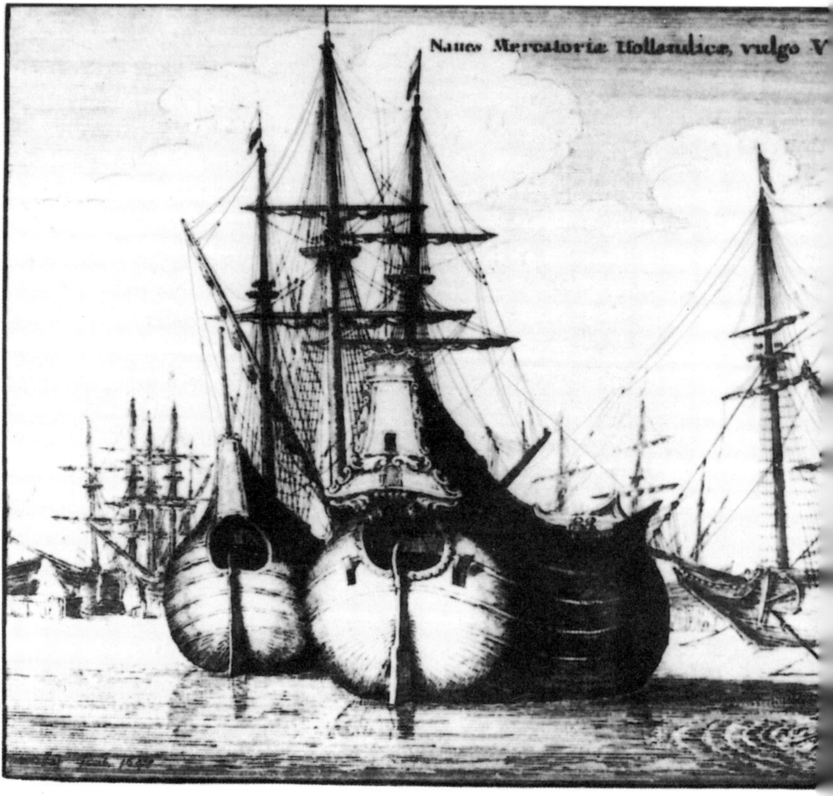
Nauis Mercatoriæ Hollandicæ, vulgo V

Nauis Mercatoria Hollandica, vulgo. VLIET.

Fleuten,
1. Hälfte des 17. Jahrhunderts

Bardse um 1475

Untergang eines Lübecker Schiffs vor der norwegischen Küste 1489

Galeone um 1560

«Adler von Lübeck», 2. Hälfte des 16. Jahrhunderts

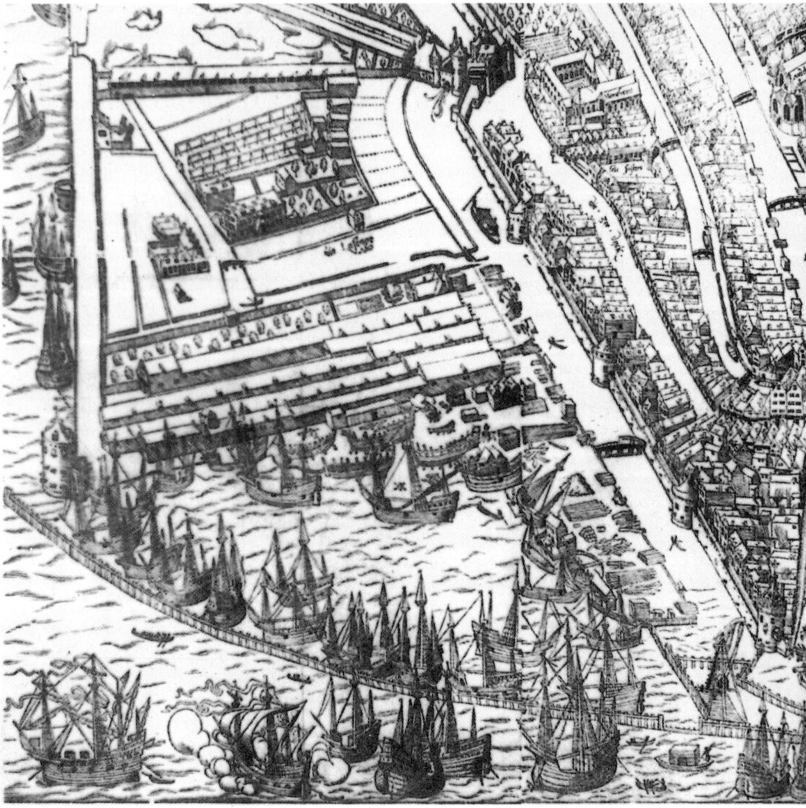

Lastadie von Amsterdam
1549

Schiffgeschütz um 1460

Harnisch der Rostocker Bruchfischer

Steinbüchse, 13. Jahrhundert

Seekarte der
Helgoländer Bucht
von 1588

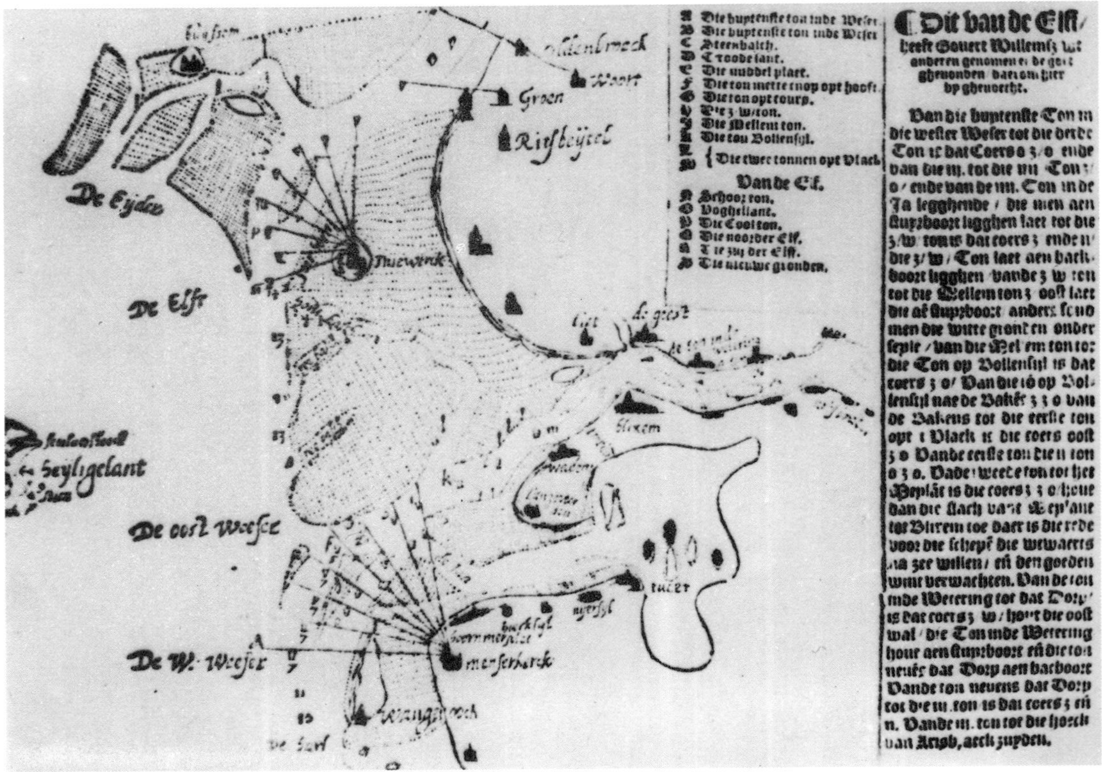

Tonne und Bake
auf einer Hamburger Elbkarte
von 1568,
gezeichnet von
Melchior Lorichs

Schiffskompaß

die Handelsschiffe suchten ihr Heil in der Flucht. Die hansische Flotte machte Jagd auf holländische und dänische Schiffe und brachte 18 mit Roggen, Kupfer und Wachs beladene Fahrzeuge auf und führte sie als Prisen mit.

Während dieser Kampfhandlungen liefen die 3 Stralsunder Schiffe ahnungslos den Dänen in die Arme. 2 Schiffe wurden von der dänischen Flotte aufgebracht, dem dritten mit den Hauptleuten an Bord gelang zu entkommen. Inzwischen erreichten die ersten geflüchteten Holländer die dänische Flotte und riefen sie um Hilfe an. Daraufhin nahmen die Dänen Kurs auf die hansische Flotte mit ihrer Beute. Am 14. August kam es erneut zu Gefechten. Vor Rixhöft, in der Nähe von Hela, trafen die Flottenverbände aufeinander. Die hansische Flotte formierte ein Orloggeschwader im Bestand von 11 Schiffen und trat den Dänen entgegen. Unter Einsatz der Schiffsartillerie wurde der dänische Flottenverband auf Distanz gehalten und von dem erbeuteten Konvoi abgedrängt. Mit 7 Schiffen als hansische Sicherungsgruppe liefen während des Gefechtes die gekaperten Holländer weiter und erreichten wohlbehalten die Travestadt. Wenige Wochen später wurde von Lübeck aus ein Konvoi im Bestand von 14 Schiffen in Marsch gesetzt, der mit Versorgungsgütern an Bord dem kämpfenden Stockholm Unterstützung gegen die Dänen brachte.

Die Neutralität Danzigs und seiner Nachbarstädte in diesem Krieg mag der preußischen Städtegruppe zwar einige lukrative Geschäfte gebracht haben, andererseits aber hatten sie auch empfindliche Verluste durch lübische Auslieger hinnehmen müssen, denn der in der Ostsee geführte Seekrieg wurde von einem schonungslosen Kaperkrieg begleitet, bei dem wenig Unterschiede zwischen Freunden, Neutralen und Feinden gemacht wurden. Die rücksichtslosen Handlungen der lübischen Auslieger hätten sogar fast zum Kriege mit den preußischen Städten geführt.

Die bewaffneten Auseinandersetzungen zwischen dänischen und hansischen Flottenkräften lassen eine Überlegenheit der Städte zur See erkennen. Was das Schiffsmaterial anbelangt, mußte die Flottenführung Lübecks allerdings zur Kenntnis nehmen, daß ihr Flaggschiff, die «Maria», auf Grund der hervorragenden Schiffsführung und der guten Artillerie zwar in der Lage war, das dänische Flaggschiff «Engel» durch einen Treffer im Ruderblatt manövrierunfähig zu schießen, so daß das dänische Admiralschiff dann verlorenging, die «Maria» war aber von der Kampfkraft her der «Engel» in der Seeschlacht nicht gewachsen. Lübeck erkannte diese Schwäche seiner Flotte. Die Folge war, daß sich 16 wohlhabende Bürger vor dem Rat bereiterklärten, in kürzester Frist ein größeres und stärkeres Schiff auf der Lastadie bauen zu lassen. Bereits im Frühjahr 1512 lief es vom Stapel; zu Ehren des schwedischen Reichsverwesers erhielt es den Namen «Gubernator». Zum Kriegseinsatz kam das Schiff nicht mehr.

Nachdem der Repräsentant der antidänischen Opposition in Schweden, der Reichsverweser Svante Sture, im Jahre 1512 gestorben war, begann der schwedische Widerstand gegen König Johann allmählich zu erlahmen. Kompromißbereite Kreise des schwedischen Reichsrates hatten schon vor Svante Stures Tod Verbindungen zum dänischen König aufgenommen. So faßte der Lübecker Rat den Beschluß, im Interesse des Handels einen Friedensschluß anzustreben. Am 23. April 1512 schlossen in Malmö Lübeck und der dänische Reichsrat einen Friedensvertrag, in dem sich die Städte verpflichteten, den Verkehr nach Schweden einzustellen, wenn von der schwedischen Seite der gleichzeitig unterzeichnete Waffenstillstand mit Dänemark nicht eingehalten werden sollte. Weiterhin übernahmen die kriegführenden hansischen Städte die Verpflichtung, 12 jährliche Raten von je 2500 Gulden, insgesamt 30000 rheinische Gulden, als Kriegskosten an Dänemark zu zahlen.

König Johann hatte offensichtlich erkannt, was dem hansischen Kaufmann seine Privilegien und der Handel mit Dänemark wert waren. Was er im Seekrieg nicht erreicht hatte, brachte ihm das Verlangen der Kaufleute nach Wiederherstellung eines ungestörten Handels ein. Weder die holländischen Handelsaktivitäten in der Ostsee noch der Aufschwung des dänischen Außenhandels fanden in dem Vertragswerk eine den hansischen Interessen entsprechende Erwähnung. In der Bestätigung der hansischen Handelsprivilegien wurde vielmehr festgehalten, daß «des Königs Untertanen ... auch alle ihre Rechte in den Städten genießen sollen». Dänischen Kaufleuten mußte also ebenfalls freier Zugang zu den Hansestädten gewährt werden.

Hansisch-dänischer Krieg (1522 bis 1524)

Ursache für diesen Krieg war einerseits das zähe Festhalten der Hanse an ungeschmälerter Geltung der ihr rechtsverbindlich zugesprochenen Privilegien und andererseits das Streben Christians II. von Dänemark nach weiterer Stärkung seiner königlichen Macht und Autorität. Der König stützte sich in seiner Politik vor allem auf das dänische Bürgertum und auf Teile der Bauernschaft, um den geistlichen und weltlichen Hochadel ebenso wie den hansischen Einfluß in seinem Reich zurückzudrängen. Nur widerwillig duldete er den freien, von keinerlei Abgaben an den König belasteten Handel der Prälaten und Edelleute mit der Hanse. Er wollte das eigene Bürgertum fördern und Kopenhagen zu einer bedeutenden Handelsstadt entwickeln. Davon versprach er sich einen wirtschaftlichen Aufschwung Dänemarks und mehr Mittel für die Durchsetzung seiner politischen Ziele.

Zunächst galt es, den Einfluß der Hanse einzuschränken. Deshalb lud der König Niederländer, Engländer, Schotten und Russen zu günstigen Handelsbedingungen nach Dänemark ein. Gleichzeitig ordnete er für Dänen und Ausländer neue Zollabgaben an, von denen auch die privilegierten Hansekaufleute nicht ausgenommen waren. Diesen Maßnahmen folgten Verbote und Einschränkungen des Handels Fremder in bestimmten Häfen und Städten. Schritt für Schritt ging er gegen die Privilegien der Hanse in Dänemark vor, und so mehrten sich Übergriffe und Zwangsmaßnahmen gegen hansische Kaufleute.

Zugleich führte Christian II. Krieg zur Niederwerfung eines neuen Aufstandes der Schweden gegen die dänische Fremdherrschaft. Diese wandten sich mit einem Hilfeersuchen an Lübeck. Christian, der von diesen Verbindungen erfuhr, belastete den hansischen Schwedenhandel mit sehr harten Auflagen. Als dann Gustav Vasa, der Repräsentant der antidänischen Opposition in Schweden, vor dem Dänenkönig fliehen mußte, nahm ihn Lübeck auf, verweigerte seine Auslieferung und schloß mit ihm sogar ein Bündnis.

Bereits im März 1520 bemühte sich Herzog Friedrich von Schleswig-Holstein, der Onkel Christians II., den sich ankündigenden Krieg der Hanse gegen Dänemark durch einen zu Segeberg geschlossenen Vertrag zu verhindern. In diesem Vertrag verpflichteten sich die wendischen Städte, für ein Jahr die Fahrt nach Schweden einzustellen. Dafür sollte der König auf alle neu eingeführten Abgaben in Dänemark verzichten.

Etwas später hatte auch der vom Kaiser mit der Vermittlung beauftragte Bischof Heinrich von Ratzeburg, zuerst Ende April 1521 zu Lübeck, dann Ende Mai zu Reinfeld, Verhandlungen aufgenommen. Da Christian II. nicht auf die von ihm verfügten zusätzlichen Abgaben verzichten und Lübeck unter diesen Voraussetzungen nicht den Schwedenhandel abbrechen wollte, gelangte man zu keiner Einigung. Hinzu kam, daß der Dänenkönig während der Verhandlungen weiterhin hansische Schiffe aufbringen ließ.

König Christian II. versuchte von seinem Schwager, Kaiser Karl V., über eine früher zugesagte Mitgift Mittel für den Krieg gegen die aufständischen Schweden und die Hanse zu erhalten. Außerdem wollte er die Belehnung mit Holstein und die Herrschaft über Lübeck erlangen. Die kaiserliche Urkunde vom 21. Juli 1521 erfüllte ihm eine ganze Reihe von Bitten und nahm Lübeck Güter und Rechte, die der Stadt von altersher von den Kaisern zugesprochen waren.

In dieser Situation sandte der Lübecker Rat im Oktober 1521 den Bürgermeister Nikolaus Brömse und den Ratsherrn Lambert Wittinghof zum Kaiser, um die Lage im Norden des Reiches und die Willkürmaßnahmen des Dänenkönigs gegenüber dem deutschen Kaufmann darzulegen. Im Ergebnis dieser Gesandtschaft nahm der Kaiser das Lübeck betreffende Mandat zurück, da er vor der Ausfertigung desselben ungenügend informiert gewesen sei. Seinen Schwager, den Dänenkönig, wies der Kaiser an, die beschlagnahmten hansischen Schiffe mit allem Zubehör zurückzuerstatten sowie alle im Widerspruch zu den Privilegien stehenden Auflagen aufzuheben und im übrigen den Vertrag von Segeberg einzuhalten.

Da der Dänenkönig nicht daran dachte, diesen Vertrag anzuerkennen, führten lübische Ratssendboten in den Ostseestädten, besonders in Danzig, vom 7. Februar bis zum 18. März 1522 Verhandlungen über gemeinsame bewaffnete Anstrengungen gegen Dänemark. In deren Folge kam es zu einem Kriegsbündnis der wendischen Städte mit Danzig. Zu dieser Zeit versuchte eine kaiserliche Kommission unter Bischof Heinrich von Ratzeburg noch immer, durch Schlichtungsverhandlungen Frieden zu stiften.

Als dann die Vorbereitungen zur Formierung einer hansischen Flotte liefen, die zunächst den Schweden gegen König Christian beistehen sollte, erging von seiten des Reiches an Lübeck die dringende Mahnung zum Frieden, anderenfalls wurde die Reichsacht angedroht. Das Haupt der Hanse ließ sich aber nicht beirren. In einer Erklärung brachte der Rat zum Ausdruck, daß Lübeck als Stadt des Heiligen Römischen Reiches von diesem billigerweise Hilfe erwarten sollte gegen einen König, der diese nur verderben wolle. Danzig ließ seine Absage an den Dänenkönig am 22. August 1522 übergeben. Herzog Friedrich von Schleswig-Holstein schloß am 1. September für die holsteinischen Lande einen Neutralitätsvertrag mit Lübeck.

In diesem Kriege standen von den wendischen Städten nur Rostock und Stralsund an der Seite Lübecks. Hamburg und Lüneburg verstanden es, sich aus dem Streit herauszuhalten, und Wismar war von inneren Unruhen so geschwächt, daß es, wenn man vom Einsatz seiner Auslieger absieht, keinen nennenswerten Beitrag leisten konnte. Noch passiver verhielten sich – mit Ausnahme von Danzig – die preußischen Städte, die auf der einen Seite die Führung des Krieges befürworteten, sich aber mit allen Mitteln heraushielten, von der Übernahme ihres Anteils an den Kriegslasten zurücktraten und darüber hinaus ihren Handel mit den Dänen fortsetzten.

Lübeck und Danzig brachten zunächst 2400 beziehungsweise 2000 Mann auf, die mit einer wohlgerüsteten Flotte in See gehen sollten. Zu diesem Zweck charterten die Hansestädte wie in vergangenen Kriegen Handelsschiffe mit ihren Besatzungen zum Kriegsdienst. Parallel dazu warben sie bis weit ins Binnenland hinein Kriegsknechte. Den künftigen Seesöldnern zahlte Lübeck monatlich nach der Anmusterung in der Stadt 5 Mark, in See 4 Mark bei freier Kost und Unterkunft und in Feindesland 6 Mark, wovon sie sich selbst zu verpflegen hatten.

Im Vorfeld der unmittelbaren Kampfhandlungen verfügte Lübeck ein Ausfuhrverbot nach Dänemark, bei dessen Durchsetzung es aber Schwierigkeiten gab. Am 14. April 1522 meldete Stralsund dänische Flottenbewegungen von 28 bis 30 großen und kleinen Schiffen, die aus Kopenhagen ausgelaufen waren, im Raum Rügen. Es wurde die Vermutung geäußert, daß die Dänen zwischen der Trave und dem Gellen kreuzend günstigen Wind für die Fahrt nach Schweden abwarteten.

Auf wiederholte Hilfeersuchen des schwedischen Reichsrates hin lief im Mai 1522 ein Verband von 10 Schiffen aus Lübeck aus, um an der Belagerung Stockholms, das sich noch in der Gewalt der Dänen befand, teilzunehmen. Gleichzeitig wurde in Lübeck das Auslaufen des Kerns der städtischen Flotte vorbereitet. Diese Maßnahmen wurden jedoch jäh unterbrochen, als am 23. Juni ein Großfeuer Ort und Hafen Travemünde fast völlig zerstörte. Dem Feuer fielen auch 5 bereits ausgerüstete Schiffe, Kriegsgerät und Versorgungsgüter zum Opfer. Dennoch segelten am 3. August 13 Orlogschiffe und 4 kleinere Fahrzeuge unter dem Kommando der Ratsherren Joachim Gerken und Hermann Falke in Richtung Schweden ab. Auf dem Marsch wurden die Schiffsgruppen von Rostock und Stralsund in den Flottenverband eingegliedert. Nach Vereinigung mit dem schwedischen Geschwader, das 13 Schiffe umfaßte, hatte die Flotte 34 Schiffe in ihrem Bestand. Zuvor hatte es einen Schriftwechsel zwischen Lübeck und Danzig gegeben, aus dem hervorgeht, daß die Danziger auf Grund von Informationsverzögerungen nicht in der Lage waren, zum festgesetzten Termin in See zu erscheinen.

Zunächst landete die hansisch-schwedische Flotte auf Bornholm, verwüstete die Insel und zerstörte die Festung Hammershus. Ungünstige Winde zwangen die Schiffe, unter Bornholm besseres Wetter abzuwarten. Von hier sandte das lübische Flottenkommando ein Schreiben an Danzig, in dem es mitteilte, daß die lübische Flotte am 3. August in See gegangen sei, sich mit Stralsunder und schwedischen Schiffen vereinigt habe und vergeblich auf Danzigs Schiffe warte. In der Antwort erklärte Danzig, daß der Mangel an Kriegsvolk das Auslaufen verzögert habe, versprach aber, wenn Wind und Wetter es erlauben würden, das Geschwader am 23. August auslaufen zu lassen.

Nach diesen Ereignissen erschien die vereinigte Flotte vor Kopenhagen, drang weiter in den Sund ein und brannte Helsingör nieder. Weitere Angriffsziele waren Moen und Schonen. Vor der Sundeinfahrt stießen dann 11 Danziger Schiffe zum Flottenverband. In einer gemeinsamen Beratung wurde der Angriff auf Kopenhagen erörtert. Auf Grund des hereinbrechenden Herbstes kam man aber überein, die Flotte aufzulösen und die einzelnen Geschwader in ihre Heimatstädte zurückkehren zu lassen. Acht Lübecker Schiffe unter dem Kommando der Ratsherren Bernd Bomhower und Hermann Plönnies liefen zur Teilnahme an der Belagerung nach Stockholm. Sie überwinterten dort gemeinsam mit den bereits im Mai eingetroffenen Lübecker Schiffen.

Wenn es bei diesem ersten Flotteneinsatz auch nicht zu nennenswerten Seegefechten gekommen war, so hatten die vereinigten Seestreitkräfte doch erreicht, daß die dänische Besatzung in Stockholm weder Nachschub noch Verstärkungen aus Dänemark erhielt. Als dann die Dänen unter Befehl ihres Admirals Sören Norby am 29. November 1522 einen Entsatzversuch unternahmen, wurde dieser von der hansisch-schwedischen Flotte vereitelt. 31 dänische Schiffe mit Nachschubgütern an Bord wurden aufgebracht. Admiral Norby konnte mit 9 Schiffen entkommen. Die Hanse machte 600 Gefangene, die an Händen und Füßen gebunden außenbords geworfen worden sein sollen. Nach Angaben Norbys sollen die Hansen dazu «trumetten, trumeln und pfeiffen, auch all ir geschütz losz gehen lassen (haben), damit ir jemerlich geschrey, so lang bisz sie ertrunken und zu grunth gesunken, nit gehort wurde».

Im Januar 1523, anläßlich eines Städtetages in Stralsund, wendeten sich die kriegführenden Hansestädte noch einmal an die preußischen Kommunen und forderten von diesen Beistandsleistungen sowie die Einstellung des Verkehrs nach Dänemark. Der für Dänemark ungünstige Kriegsverlauf sowie innere Unruhen erschütterten die Herrschaft Christians II.; die Stände von Jütland sagten sich offen von ihm los und nahmen Verbindung zu Herzog Friedrich von Schleswig-Holstein auf. Friedrich, der im ganzen Lande großes Ansehen genoß, stand mit Lübeck in enger Verbindung. Aus einem Schreiben an Lübeck vom 8. Januar 1523 geht hervor, daß der Herzog bereits Söldner gegen Christian II. warb.

Friedrich schloß dann am 5. Februar 1523 ein Kriegsbündnis mit Lübeck gegen Christian II. Auf der Grundlage dieses Bündnisses unterstützte Lübeck den Herzog mit 2000 Bewaffneten, 200 Pferden und einer Geldanleihe von 4000 Mark sowie mit der Bereitstellung von einer Last Pulver. Für den Fall, daß der Dänenkönig Lübeck angreifen würde, verpflichtete sich Herzog Friedrich zu militärischer Hilfe.

Am 23. Februar 1523 gebot Kaiser Karl V. den Lübeckern bei Androhung einer Strafe in Höhe von 2000 Mark lötigen Goldes, bis zur Entscheidung des Streites in der auf den 25. Juni angesetzten Verhandlung keinerlei Feindseligkeiten gegen Christian II. zu beginnen und das Bündnis mit Schweden aufzulösen. Lübeck jedoch rechtfertigte das Vorgehen der verbündeten Städte und setzte die Vorbereitungen seiner Frühjahrskampfhandlungen fort.

Nach der Huldigung durch den jütischen Adel am 26. März 1523 zu Wiborg ließ Herzog Friedrich das Heer, das durch Söldner aus Lübeck und Hamburg verstärkt worden war, unter Führung des holsteinischen Ritters Johann von Rantzau über den Kleinen Belt nach Fünen übersetzen. In dieser kritischen Situation verließ Christian II., wie im Jahre 1368 Waldemar IV., sein Reich. Mit einer Flotte von 20 Schiffen lief er aus Kopenhagen aus, um in den Niederlanden Zuflucht zu suchen und dort seine Rückkehr vorzubereiten. Den Verteidigern von Kopenhagen und Malmö versprach er, in 3 bis 4 Monaten Entsatz zu bringen.

Auch in Schweden kämpften zu Beginn des Jahres 1523 gemeinsam hansische und schwedische Truppen. So bedankte sich Gustav Vasa bei den Lübeckern für die Unterstützung und berichtete, daß er am 6. Februar aus Jönköping außer den 3 Fähnlein aus Lübeck 3 des Reiches Schweden, 1 500 Pferde und 10 000 Bauern nach Schonen entsandt habe. Allerdings geriet der Feldzug wegen einsetzenden Tauwetters vorübergehend ins Stocken, wurde dann aber siegreich vollendet.

Das Jahr 1523 stellte, trotz der allgemein günstigen Entwicklung des Krieges, den Lübecker Rat vor keine leichten Entscheidungen. So teilte Herzog Friedrich noch am 22. Februar seine Besorgnis über den aus Fünen, Seeland und anderen Orten mit aller Kraft Verstärkung heranziehenden König Christian mit. Er ersuchte Lübeck um dringende Unterstützung mit Schiffen, Ausrüstung und Kriegsvolk. Zur gleichen Zeit meldete Gustav Vasa, daß er zuverlässige Informationen habe, nach denen Christian eine Flotte rüste, um Stockholm zu entsetzen und die verbündeten Flottenkräfte anzugreifen. Das lübische Flottenkommando in Schweden ersuchte den Lübecker Rat, ihm den dänischen Admiral Norby vom Halse zu halten. In einem Schreiben an den dänischen Admiral versuchte der Rat auch tatsächlich, Norby auf Friedrichs Seite zu ziehen und damit ohne Schlacht die Seeherrschaft in den schwedischen Gewässern sicherzustellen.

Die Informationen, daß Christian II. in den Niederlanden eine Flotte ausrüste, setzte der lübische Rat in eine warnende Bitte an seinen Bündnispartner Danzig um, in der darauf hingewiesen wurde, daß die Fahrt durch den Sund den Danzigern schweren Schaden und dem Feinde Verstärkung bringen könnte. Andere Meldungen berichteten davon, daß König Christian mit Hilfe von 150 holländischen Schiffen durch den Sund in die Ostsee einbrechen wolle. Wieder andere Informationen wußten zu vermelden, daß er mit 20 000 Knechten und 5 000 Pferden zu Schiff und zu Lande gegen Lübeck anrükken wolle. Als Befehlshaber dieser Streitmacht sollte sich der preußische Hochmeister beworben haben. Alarmierend war die Nachricht, daß bereits ein Schiff aus Königsberg mit Kriegsmaterial an Bord auf der Reede von Warnemünde vor Anker gegangen sei. In diesen Monaten hatte der Lübecker Rat nicht wenige Informationen dieser Art auszuwerten und Fragen zur Lage auf dem Seekriegsschauplatz zu beantworten. So erreichte ihn zum Beispiel auch das Gerücht, daß der Dänenkönig dem König von Schottland gegen England beistehen und dann mit schottischer und französischer Hilfe zurückkehren wolle.

Im Gegensatz zum dänischen Adel, der bald dem neuen König Friedrich I. huldigte, verteidigten sich die belagerten Bürger in Kopenhagen und Malmö hartnäckig, da sie in Christian II. den Förderer des Handels und der dänischen Städte erblickten. An der Belagerung der beiden Städte beteiligten sich die einzelnen Hansestädte unterschiedlich. Lübeck stellte 8, Danzig 7, Rostock 2 und Stralsund ebenfalls 2 Schiffe für den gemeinsamen Flottenverband, der in seinem Bestand noch weitere Hilfsfahrzeuge zählte.

Im Kampf gab es dann aber Schwierigkeiten mit den Söldnern. König Friedrich I. führte darüber in einem Schreiben an Lübeck Klage, in dem er darauf hinwies, daß die Knechte den Gehorsam verweigerten und angeblich kein Geld erhalten hätten. Lübeck rechtfertigte sich mit dem Hinweis, daß es seine Kriegsleute zu unbedingtem Gehorsam gegen den König verpflichtet und dabei kein Geld geschont habe. Friedrich I. forderte dann am 29. Mai 1523 von Lübeck 2 «scharffemetzen» und 4 große Kartaunen zur Einnahme Kopenhagens an, da er sein in Kiel liegendes Geschütz in 4 Wochen nicht fertigstellen könne. Nach wie vor zeigten sich die Verteidiger Kopenhagens als äußerst standhaft. Aus Schreiben der Danziger und Rostocker Flottenführer an ihre Heimatstädte geht hervor, wie langwierig und zermürbend die Belagerung auch für die Verbündeten war.

Am 20. Juni 1523 endete die Belagerung von Stockholm. Der neue schwedische König Gustav Vasa gewährte der dänischen Besatzung freien Abzug. Der Befehlshaber der Dänen hatte zuvor die Schlüssel den hansischen Flottenführern Bomhower und Plönnies übergeben, die nun ihrerseits die Schlüssel der Stadt Stockholm dem König überreichten und ihn in seine Hauptstadt geleiteten.

Reste der dänischen Flotte unter dem Befehl Admiral Norbys zogen sich nach dem Fall der Festung Stockholm nach Gotland zurück. Gustav Vasa landete, unterstützt von der hansischen Flotte, auf der Insel und besetzte Teile von ihr. Admiral Norby setzte sich auf Wisborg – einer Burg vor Visby – fest. Als die Belagerten ihre ausweglose Lage erkennen mußten, erklärte sich Norby bereit, dem dänischen König Friedrich I. die Festung zu übergeben. Auch in Dänemark selbst entwickelte sich der Krieg günstig für die Verbündeten. Christian II. war nicht in der Lage, mit Heeresmacht auf seinen Thron zurückzukehren. Auch auf dem Wege der Verhandlungen gelang es den feudalen Potentaten von halb Europa trotz Androhung von Reichsacht, Exkommunikation und Bann nicht, die Restitution Christians II. durchzusetzen.

Nach dem Sieg in Stockholm und auf Gotland bat König Friedrich I. von Dänemark um Bereitstellung der aus Schweden zurückkehrenden Truppen, damit Kopenhagen vollständig eingeschlossen werden könne. Fünf Tage später teilte er dem lübischen Befehlshaber in Schweden mit, daß er seit dem 10. Juni mit 1 800 gerüsteten Pferden und 4 000 Knechten vor Kopenhagen stehe und daß er ohne zahlreiches Geschütz und Sturmangriffe Kopenhagen nicht zu Fall bringen werde. Friedrich I. ersuchte deshalb, nach Einnahme von Stockholm mit Schiffen, Geschütz und Kriegsvolk so schnell wie möglich vor Kopenhagen zu kommen. Noch im November 1523 erhielt der Lübecker Rat die Information, daß Flottenkräfte Christians II. 4 Orlogschiffe und 2 Hamburger Transporter genommen und in den Hafen von Kopenhagen eingebracht hatten. So wurde beschlossen, zur seeseitigen Blockade Kopenhagens das Revesgatt, eine der beiden Zufahrten zur belagerten Stadt, durch Versenken von Sperrschiffen abzuriegeln.

Nach langer Belagerung zog König Friedrich dann am 6. Januar 1524 siegreich in Kopenhagen ein. Danach aber gab es noch einmal einen Kampf mit Admiral Norby, der wieder seine Position gewechselt hatte. Er war offen auf die Seite der Anhänger Christians übergetreten und fiel in Schonen ein. Mit Hilfe der hansischen Flotte wurde er jedoch von Friedrich I. geschlagen.

In diesem Kriege war es der Hanse gelungen, einen König zur Flucht zu veranlassen und zwei Königen auf den Thron zu helfen. Ihre wirtschaftlichen Ziele konnten die Städte vorerst als erreicht betrachten.

Das vom schwedischen König Gustav Vasa am 10. Juni 1523 unterzeichnete Handelsprivileg bedeutete de facto für Lübeck, Danzig «und ihre Verwandten, denen es Lübeck als ein Haupt der deutschen Hanse gestatten wolle», die Handelsherrschaft über Schweden. Die Hanse sollte zollfreien Verkehr in den 4 Städten Stockholm, Kalmar, Söderköping und Åbo (Turku) sowie im ganzen Reiche haben. Dabei wurde Lübeck das Sondervorrecht gewährt, an Prälaten und Ritter kostbare Waren wie Gold, Silber, Perlen, Edelsteine und Scharlachtuch zu verkaufen. Kaufleute anderer Länder sollten vom Schwedenhandel ausgeschlossen sein. Die Schweden selbst verpflichteten sich, den Sund und den Belt zu meiden und nur Hansestädte anzulaufen.

Außerdem ließen sich die Städte die aufgewendeten Kriegskosten zurückerstatten. Die lübische Belagerungsflotte übernahm es, die deutschen Söldner, die in Gustav Vasas Heer gekämpft hatten, in die Heimat zu transportieren. Für den Sold der deutschen Krieger, der von den Lübecker Ratsherren in Lübeck an diese ausgezahlt worden war, wurden aus allen Kirchen und Klöstern Schwedens Gold und Silbergerät eingezogen. Danach legte Lübeck dem schwedischen König seine Rechnung vor: Am 29. September 1523 wurde bereits eine Summe von 116482 Mark und am 6. März 1524 eine weitere von 120817 Mark gefordert.

Der schwedische Reichsrat und der König erkannten diese Forderungen zwar an, konnten die Mittel zu ihrer Erfüllung aber nicht aufbringen. Das Drängen Lübecks nach sofortiger Bezahlung wurde von Gustav I. wiederholt beklagt und führte zu einer rasch fortschreitenden Entfremdung zwischen beiden Seiten.

Auch der neue König von Dänemark, Friedrich I., mußte sich für die Hilfe der Hanse erkenntlich zeigen. Er erneuerte die von altersher überkommenen hansischen Privilegien. Darüber hinaus sollte Lübeck 4 Jahre lang die Einkünfte von Gotland erhalten, und Bornholm ging für 50 Jahre in den Pfandbesitz der Travestadt über. Für diese Zeit verwaltete ein Lübecker Vogt die Insel. Damit sollten die von Dänemark zu zahlenden Kriegskosten als beglichen gelten.

Allerdings wurde gleichzeitig den Holländern für Dänemark und Norwegen ein neuer Handelsvertrag bewilligt, dem die preußischen und die wendischen Städte auf Wunsch Friedrichs I. zustimmten. Das hatte zwei Gründe: Zum ersten mußte Lübeck Rücksicht auf den Kaiser nehmen, der zugleich Landesherr der Niederlande war, und zum anderen berührte der niederländische Ostseehandel starke Interessen Danzigs.

Die Hanse hatte durch diesen Krieg ihre Macht in der Ostsee scheinbar noch einmal festigen können. Die Union der nordischen Reiche war endgültig aufgelöst, und beide neuen Königshäuser schienen stark von der Hanse abhängig zu sein. Es sollte sich jedoch sehr bald herausstellen, daß Lübeck und seine Bundesgenossen nicht mehr imstande waren, aus diesem Erfolg auf längere Zeit Nutzen zu ziehen.

Krieg gegen Dänemark und Schweden (1534 bis 1536)

Ursache für diesen Krieg, der seine tieferen Wurzeln in der sich weiter verschärfenden hansisch-holländischen Rivalität hatte, war das schon illusorische Streben Lübecks nach der Rückgewinnung der alten Vorherrschaft im Ostseehandel, das sich im Vorfeld der sogenannten Grafenfehde durch eine zunehmend schroffere Politik gegen Holland und Dänemark äußerte. Dabei schienen die politischen Machtkämpfe in Dänemark sowie die religiösen und sozialen Auseinandersetzungen in den dänischen Städten zunächst günstige Voraussetzungen zur Erreichung der außenpolitischen Ziele der Hanse zu bieten.

Als sich der im Jahre 1523 außer Landes gegangene Christian II. 1531 erneut dazu anschickte, mit Heeresmacht wieder auf den dänisch-norwegischen Thron zu gelangen, wandte sich Friedrich I. an die Hanse und bat um Unterstützung. Das gleiche Ersuchen übermittelte Gustav Vasa.

Am 26. Oktober 1531 lief Christian II. mit einer Flotte holländischer Schiffe zur Überfahrt durch die Nordsee, das Skagerrak und durch das Kattegatt nach Dänemark an. Sein Plan bestand darin, Kopenhagen schlagartig zu nehmen und von diesem Stützpunkt aus seine Herrschaft über die nordischen Reiche wiederherzustellen. Der Flottenverband geriet jedoch in einen schweren Sturm und wurde auseinandergetrieben. Mit Mühe erreichten die Schiffe Notankerplätze an der norwegischen Küste. Vom Christianiafjord bis Warburg lagen die Fahrzeuge mit Sturmschäden in Buchten und Häfen auf eine Strecke von mehr als 150 Seemeilen verstreut. Die Zusammenführung der Kräfte dauerte Monate.

Unmittelbar nach dem Hilfeersuchen Friedrichs I. ließ Lübeck 4 Schiffe klarmachen und nach Kopenhagen segeln. Auch weitere Städte rüsteten Schiffe aus. 3 Wochen nach Christians Notlandung in Norwegen sperrten bereits hansische Schiffe vor Kopenhagen den Sund. Diese Blockade richtete sich zugleich gegen die Holländer.

Im März 1532 wollte Christian seinen Vorstoß nach Kopenhagen erneuern. Das wurde jedoch von einem hansischen Flottenverband vereitelt. Christian II. geriet in die Defensive und mußte sich nach Ekeberg bei Oslo zurückziehen. Hier schlug er sein Lager auf und hielt sich bis Sommer 1532, nachdem zuvor seine Schiffe vernichtet worden waren. Dann wurde Christian, der zu Vergleichsverhandlungen nach Kopenhagen gekommen war, unter Bruch des ihm zugesicherten freien Geleits und mit Duldung Lübecks von Friedrich I. für den Rest seines Lebens (27 Jahre) gefangengesetzt.

Bei den in Kopenhagen im Jahre 1532 geführten Verhandlungen stellten die hansischen Unterhändler dem dänischen König Bedingungen, die zum Teil völlig unreal waren. Die Forderungen reichten von der Errichtung eines Lübecker Stapels für den Ost-West-Verkehr bis zum völligen Ausschluß der Holländer aus dem Ostseehandel. Darauf ging Friedrich I. nicht ein, sondern schloß sich nun vielmehr enger an die Niederlande an, die ihm versprachen, Christian II. in keiner Weise zu unterstützen. Damit war der Grundstein für eine neue dänisch-holländische Front gegen die Hanse gelegt. In zunehmendem Maße rückten Holland, Dänemark, Schweden, Schleswig-Holstein und Preußen gegen die Politik Lübecks zusammen. Die lübische Außenpolitik war ganz offensichtlich gescheitert. Nach heftigen Auseinandersetzungen mußte der Rat zurücktreten, und die bürgerliche Opposition unter Führung Jürgen Wullenwevers übernahm die Macht in der Stadt.

Gegen die Mehrheit der Hansestädte strebte die neue Führung in Lübeck danach, die außenpolitischen Ziele ihrer Vorgänger nun sogar noch rigoroser und mit militärischer Gewalt durchzusetzen. Als seine Verhandlungen in Dänemark mißglückt waren, weil auch der als neuer Bundesgenosse ausersehene Herzog Christian von Holstein nicht auf die Bündnisvorschläge Lübecks einging, ließ Wullenwever verkünden, daß Lübeck den rechtmäßigen König Christian II. mit Heeresmacht aus dem dänischen Kerker befreien werde. Gleichzeitig segelte ein Geschwader von 6 Orlogschiffen Lübecks, das während der Verhandlungen Wullenwevers auf Reede von Kopenhagen geankert hatte, auf Kaperfahrt gegen Holland in die Nordsee.

Den unzutreffenden Namen «Grafenfehde» erhielt der Krieg nach den Grafen Christoph von Oldenburg und Johann von Hoya, die – von Wullenwever ermuntert – sich Hoffnungen auf den dänischen beziehungsweise den schwedischen Thron machten. Die Befreiung Christians II. war für Wullenwever und seine adligen Bundesgenossen nur eine Parole, die im Verlauf des Krieges immer wieder strapaziert wurde.

Im Dezember 1533 wurde das Bündnis zwischen Dänemark und Schleswig-Holstein erneuert, im Februar 1534 zwischen Dänemark und Schweden ein Schutzbündnis geschlossen.

Diplomatische Aktivitäten zur Einstellung der Feindseligkeiten zwischen den Mächtegruppen gingen vor allem von Hamburg, Bremen und Danzig aus. Diese Städte waren aus wirtschaftspolitischen Erwägungen gegen einen Krieg und suchten zwischen den Holländern, Dänen und Lübeck zu vermitteln. Die Bestrebungen wurden von kaiserlichen, burgundisch-holländischen und polnischen Gesandten unterstützt. In langwierigen Verhandlungen in Hamburg vom 13. Februar bis zum 30. März 1534 suchten die Vermittler nach einem Vergleich zwischen Holland und Lübeck. Am Verhandlungstisch blieben jedoch beide Seiten hartnäckig. Die Holländer um so mehr, als sie die wachsende Uneinigkeit unter den Hansestädten bemerkten. Für Wullenwever waren die Verhandlungen nur ein Zwischenspiel. Er verließ den Verhandlungsort und setzte die Kriegsvorbereitungen, jetzt aber auch schon gegen Dänemark, mit noch größerer Intensität fort. Dennoch kam ein Waffenstillstandsabkommen für 4 Jahre zustande, dessen Ratifizierung Lübeck aber hintertrieb.

Jürgen Wullenwever machte sich in seiner Politik die Unzufriedenheit des dänischen Bürgertums und der Bauernschaft mit den Herrschaftsverhältnissen in Dänemark sowie die Feindschaft der Dithmarschen Bauern gegen den holsteinischen Adel zunutze und ließ in der ersten Hälfte des Jahres 1534 Verhandlungen führen, in deren Ergebnis sich die Dithmarscher verpflichteten, den Lübeckern mit 10 000 Kriegern und 12 000 Mark Unterstützung zu leisten.

Die Bürger der dänischen Städte, vor allem die von Kopenhagen und Malmö, sowie Teile der dänischen Bauernschaft betrachteten die Hanse als Verbündete in ihrem Kampf gegen den weltlichen und geistlichen Adel Dänemarks. Sie erhofften sich von Christian II. mehr Selbständigkeit und Freiheit.

Im Bunde mit den Grafen Johann von Hoya und Christoph von Oldenburg, den Dithmarschen Bauern, den dänischen Bürgern und Bauern sowie mit der Unterstützung der Lübecker Bürgerschaft fühlte sich Wullenwever stark genug zu einem Waffengang im Norden Europas. Nicht ohne Einfluß auf seine weiteren Entschlüsse blieben die – freilich illusorische – Hoffnung auf die Hilfe der Könige von England und Frankreich sowie die Tatsache, daß 1533 mit dem Tode Friedrichs I. der dänische Thron vakant geworden war.

Nach Ausbruch der Kampfhandlungen versuchte Lübeck, die anderen hansischen Städte zur Teilnahme am Kriege zu zwingen. In einem Schreiben wurde damit gedroht, die sich nicht am Kampf beteiligenden Städte vom Mitgenuß des schwedischen Privilegiums von 1523 auszuschließen. Angesichts der günstigen Entwicklung des Krieges in seiner ersten Phase verfehlten solche Drohungen ihre Wirkung nicht ganz. Einzelne Städte leisteten wenigstens finanzielle Unterstützung. Am 25. September 1534 richtete der wendische Städtetag ein Schreiben an Danzig, in dem die Stadt aufgefordert wurde, den Verkehr nach Schweden einzustellen. Im Weigerungsfalle drohte man Zwangsmaßnahmen an.

Im September liefen auch Bündnisverhandlungen der Städte mit dem Herzog Albrecht VII. von Mecklenburg, dem für seine Kriegsdienste ebenfalls die Krone von Dänemark und nach der Niederwerfung Schwedens auch der schwedische Thron angetragen wurden. Nach diesen Verhandlungen stellte sich der Mecklenburger Herzog tatsächlich auf die Seite Lübecks und seiner Verbündeten und setzte später mit einem Heer nach Dänemark über.

Das Ziel der hansischen Politik bestand – wie bereits gesagt – darin, die im Niedergang begriffene Hegemonie des Städtebundes im Norden wiederherzustellen und die Ostsee für alle fremden Konkurrenten zu sperren. Eine Voraussetzung hierfür war die Besetzung entsprechender strategischer Positionen. Deshalb sahen die Vertragsbedingungen, die der zu befreiende König Christian II. akzeptieren sollte, neben der Erhaltung und Vermehrung der hansischen Privilegien in Dänemark und Norwegen die Übergabe der beiden Festungen Helsingör und Helsingborg mitsamt den Zolleinnahmen aus dem Sundverkehr an die Hanse vor. Später wollte man dann Helsingborg im Tausch gegen die Insel Gotland zurückgeben. Helsingör mit der Hälfte des Sundzolls sollte aber «auf ewige Zeiten» bei Lübeck verbleiben.

Lübeck befand sich mit dieser Zielsetzung in einer schwierigen Ausgangslage. Weder in den Hansestädten selbst noch in den nordischen Reichen fand diese Politik ungeteilte Zustimmung. Außer von Rostock, Wismar und Stralsund erhielt Lübeck keine militärische Unterstützung. Andere Städte, wie Hamburg und Lüneburg, ließen es bei finanziellen Beiträgen bewenden. Die preußischen Städte mit Danzig an der Spitze sprachen sich offen gegen die Politik Wullenwevers aus.

Eine vage Bündnisbereitschaft fand Lübeck beim französischen König Franz I., dem Gegner Karls V., und bei Heinrich VIII. von England vor. Später, als der Krieg bereits im Gange war, trat – wie erwähnt – Herzog Albrecht von Mecklenburg auf seiten der Städte in den Krieg ein.

Die um Dänemark und Schweden gescharten Gegner Lübecks hatten die endgültige Ausschaltung der lübischen Schlüsselstellung im Ost-West-Handel sowie die Vereitelung der Absicht Wullenwevers, die Ostsee zu einem geschlossenen Meer zu machen, zum Ziel. König Gustav Vasa wollte sich bei dieser Gelegenheit von den im Jahre 1523 geschlossenen Verträgen, die de facto ein hansisches Handelsmonopol in Schweden bedeuteten, lösen und sich zugleich seiner Schulden bei Lübeck entledigen.

Unter diesen Zielstellungen hatte sich eine Front gegen Lübeck gebildet, die von den Niederlanden über Schleswig-Holstein, Dänemark und Schweden bis nach Preußen reichte.

Bei Ausbruch der Kampfhandlungen stand die lübische Flotte unter dem Oberbefehl von Marx Meyer, einem vom englischen König zum Ritter geschlagenen hansischen Kaperkapitän, der auch einer der einflußreichsten Ratgeber Wullenwevers war. Als Marx Meyer im Frühjahr 1534 in Holstein einfiel, erhob sich in Malmö die Bürgerschaft, vertrieb den Adel und besetzte das Schloß.

Im Mai rückte Christoph von Oldenburg mit einem Heer von 3 000 Söldnern an und bat Lübeck um Flottenunterstützung bei der Befreiung Christians II. Einen Monat später, am 19. Juni 1534, ging der Graf von Oldenburg mit einem lübischen Flottenverband im Bestand von 21 Schiffen in See und landete in der Nähe von Kopenhagen. Seine Aufgabe bestand darin, Christian II. aus der Gefangenschaft zu befreien und an Lübeck auszuliefern.

Günstig wirkte sich auf den militärischen Verlauf des Unternehmens die bereits genannte anfängliche Interessengemeinschaft zwischen dänischen Bürgern und Bauern und Lübeck aus. Deshalb wurden die Truppen des Grafen von Oldenburg in den dänischen Städten nicht selten als Befreier vom Joch des Feudaladels begrüßt. Als dann Kopenhagen gefallen war, huldigten die Stände Seelands und Schonens Christoph von Oldenburg als Statthalter Christians II. Falster, Langeland und Laaland sowie Fünen wurden unterworfen. Die dänische Flotte ergab sich. Lübeck hatte damit in der Sund- und Beltzone die Seeherrschaft gewonnen. Auf dem lübischen Admiralsschiff wurde nun der Sundzoll erhoben.

Doch dieser Sieg war von kurzer Dauer. Der dänische Adel wählte im August 1534 Christian von Holstein, den Sohn Friedrichs I., als Christian III. zum neuen König. Mit einem zügig aufgestellten Heer landeten dänische Truppen unter dem holsteinischen Adelsmarschall Graf Johann von Rantzau bei Travemünde und nahmen den Ort sowie den Hafen in Besitz. Dabei gelang es den Dänen, die schwimmende Batterie «Eiserner Heinrich» zu vernichten, die in früheren Kriegen erfolgreich in der Küstenverteidigung eingesetzt gewesen war.

Bereits am 8. Juli hatte sich Gustav Vasa gegenüber dem dänischen Reichsrat bereiterklärt, 10 große Orlogschiffe für den gemeinsamen Kampf gegen Lübeck auszurüsten. Während sich die Lage bei den Kämpfen an Land zugunsten der nordischen Koalition besserte, drängte man auch zur See auf eine Wende. Aus Norddeutschland herangezogene Verstärkungen veränderten das Kräfteverhältnis weiter zugunsten Christians III. Am 3. September soll das Heer des Dänenkönigs mit 8 Fähnlein Knechten und 3 Reiterhaufen dicht am Lübecker Holstentor vorübergezogen sein. Zu dieser Zeit verfügte das dänische Heer vor Lübeck angeblich über 2000 Reiter und 5000 Knechte. Die Stadt selbst hatte dagegen für die Verteidigung kaum 400 Reiter und 2000 Knechte, denn ihre Hauptkräfte standen in Dänemark. Ende September schlossen die Dänen, nachdem sie weitere Verstärkungen erhalten hatten, einen Ring um Lübeck. Eine viertel Meile nördlich der Stadt bei Trems schlug der Gegner eine Brücke über die Trave und brachte auch auf dem rechten Ufer Reiterei und Geschütze in Stellung. Störversuche der Lübecker blieben erfolglos. Am 10. Oktober war die Stadt angeblich völlig von der Außenwelt abgeschnitten. Ganz undurchlässig kann die Einschließung aber nicht gewesen sein, denn nach wie vor fanden in Lübeck und Wismar Städtetage statt.

Gegen die Belagerer bereiteten die Lübecker am 12. Oktober einen Durchbruchsversuch vor. Zu diesem Zweck bestückten sie zwei starke Prahme und ein Boot mit schwerem Geschütz. Die Fahrzeuge hatten die Aufgabe, die von den Dänen über die Trave geschlagene Brücke zu zerstören. Das Unternehmen schlug jedoch fehl. Die Belagerer hatten auf beiden Seiten des Flusses eine solche Feuerkraft entfaltet, daß nur einer der Prahme mit 8 Überlebenden nach Lübeck zurückkam.

Vier Tage später, am 16. Oktober, griffen die Holsteiner 6 Orlogschiffe und 8 Handelsschiffe an, die bei Schlutup lagen, und brachten sie auf. Die Festung Schlutup, die nach einem zeitgenössischen Bericht einen gewaltigen Turm und Zwinger hatte, wurde mit ihren 60 Geschützen in die Luft gesprengt. Es ist nicht sicher, ob das durch Unachtsamkeit der Besatzung oder durch Feindeinwirkung geschah.

In dieser für Dänemark günstigen Entwicklung der Lage stellte Christian III. seine Friedensbedingungen, die folgendes zum Inhalt hatten: Herausgabe aller von den Gegnern in Holstein und Dänemark gemachten Eroberungen, Auslieferung des Grafen Christoph von Oldenburg und Verzicht auf die Befreiung Christians II.

Christian III. setzte den Städten eine Frist von 24 Stunden, sich über die Annahme seiner Forderungen zu entscheiden. Während der Verhandlungen der wendischen Städte in Lübeck verlangte Wullenwever die Ablehnung der dänischen Bedingungen, mußte aber zugleich einräumen, daß die Stadt den Kampf nicht fortsetzen könne, wenn sie von den anderen Städten ohne Hilfe gelassen würde. Im Für und Wider der Verhandlungen wurden Gegenvorschläge der Städte an Christian III. beschlossen. Für den Fall, daß der Dänenkönig nicht auf die Vorschläge einginge, zog Lübeck Entlastungsaktionen für die eingeschlossene Stadt in Erwägung. Diese sollten in zwei Richtungen vorangetrieben werden: einmal durch die Landung Herzog Albrechts in Dänemark und zum anderen durch den Angriff der Dithmarscher in Holstein.

Mit dem Abschluß des Stockeldorfer Friedens am 17. November 1534, der groteskerweise nur für den Kriegsschauplatz in der unmittelbaren Umgebung der Travestadt Geltung haben und nicht etwa den Krieg überhaupt beenden sollte, beging Lübeck einen schweren strategischen Fehler: Mit dem Friedensvertrag wurden die von Christian III. gestellten Bedingungen zwar in wesentlichen Punkten abgeschwächt und die Belagerung der Stadt beendet, doch die Hauptmacht des dänischen Heeres, die bis zu diesem Zeitpunkt von den Lübeckern mit relativ geringen Kräften und Mitteln gebunden worden war, wurde jetzt für den Einsatz in Dänemark frei.

Die Stärke seiner nun nach Jütland geführten Truppen gab Christian III. in einem Brief an Gustav Vasa mit 2500 Reitern und 9000 Knechten an. Johann von Rantzau soll schon vor Friedensschluß, als sich die Verhandlungen anbahnten, mit einem Teil des Heeres nordwärts gezogen sein. Durch diese Operation, in der die Zentren des bäuerlichen Aufstandes erbarmungslos zerschlagen wurden, kam Jütland bis zum Jahresende 1534 wieder vollständig in die Gewalt des dänischen Königs.

Die in Dänemark stehenden Truppen des Grafen von Oldenburg hatten es bis zum Jahreswechsel nicht vermocht, das vorgebliche Kriegsziel, die Befreiung Christians II., zu verwirklichen. Noch im Juni 1535 erklärten die holsteinischen Räte, daß dafür gesorgt sei, daß Christian II. nicht lebend in die Hände Lübecks falle. Der Graf von Oldenburg, der die Hauptkräfte Lübecks in Dänemark befehligte, hatte nichts unternommen, um die belagerte Stadt zu entlasten, und er war auch nicht daran interessiert, Christian II. wieder auf den Thron zu bringen. Vielmehr bemühte er sich selbst bei Kaiser Karl V. um die dänische Krone. Herzog Albrecht von Mecklenburg sollte mit seinen Truppen nun die Kriegführung in Dänemark forcieren. Im Dezember 1534 setzten weitere Truppenabteilungen unter dem Grafen von Hoya und Marx Meyer nach Dänemark über.

Am 13. Januar 1535 geriet Marx Meyer mit seiner Truppe in Gefangenschaft. Dem erfahrenen Kaperkapitän gelang es aber, die Festung Warburg, in die er als Gefangener geschafft worden war, in seine Gewalt zu bringen. Im April landete dann auch der Herzog von Mecklenburg auf Seeland.

Den Winter nutzten die Städte zur Vorbereitung des Frühjahrseinsatzes weiterer Flottenkräfte. Auf einer Tagfahrt zu Rostock wurden die Verpflichtungen der einzelnen Städte für die Weiterführung des Krieges ausführlich erörtert.

Im März 1535 gelang es jedoch Johann von Rantzau, trotz der Präsenz eines Geschwaders der lübischen Flotte im Kleinen Belt, mit seinem Heer von Alsen nach Fünen überzusetzen. Das hatte zur Folge, daß Teile des Heeres des Herzogs von Mecklenburg unter Johann von Hoya am Ochsenberg bei Assens auf Fünen geschlagen wurden.

Anfang April brachte Lübeck in Erfahrung, daß sich die Kriegsschiffe des Königs von Schweden und des Herzogs von Preußen in der Ostsee vereinigen wollten. Der lübische Rat ersuchte deshalb die verbündeten Städte, ihre Schiffe in den Sund hinter das Riff von Falsterbo zurückzuziehen, um vor Überraschungsangriffen sicher zu sein. Im April 1535 liefen dann auch von Sonderburg 10 Schiffe Christians III. nach Gotland aus, um sich unter dem dänischen Admiral Peter Skram mit der schwedischen Flotte zu vereinigen. Der Herzog von Preußen ließ ebenfalls ein Geschwader von 6 Schiffen nach Gotland segeln. Nachdem 9 schwedische, 5 gotländische und 3 norwegische Schiffe zum Flottenverband gestoßen waren, verfügte Peter Skram über eine Flotte von 33 Wimpeln. Nach Abschluß der Formierung lief dieser Flottenverband Anfang Juni von Gotland ab. Unterwegs kaperte Peter Skram noch 4 holländische Schiffe und bemannte sie.

Im Gegensatz zur lübischen Flotte, die in 2 Geschwader und mehrere kleinere Gruppen zersplittert war, um sowohl die an Land stehenden Truppen im Bereich des Sundes und der Belte seeseitig zu unterstützen als auch die Schiffsbewegungen in der gesamten Sund- und Beltzone unter Kontrolle zu halten, bildete die alliierte Flotte eine geballte Kraft unter energischer Führung.

Am 9. Juni griff Peter Skram bei Bornholm ein hansisches Geschwader an. Bei schwerem Wetter trafen die Gegner aufeinander. Nach kurzem, aber erbittertem Gefecht lösten sich die Verbände wieder voneinander. Die Verluste sollen auf beiden Seiten groß gewesen sein. Allein auf dem Flaggschiff, der «Schwedischen Kuh», hatte Peter Skram 74 Tote und Verwundete. Das schwächere hansische Geschwader zog sich nach dem Kampf mit nur 12 Schiffen in den Sund zurück.

Die Nachricht über die Geschehnisse in See erreichten Kopenhagen am 11. Juni 1535. Daraufhin erhielt Herzog Albrecht die Weisung, die unter Fünen liegenden Schiffe der hansischen Flotte nordwärts durch den Belt nach Helsingör zu führen, um die Flotte zusammenzufassen. Die Zeit arbeitete aber gegen die Hanse. Die Flotte der nordischen Reiche hatte bereits vor dem Seegefecht bei Bornholm am 8. Juni Order erhalten, nach Assens zu segeln. Nach Eintreffen der Schiffe sollte die Festung von den Dänen gestürmt werden. Mit 26 Schiffen lief Peter Skram, der am 10. Juni vor Aalholm gesichtet worden war, in den Großen Belt ein. Am 11. Juni schlug Johann von Rantzau in der Schlacht am Ochsenberg auch das Heer des Grafen Christoph. Zu diesem Zeitpunkt hatte das hansische Geschwader noch keinen Befehl zum Auslaufen in den Sund erhalten. Die Hansen wurden überrascht, waren aber noch dazu in der Lage, die Verteidiger von Assens aufzunehmen.

Die skandinavische Flotte, durch weitere norwegische Schiffe verstärkt, hatte inzwischen den Kleinen Belt in Höhe Middelfahrt gesperrt. Danach wurden die lübischen Schiffe von den überlegenen gegnerischen Kräften in den Svendborgsund gedrängt und dort, nachdem ihre Besatzungen sie in Brand gesteckt hatten, am 16. Juni aufgegeben. Dem entschlossen handelnden Gegner gelang es aber, 9 Schiffe vor dem Verbrennen zu bewahren und zu erbeuten. Lediglich ein kleineres Fahrzeug brannte aus. Die lübischen Besatzungen sollen an Land zerschlagen worden sein. Das hansische Flaggschiff wurde später Christians III. Admiralschiff. Mit dieser Katastrophe hatte Lübeck die Seeherrschaft eingebüßt. Wullenwever wurde gestürzt und in Lübeck der alte Rat wieder eingesetzt.

Im Oktober 1535 begannen in Hamburg die Friedensverhandlungen. Kurz zuvor segelte noch eine neu formierte hansische Flotte im Bestand von 21 Schiffen mit Nachschubgütern nach Kopenhagen, um die dort abgeschnittenen und von den Dänen belagerte Besatzung zu versorgen.

Die am 14. Februar 1536 ausgehandelten Friedensbedingungen verpflichteten Lübeck, Christian III. als König von Dänemark anzuerkennen und auf eine weitere Unterstützung seiner Feinde zu verzichten. Den Belagerten in Kopenhagen wurde freier Abzug gewährt. Formell bestätigte Christian III. auch die hansischen Privilegien für den Handel in Dänemark.

Die weitgesteckten Ziele, die Lübeck mit diesem Kriege verfolgte, hatten sich aber als unerreichbar erwiesen. Die Außenpolitik Wullenwevers stand im krassen Widerspruch zur allgemeinen ökonomischen und politischen Entwicklung im Nord- und Ostseeraum. Der Versuch, diese Politik mit den Mitteln des Krieges durchzusetzen, war zum Scheitern verurteilt.

Während der Sieg in der sogenannten Grafenfehde in Dänemark und Schweden zu einer Stärkung der Zentralgewalt führte, bedeutete die Niederlage für die Hanse eine entscheidende Schwächung des Städtebundes. Mit dem Flotteneinsatz zum Zwecke der Erringung der Seeherrschaft im einstigen Einflußgebiet der Deutschen Hanse trat ihre Seemacht in diesem Krieg zum letzten Male als Instrument hansischer Politik in Erscheinung.

Der Flotteneinsatz im Nordischen Siebenjährigen Krieg (1563 bis 1570)

Die sich herausbildenden zentralisierten Monarchien in Nord- und Nordwesteuropa waren in der zweiten Hälfte des 16. Jahrhunderts immer weniger dazu bereit, den hansischen Kaufleuten ihre alten Privilegien weiterhin zu bestätigen. Das hansische Privilegien- und Kontorsystem erlitt vor allem infolge der Förderung des einheimischen Bürgertums durch die Könige Englands, Schwedens und Dänemarks sowie durch Bündnisverträge von Ostseeländern mit westeuropäischen Staaten ständig neue Einbußen. Die sich kräftig entwickelnden Handelsbeziehungen der skandinavischen Reiche zu den Niederlanden lösten das wirtschaftliche Abhängigkeitsverhältnis Nordeuropas von der Hanse vollends auf. Zugleich wurde der Prozeß der Verselbständigung der westlichen und östlichen hansischen Quartiere gegenüber Lübeck weiter beschleunigt. Das lübische Quartier, das einst den Kern des Städtebundes gebildet hatte, war nicht in der Lage, den Lauf der Geschichte aufzuhalten. Im Nordischen Siebenjährigen Krieg unternahm Lübeck einen letzten Versuch, sich dem Verfall seiner einstigen Machtstellung entgegenzustemmen.

In Schweden war 1561 Gustav Vasas ältester Sohn, Erich XIV., zum neuen König gekrönt worden. Bei den Krönungsfeierlichkeiten in Upsala war auch eine Gesandtschaft der Hansestädte Lübeck, Hamburg, Rostock, Stralsund und Danzig zugegen. Bei dieser Gelegenheit bemühten sich die Städte um die Bestätigung ihrer alten Privilegien in Schweden. Erich XIV. war zwar zu gewissen Zugeständnissen bereit, machte aber deutlich, daß er nicht gewillt war, eine ökonomische Abhängigkeit seines Reiches von den Hansekaufleuten zu dulden. So sollten Lübeck, Hamburg, Danzig und Rostock wohl freien Handel in Stockholm, Kalmar, Åbo, Söderköping und Nyköping ausüben dürfen, der König wollte dabei aber durch verschiedene Vorbehalte auch die Interessen seiner eigenen Kaufmannschaft berücksichtigt wissen. Dieses Angebot wies die hansische Abordnung jedoch zurück. Gleichzeitig richtete Erich XIV. an die hansischen Städte die Forderung, den Rußlandhandel einzustellen, um den – wie er sagte – «gemeinsamen Feind» an der Ostsee nicht zu stärken. Die anwesenden Städte – außer Lübeck – waren bereit, sich dieser Bedingung zu fügen.

Schweden entwickelte sich unter Erich XIV. zu einer Macht, mit deren erheblich vermehrtem Gewicht nicht nur die hansischen Städte rechnen mußten. So wurden auch die politischen Pläne Friedrichs II. von Dänemark, der den alten dänischen Vormachtsanspruch über Nordeuropa nicht aufgeben wollte, von der wachsenden Stärke des schwedischen Nachbarn und insbesondere durch die erfolgreiche Expansionspolitik des Schwedenkönigs in Livland durchkreuzt. Die Stadt Reval (Tallinn) gewann unter schwedischer Herrschaft rasch weiter an Bedeutung und sollte Erich auch als Basis für die Unterbindung des hansischen Rußlandhandels dienen. Er forderte 1562 die Lübecker auf, den Verkehr nach Rußland einzustellen. Als Lübeck dieses Ansinnen zurückwies, befahl Erich seinen Admiralen Jörns Bonde und Jakob Bagge, alle hansischen Schiffe aufzubringen, die unter Umgehung von Reval direkt nach Narva, das 1558 dem Russischen Reich eingegliedert worden war, segelten.

Auch die Interessen des Polenkönigs Sigismund August, der seinem Reich möglichst große Teile der baltischen Besitzungen des Ordensstaates eingliedern wollte, wurden durch das Vordringen der Schweden in Livland gefährdet. Dieser Gegensatz war eine Ursache für den späteren Beitritt Polens zum dänisch-lübischen Bündnis gegen Schweden. Auch Rußland, das zu jener Zeit durch Kämpfe mit den Tataren militärisch gebunden war, hatte in diesen Auseinandersetzungen um den Einfluß im Baltikum seine Interessen zu behaupten. So war Iwan IV. zeitweiligen Annäherungsbestrebungen Erichs nicht abgeneigt. Zu einem formellen Bündnis zwischen Rußland und Schweden kam es jedoch nicht.

Die Beziehungen zwischen Lübeck und Schweden verschärften sich, als im Finnischen Meerbusen schwedische Auslieger lübische Schiffe aufbrachten, die trotz energischer Proteste nicht wieder freigegeben wurden. Englische, niederländische, dänische und andere Segler hatten dagegen nach kurzer Unterbrechung der Fahrt ihre Reise nach Narva fortsetzen können. Auch gegenüber dänischen Schiffe ließ Erich XIV. zunächst noch Rücksicht walten. Möglicherweise befürchtete er, daß Friedrich II. durch seine Herrschaft über den Sund den Schweden empfindlichen Schaden zufügen könnte.

Angesichts dieser Lage waren selbst die letzten Verbündeten Lübecks unter den Hansestädten nicht mehr bereit, für illusorische «hansische» Interessen Krieg zu führen. Stralsund und Danzig hatten stabile Handelsbeziehungen zu Schweden, Hamburg lag im Streit mit Dänemark, und für Rostock wie auch für Wismar war der Narva-Handel ohne Belang. Als dann 1563 der sogenannte Dreikronenkrieg zwischen Dänemark und Schweden ausbrach, verbanden sich Lübeck und der Dänenkönig Friedrich II. miteinander, weil sich die Interessen der beiden sonst eher in traditioneller Feindschaft einander gegenüberstehenden Partner zu diesem Zeitpunkt ausnahmsweise sehr stark annäherten.

Der am 13. Juni 1563 zwischen der dänischen Krone und Lübeck geschlossene Bündnisvertrag ist ein anschaulicher Beleg dafür, in welchem Maße Lübeck und mit dieser Stadt der hansische Städtebund an Macht und Einfluß verloren hatten: Mit 5 großen und 8 weiteren kleinen Schiffen, insgesamt 13 Einheiten im ersten Kriegsjahr, waren die Möglichkeiten der Stadt, zur Aufstellung der verbündeten dänisch-lübischen Flotte beizutragen, zunächst erschöpft. Die Reaktionen aus den anderen Hansestädten gaben ein noch deutlicheres Bild von den Zerfallserscheinungen des Bundes: Die Aufforderungen Lübecks zu aktiver Unterstützung des Krieges gegen Schweden stießen nur auf Ablehnung. Hamburg und Lüneburg hätten wichtige Gründe, hieß es, sich an diesem Krieg nicht zu beteiligen. Danzig war angeblich durch Schiffsverluste so geschwächt, daß es sich auf keine Hilfe einlassen könne. Rostock schob Streitigkeiten mit dem Landesherren vor, war aber bereit, Proviant zu liefern, wenn sich Lübeck beim dänischen König für die Rückgabe Rostocker Schiffe und Waren einsetzen würde. Stralsund erklärte, daß es eine neutrale Stadt sei, in Wirklichkeit aber stand es auf seiten Schwedens. Nach Ausbruch des Krieges verlangten die anderen Hansestädte von Lübeck einen sofortigen Friedensschluß.

Dänemark fühlte sich in seiner Interessensphäre von Erich XIV. in mehrfacher Hinsicht bedrängt. Friedrich II. forderte von dem Schwedenkönig die Ablegung des dänischen und norwegischen Wappens, die dieser in seinem Königswappen führte, den Abzug seiner Truppen aus Livland sowie den ausdrücklichen Verzicht auf Schonen, Gotland und Norwegen.

In dem am 13. Juni 1563 unterzeichneten Vertrag zwischen Dänemark und Lübeck wurden alle Ansprüche der Bündnispartner fixiert: Lübeck forderte die Erneuerung seiner schwedischen Privilegien, die Zahlung der alten Schulden in Höhe von 140 000 Mark, die noch von Gustav Vasa herrührten, und die Befriedigung neuer Ansprüche, die sich aus Darlehen lübischer Kaufleute an König Erich ergaben. Die Stadt bestand weiterhin auf Rückgabe beziehungsweise Ersatz aller ihr genommenen Schiffe und Güter. Beide vertragschließenden Seiten forderten für sich freie Schiffahrt nach den russischen Häfen sowie die Erstattung der Kriegskosten. König Friedrich sicherte der Hanse in einer gesonderten Urkunde für den Fall, daß er Schweden ganz oder teilweise erobere, die Bestätigung ihrer Privilegien und die Befriedigung aller ihrer Ansprüche zu. Am 5. Oktober 1563 wurde Polen in das dänisch-lübische Bündnis aufgenommen. Der polnischen Krone wurden in dem Vertrag ganz Livland und Estland zugesichert.

Lübeck war damit in die Lage geraten, gegen seine engsten Bündnispartner Stralsund, Rostock, Wismar und Greifswald vorgehen zu müssen. Lübische Schiffe kontrollierten gemeinsam mit dänischen die Ausfuhr dieser Städte nach Schweden. Wenn es dann zwar auch nicht gelang, die Schiffahrt nach Schweden völlig zu unterbrechen, so lieferten die Kontrollergebnisse dem Dänenkönig doch genügend Vorwände für Repressalien gegen die neutralen wendischen Städte. Vor allem lübische Kaperschiffe sollen den nicht am Kriege beteiligten Städten großen Schaden zugefügt haben.

Bei näherer Betrachtung des dänisch-lübischen Bündnisses erscheint diese Koalition von der Interessenlage der einzelnen Mitglieder sehr widersprüchlich. So wie Lübeck nicht an einem Machtzuwachs der dänischen Krone interessiert sein konnte, lief der lübische Rußlandhandel polnischen Interessen zuwider. Auch Dänemark konnte an einer erneuten Stärkung Lübecks überhaupt nicht interessiert sein. Diese Widersprüche führten zum Beispiel dazu, daß der polnische König Sigismund August seit Beginn des Krieges mit seinen vor dem Finnischen Meerbusen entfalteten Kaperverbänden auch die nach Narva laufenden Schiffe der Verbündeten angriff und aufbrachte, weil sie seinen russischen Gegner mit Lieferungen unterstützten.

König Erich XIV. verfügte am Beginn des Krieges über ein von Gustav Vasa geschaffenes stehendes Heer. Auch hatte er damit begonnen, seine Seemacht weiter auszubauen. Im Bestand der königlichen Flotte sollen sich 70 Einheiten befunden haben, darunter mindestens 6 Schiffe ersten Ranges. War die schwedische Flotte auch noch nicht in der Lage, sich der dänischen in offener Seeschlacht zu stellen, so war sie doch in den Schärengebieten vor Stockholm überlegen.

Bereits während der Verhandlungen über den Bündnisvertrag zwischen Dänemark und Lübeck kam es zu ersten Kampfhandlungen. Am 24. Mai 1563 war ein schwedischer Verband von 20 Schiffen unter Führung von Admiral Bagge in See gegangen. Der Admiral hatte die Aufgabe, die Braut des Schwedenkönigs, eine deutsche Fürstentochter, in Rostock an Bord zu nehmen.

Auf dem Marsch in die südwestliche Ostsee sollte er die dänischen Flottenkräfte zum Gefecht stellen, wo er sie traf. Westlich der Insel Bornholm, auf der Reede von Rönne, ankerte ein dänischer Verband unter Admiral Brokenhuus. Als dieser die Schweden ausmachte, soll er dem schwedischen Flottenverband mit 3 Schiffen entgegengelaufen sein. Er empfing die Schweden in den dänischen Gewässern mit Geschützsalut, dabei wurden aber statt 3 Schuß angeblich 4 abgefeuert. Die Dänen erwarteten nun, daß die schwedischen Schiffe als Zeichen der Anerkennung dänischer Hoheit die Toppsegel reffen würden. Statt dessen ging Admiral Bagge sofort zum Angriff über und eröffnete das Seegefecht vor Bornholm. Das unterlegene dänische Geschwader wurde geschlagen, die Schiffe erobert und die Überlebenden gefangen genommen. Die verbliebenen 4 bis 8 Schiffe des dänischen Verbandes suchten ihr Heil in der Flucht.

Friedrich II. behauptete später, daß Brokenhuus keinen Befehl gehabt habe, die Feindseligkeiten zu eröffnen. Der Schwedenkönig seinerseits stellte das Gefecht als einen Verteidigungsakt dar. Eindeutig dürfte in der konkreten Situation die Schuld bei den Schweden gelegen haben. An der Aufrechterhaltung des Friedens waren aber beide Seiten nicht interessiert. Die Kriegsvorbereitungen sowohl auf dänischer als auch auf schwedischer Seite belegen das.

Nach dem Gefecht liefen die Schweden weiter nach Rostock. Die Braut des Königs war aber nicht eingetroffen, und so trat der Flottenverband mit den erbeuteten Schiffen und 600 Gefangenen die Heimfahrt an.

Nach der Niederlage bei Bornholm ließ der Dänenkönig seine Flottenkräfte erheblich verstärken. Fremde Kauffahrer wurden im Sund aufgebracht und ihre Schiffe in königlichen Dienst gestellt. Selbst ein Teil der Besatzungen wurde zu Kriegsdiensten gepreßt.

Die Hansestädte Rostock und Stralsund, die sich nicht dem Bündnis Lübecks mit Dänemark angeschlossen hatten, unterhielten weiterhin Handelsbeziehungen zu Schweden. Da sie auf Dänemarks Verlangen, diese Verbindungen abzubrechen, nicht eingingen, befahl König Friedrich am Tage der Kriegserklärung, am 31. Juli 1563, alle Rostocker und Stralsunder Schiffe aufzubringen und nach Kopenhagen zu führen. Auf die Dauer reichten die Kräfte der Verbündeten aber nicht aus, um eine effektive Blockade gegen Schweden aufrecht zu erhalten. Daher liefen die Seetransporte in der Ostsee, zwar von Orlogschiffen gedeckt und von Kapern angegriffen, in beiden Richtungen weiter. Um nun wenigstens eine größtmögliche Störung der feindlichen Seeverbindungen zu erreichen, ging die dänisch-lübische Flotte zu einem zügellosen Kaperkrieg über, an dem auch polnische

Auslieger beteiligt waren. Die Narva-Fahrt scheint für die beteiligten Städte weiterhin äußerst gewinnbringend gewesen zu sein. Trotz des hohen Risikos, von Kaperschiffen aufgebracht zu werden, wurde der Rußlandhandel fortgesetzt. Schwedische Kaper machten auf diesen Routen reiche Beute.

Zu einer generellen Sundsperre, wie sie Lübeck nicht nur zur Blockade Schwedens, sondern zur Ausschaltung der westeuropäischen Konkurrenz anstrebte, konnte sich Friedrich II. zunächst nicht entschließen. Als er sie Anfang 1565 doch einführte, mußte er bald erkennen, daß Schweden davon nicht ernsthaft getroffen wurde. Dessen Handel mit den deutschen Ostseestädten lief weiter, und was darüber hinaus benötigt wurde, ließ Erich XIV. von seinen Kapern vor Narva aufbringen. Schließlich wurde die Sundsperre auf Grund englischer und holländischer Proteste wieder aufgehoben.

Die Hauptanstrengungen der Verbündeten richteten sich auf die Vernichtung der schwedischen Flotte. Admiral Peter Skram, der bereits 1555 in den Ruhestand versetzt worden war, übernahm erneut das Flottenkommando und lief am 5. August 1563 mit einer starken Flottengruppierung von Helsingborg in See. Er segelte mit 27 großen Schiffen unter dänischer Flagge und 6 lübischen Einheiten, die sich am 29. Juli dem Verband angeschlossen hatten, sowie mit 4600 Seesoldaten an Bord in Richtung Osten. Ende August erreichte die Flotte Oeland. Truppen wurden angelandet, die raubend und brandschatzend über die Insel herfielen. Zu dieser Zeit befand sich ein schwedischer Verband im Bestand von 27 Einheiten und 1725 Mann Kriegsvolk unter Admiral Bagge vor Gotland.

Am 10. September 1563 soll Peter Skram die Information erhalten haben, daß sich die schwedische Flotte ebenfalls in See befand. Die dänischen Schiffe befanden sich zu diesem Zeitpunkt nördlich von Oeland. Admiral Skram suchte am nächsten Tag das Gefecht mit den Schweden. Zwischen Gotland und Melsten (nördlich von Gotland) kam es zur Gefechtsberührung. Sie entwickelte sich zu einer Schlacht zwischen beiden Flotten, in der es dem dänischen Admiral nicht gelang, die überlegene verbündete Flotte geschlossen in den Kampf zu führen. Mit erheblichen Verlusten entkamen die Schweden in die Schären. Das dänische Flaggschiff war leck geschossen worden und mußte unterhalb der Karls-Insel vor Anker gehen, um die Schäden zu beseitigen. Die dänisch-lübische Flotte blieb noch bis

November in See, doch zu einem Zusammenstoß mit den Schweden sollte es in diesem Jahr nicht mehr kommen.

Im Nordischen Siebenjährigen Krieg unternahmen die verschiedensten Seiten Friedensbemühungen. Im Reich setzte sich vor allem der Kurfürst August von Sachsen, der Schwager Friedrichs II. von Dänemark, für die friedliche Beilegung der Streitigkeiten ein. Andere deutsche Fürsten sowie Gesandte aus Frankreich, England, Polen, Dänemark und Lübeck traten am 21. Mai 1564 in Rostock zu einem Friedenskongreß zusammen. Da aber die Abgesandten des Schwedenkönigs ausblieben, verlief der Tag in Rostock ergebnislos.

Inzwischen unternahm Friedrich große Anstrengungen, um seine Flotte weiter zu stärken. Im Oktober hatte er in den Niederlanden den Auftrag gegeben, 3000 Seeleute zu werben. Geldmangel soll dann aber die Ausführung dieser Absicht verhindert haben. So mußten das Schiffsvolk und die Seekrieger aus der dänischen Bevölkerung aufgebracht werden. Im Februar 1564 wurden auf Seeland und den Nachbarinseln 840 Seeleute aufgeboten und allein am 22. März in den Städten 1780 Bewaffnete für die Flotte ausgehoben. Ähnliche Anstrengungen unternahm Lübeck, um sein Flottenkontingent sowohl im Schiffsbestand als auch hinsichtlich der Kriegsbesatzungen zu stärken. Lübecker Werber waren damals im Raum Hannover, in Westfalen, Thüringen und in Sachsen tätig.

Im Jahre 1564 übernahm Admiral Herluf Trolle von Peter Skram den Oberbefehl über die verbündete Flotte. Bereits Mitte März wurden vor der pommerschen Küste dänische und lübische Auslieger entfaltet. Das lübische Kontingent, das 1564 auf 10 größere Einheiten mit dem Flaggschiff «Engel» verstärkt worden war, stand unter Führung von Friedrich Knebel als Befehlshaber und Johann Kampferbeke als Unteradmiral. Die dänisch-lübischen Flottenkräfte waren inzwischen auf 36 Einheiten gewachsen. Nach Vereinigung passierte der Verband am 18. Mai die Insel Bornholm.

Am 24. Mai erreichte der Flottenverband die Gewässer um Gotland. Vier Tage später lief die schwedische Flotte aus den Stockholmer Schären aus, und am 30. Mai hatten die beiden Flotten erste Gefechtsberührung. Die Schlacht tobte am 30. und 31. Mai. Am Ende waren die Schweden unterlegen. Das schwedische Flaggschiff, die «Makalös», war das größte und kampfstärkste Schiff, das zu dieser Zeit die Ostsee befuhr. Es war mit 140 Geschützen bestückt, soll

160 Fuß lang gewesen sein und hatte 700 Mann an Bord. Dieses stattliche Schiff wurde von dem Dänen Otto Ruds und 2 lübischen Schiffen, der «Engel» und einem anderen unter dem Kommando von Henning Crage, durch Artilleriefeuer in Brand geschossen und explodierte. Nur 100 Mann konnten gerettet werden. Admiral Bagge und der Stockholmer Bürgermeister gerieten in die Gefangenschaft der Lübecker und wurden später auf Drängen des Dänenkönigs diesem übergeben.

Im Verlauf der Schlacht war es den Schweden dreimal gelungen, durch Ausbringen von langen Balken das Entern der «Makalös» zu verhindern. Der dänische Admiral Herluf Trolle ist mit dieser Schlacht als erster Flottenbefehlshaber in die Geschichte eingegangen, der im nordeuropäischen Raum mit einer speziellen Gefechtsformation und Taktik den Sieg zu erringen suchte. Er formierte nämlich taktische Gruppen aus 1 großen und 2 kleineren Schiffen. Jede dieser Gruppen lief in der Formation «Keil Vorwärts», das heißt, das Führerschiff der Gruppe segelte an der Spitze, und zu beiden Seiten achteraus, in einem Winkel von 45° bis 67°, folgten die Begleiter. Die gesamte Flotte formierte sich bei dieser Gliederung in 3 Kiellinien. In der mittleren liefen die Großsegler, und an beiden Seiten segelten die Sicherungsschiffe, entsprechend dem befohlenen Winkel und Abstand achteraus versetzt. Dieser Versuch gelang jedoch noch nicht. Die Verschiedenartigkeit der Orlogschiffe und der kriegsmäßig ausgerüsteten Handelssegler, die unzureichende Manövrierfähigkeit, die mangelhafte Ausbildung im Verbandsfahren sowie ungenügende Erfahrungen ließen es nicht zu, diesen komplizierten Verband zu führen. Bei Beginn der Kampfhandlungen löste sich die Formation auf, und die gut vorbedachte Schlacht verlief in Einzelgefechten Schiff gegen Schiff.

Dennoch hat dieses Seegefecht seinen Platz in der Geschichte der Taktik der Seestreitkräfte, weil ähnliche Versuche in anderen europäischen Flotten erst 100 Jahre später unternommen wurden. In der englischen Flotte wurde der Begriff einer gegliederten «Schlachtordnung» und einer geordneten «Schlachtkiellinie» als Gefechtsformation zum ersten Mal in den englisch-holländischen Kriegen gebraucht. Bis dahin kämpften die Flotten, eventuell noch gegliedert in einzelne Geschwader, in losen Formationen. Das heißt, die Schiffe liefen in der Nähe ihrer Geschwaderführerschiffe, und diese wiederum erhielten die Signale mit Flaggen, Lichtzeichen oder Kanonenschüssen vom Flaggschiff. Da auch in Zeiten des zunehmenden Einsatzes der Schiffsartillerie das Entern noch üblich blieb, arteten die Seegefechte am Ende zumeist in ungeordnete Kampfhandlungen Schiff gegen Schiff aus.

Mit dem Ausgang der Schlacht bei Gotland am 31. Mai 1564 hatten die Verbündeten vorerst die Seeherrschaft errungen. Die Reste der schwedischen Flotte waren unter dem Kommando von Klaus Flemming nach Dalarö ausgewichen. Die Verluste der Schweden und auch der Verbündeten waren erheblich. Nach der Schlacht wurden auf beiden Seiten viele Seeleute durch Krankheit hingerafft. Ein Drittel der Besatzungen soll damals in See gestorben sein.

Im Juli 1564 lief die schwedische Flotte erneut aus. Unter dem Oberbefehl von Klaus Flemming und 2 weiteren Admiralen entfalteten sich die schwedischen Kräfte zur Suche und Verfolgung der lübischen und dänischen Transporter. Am 11. Juli wurde die schwedische Flotte von Ausliegern der Verbündeten gesichtet. Östlich von Bornholm liefen die Schweden an. Herluf Trolle wollte den Gegner nördlich von Rügen zur Schlacht stellen. Aber während er in der Arkonasee den Gegner suchte, stellten die Schweden am 15. Juli einen Konvoi von 20 aus Narva kommenden lübischen Schiffen. 16 der mit Westkurs segelnden Schiffe wurden gekapert. Dabei sollen die gefangenen Seeleute auf einem der erbeuteten Schiffe gefesselt gesammelt und danach mit dem Schiff verbrannt worden sein.

Als Herluf Trolle seine Geschwader zur Flotte vereint hatte und die Schweden zur Schlacht stellen wollte, wich Klaus Flemming den Kampfhandlungen aus und lief ab. Die verbündete Flotte nahm die Verfolgung auf, erreichte den schwedischen Verband aber nicht und ging unter der Insel Öland vor Anker.

Entgegen dem Befehl des Schwedenkönigs war das Gros der Flotte unter Klaus Flemming heimgekehrt. Daraufhin löste Erich XIV. den Befehlshaber ab und ernannte den befähigten Klas Christerson (Horn) zum neuen Flottenadmiral. Unverzüglich liefen die Schweden wieder aus. Am 14. August 1564 griffen sie bei günstigem Wind die vor Anker liegenden Verbündeten überraschend an, eröffneten das Feuer und vernichteten 3 Schiffe. In den Gefechten trachtete Christerson den Enterkampf zu meiden. Zu diesem Zweck ließ er an beiden Bordseiten Balken ausbringen, die seine Schiffe vor dem Entern schützen sollten. Als die Verbündeten zum Kampf übergingen, wichen die Schweden in 2 Geschwadern aus. Das eine zog sich in die Schären zurück, und das andere segelte in den Kalmarsund; dabei lief eines ihrer Schiffe auf Grund.

3 lübische Schiffe, die in dieser Zeit versucht hatten, nördlich von Warnemünde ein schwedisches Schiff zu vernichten – der Versuch mißlang, weil sich das lübische Führerschiff selbst in die Luft sprengte –, liefen auf dem Rückmarsch zur Flotte mitten in das eine schwedische Geschwader hinein, dabei gingen sie mit 500 Mann verloren. Bald danach aber raffte die Rote Ruhr auch große Teile der schwedischen Schiffsbesatzungen dahin.

In der Zeit vom 21. bis 27. September lief Herluf Trolle noch einmal von Bornholm ab und landete, ohne auf Widerstand zu stoßen, auf der Insel Öland Truppen an, die das Land verwüsteten. Die schwedische Flotte lag untätig im Kalmarsund, wo die unter den Besatzungen wütende Seuche und Proviantmangel jegliche Aktivität lähmten. Am 13. Oktober 1564, nach mehr als fünfmonatigem Einsatz, kehrte die verbündete Flotte nach Kopenhagen zurück. Im Laufe des Winters ruhten die Kampfhandlungen in See wieder.

Im Jahre 1565 wurde der Befehl über das lübische Kontingent von der Stadt 2 Ratsherren übertragen. Das Verhältnis der beiden Admirale zueinander ist nicht eindeutig überliefert. Ihre amtliche Gleichstellung als Ratsherren, ihre Ranggleichheit (beide nannten sich Admiral) und ihre gemeinsame Unterzeichnung von Berichten als «des ehrbaren Rades verordnete Admirale» sprechen für ihre gleichberechtigte Stellung im Kommando der Flotte. Jedoch wird in der Schiffsordnung von 1565 vom Amt eines Unteradmirals gesprochen, und in der Praxis scheint die Unterordnung des jüngeren unter den älteren Ratsherrn üblich gewesen zu sein. Das zweite Flaggschiff der Lübecker wurde im Nordischen Siebenjährigen Krieg gelegentlich auch als «Unteradmiralsschiff» bezeichnet.

Die verbündete Flotte hatte im Frühjahr 1565 zur Seebefriedung ihre Auslieger entfaltet und überwachte mit einem Geschwader die Arkonasee. Am 15. Mai verließ eine neuformierte kampfstarke schwedische Flotte von 50 Schiffen unter dem Kommando von Klas Christerson die Stockholmer Schären, um nach Westen zu laufen. Der Befehlshaber hatte von Erich XIV. die Order, in der westlichen Ostsee die Seeherrschaft zu erkämpfen.

Neun Schiffe der verbündeten Flotte unter Peter Huitfeld, die seit der ersten Hälfte April zwischen Rügen und Bornholm zur Kontrolle der Zufahrtswege in die östliche Ostsee handelten, wurden am 21. Mai unter Bornholm von den Schweden entdeckt. Huitfeld war gezwungen, sich mit seinen Schiffen in Richtung Rügen kämpfend zurückzuziehen. Hartnäckig setzten die Schweden die Verfolgung fort. Vier Schiffe, «Arche», «Jägermeister», «Bär» und «Nachtigall», setzte Huitfeld bei Mukran an der Ostküste von Rügen auf Strand. Es gelang ihm noch unter dem Beschuß seiner Verfolger, die Bewaffnung – 5 Halbschlangen, 8 doppelte Falkonette, 1 eisernes Falkonett, 7 Barsen, 15 Hakenbüchsen und 2 Sturmhaken – in Sicherheit zu bringen und auf dem Strand die Schiffe in Brand zu setzen. Die 5 übrigen Schiffe Huitfelds, 2 dänische – «Jungfrau von Enkhuizen» und «Der dänische Falke» – sowie 3 lübische – «Syrig», «Lübischer Trotz» und die Pinke «Das Füchslein» – konnten sich in den Greifswalder Bodden zurückziehen, wohin sie von der Hauptmacht der Schweden unter Klas Christerson verfolgt und in die neutralen Gewässer Pommerns gedrängt wurden. Kampfunfähig und mit Verwundeten an Bord, waren sie ihrem schwedischen Gegner, der sie weiterhin im Bodden blockierte, sowie den pommerschen Neutralen auf Gnade und Ungnade ausgeliefert.

Während die Unterhändler der drei Seiten zusammentraten, um über das weitere Schicksal der Blockierten zu entscheiden, ließ Klas Christerson ein Geschwader zur Bewachung zurück und wandte sich selbst nach Norden in Richtung Sund. Die lübische Flotte im Bestand von 18 Schiffen, die seit Mitte Mai unter Admiral Knebel vor Falsterbo lag und durch die Unvorsichtigkeit des Geschützmeisters beim Verteilen des Pulvers das Flaggschiff «Engel» verloren hatte, wurde in die Flucht geschlagen. Unter dem Schutz von Amager gingen die lübischen Schiffe vor Anker. Nach langwierigen Verhandlungen, die von Vertretern des neutralen Pommernfürsten Johann Friedrich geführt wurden, sollten die im Greifswalder Bodden eingeschlossenen Schiffe auf der Reede vor Greifswald beschlagnahmt und später bis zum Ende des Krieges am Bollwerk des Greifswalder Hafens festgemacht werden. Für die Besatzungen war die Rückkehr in die Heimat vorgesehen. Geschütz, Munition, Anker, Segel und sonstige Ausrüstungen sollten im Kloster Eldena eingelagert werden. Bevor es jedoch zur Ausführung dieser Festlegungen kam,

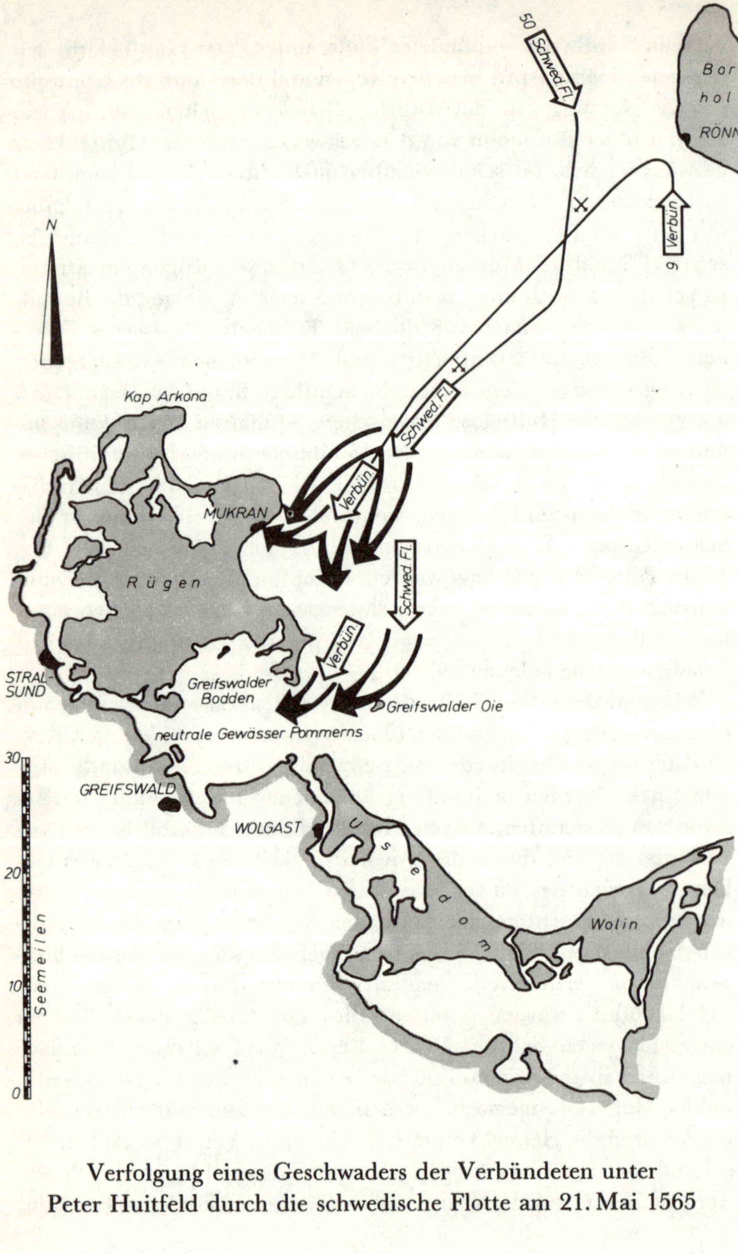

Verfolgung eines Geschwaders der Verbündeten unter Peter Huitfeld durch die schwedische Flotte am 21. Mai 1565

hatten die überlegenen Schweden 2 Schiffe und Teile der Ausrüstung an sich gebracht. Aber nach erneuten Verhandlungen konnte erreicht werden, daß die Vereinbarungen weitgehend eingehalten wurden und die Schweden nur die Pinke und Teile der Bewaffnung und Ausrüstung sowie Proviant mitnahmen.

Am 27. Mai 1565 erschien der schwedische Admiral Christerson mit seiner Flotte vor Dragör und erhob von allen durchgehenden Schiffen den Sundzoll. Zu dieser Zeit war die verbündete Flotte nicht gefechtsklar; außerdem war sie durch die Entsendung eines Geschwaders nach Norwegen und eines weiteren vor Elfsborg geschwächt.

So überraschend die schwedische Flotte im Sund aufgekreuzt war, so bald hatte sie die Meerenge auch wieder verlassen. Bereits am 1. Juni stand Admiral Christerson vor Travemünde. Ein schwedisches Geschwader war bei Stralsund zurückgelassen worden. Vor Travemünde lag das neue Flaggschiff des lübischen Flottenkontingents, die «Morian», zum Auslaufen bereit. Die Schweden versuchten das Schiff aufzubringen, doch durch den Einsatz seiner Artillerie und Feuerunterstützung von Land konnte dieser Angriff zunächst abgewehrt werden. Schließlich mußte es aber doch auf den Strand gezogen werden, um es vor dem Zugriff der Schweden zu bewahren.

Inzwischen näherte sich Herluf Trolle mit 13 dänischen und 12 lübischen Schiffen, so daß die Schweden von weiteren Kampfhandlungen vor der Trave absehen mußten. Am gleichen Tag, an dem die schwedische Flotte in der Lübecker Bucht erschienen war, nahm Admiral Trolle mit unterlegenen Kräften die Verfolgung auf. Am 4. Juni stießen die beiden Flotten zwischen Fehmarn und Buckow in der Nähe von Wismar aufeinander. Auf Grund der ungünstigen Windverhältnisse konnte Trolle seine Kräfte nicht geschlossen ins Gefecht führen. Ohne zu zögern, griff er mit seinem neuen Flaggschiff «Jägermeister», das eine Kriegsbesatzung von 1 100 Mann an Bord gehabt haben soll, das schwedische Flaggschiff an. Aber zahlreiche schwedische Schiffe warfen sich zum Schutz ihres Admirals in den Kampf und fügten der «Jägermeister», die auf sich allein gestellt kämpfte, Verluste an Menschen und Schäden am Schiff bei. Admiral Trolle wurde schwer verwundet. Dennoch nahm er mit seinem beschädigten Schiff die Verfolgung der Schweden auf. Er wollte die Vereinigung der schwedischen Flotte nördlich von Stralsund verhindern. Aber sein Vorhaben mißlang: Eine schwedische Flotte mit 48 Einheiten, deren Schiffe in Stralsund durch zusätzliche Söldner erheblich verstärkt worden waren, stand der schwer angeschlagenen dänisch-lübischen Flotte gegenüber. Später wurde behauptet, daß einige Lübecker Schiffe nicht entschlossen genug an der Seite ihres Admirals in den Kampf eingegriffen hätten. Der Rat ordnete eine Untersuchung an, in deren Folge mehrere Schiffsführer und Bootsleute in den Kerker geworfen wurden.

Zur Ausbesserung der Schäden zog sich Admiral Trolle am 7. Juni unter Amager zurück. Außerdem war er auf Grund seiner Verwundungen gezwungen, das Kommando abzugeben. Am 25. Juni 1565 starb er dann in Kopenhagen.

Nach den Gefechten in der ersten Juniwoche hatte die schwedische Flotte wieder die Seeherrschaft in der Ostsee errungen. Aber am 2. Juli war die verbündete Flotte so weit wieder hergestellt, daß sie see- und gefechtsklar auslaufen konnte. Sie zählte 22 dänische und 14 lübische Schiffe und stand unter dem Kommando von Admiral Otto Ruds.

Zwischen Rügen und Bornholm trafen die Verbündeten am 7. Juli auf die schwedische Flotte, die noch immer 46 Schiffe zählte. Nach kurzem Artilleriegefecht entspann sich ein erbitterter Enterkampf. Der dänisch-lübischen Flotte war es wieder nicht gelungen, geschlossen in den Kampf einzugreifen, und sie erlitt deshalb eine Niederlage. Das Flaggschiff der Verbündeten wurde von den Schweden aufgebracht, nachdem die über 1 000 Mann starke Besatzung bis auf einen geringen Rest getötet worden war. Otto Ruds selbst wurde gefangen genommen. Ein weiteres dänisches und ein lübisches Schiff wurden vernichtet. Die schwedische Seite verlor 5 Schiffe. Die Verluste auf beiden Seiten werden mit 7 000 Mann angegeben.

Die Hauptschwäche der verbündeten Flotten lag in ihrer unzulänglichen Führung. Im lübischen Kontingent machten sich jetzt das Fehlen eines ständigen Flottenkommandos mit einem größeren Bestand an Orlogschiffen bereits vor Kriegsausbruch, der häufige Wechsel der Befehlshaber und die Tatsache, daß die Schiffsführer ausschließlich aus den Reihen der Handelsschiffer kamen, nachteilig bemerkbar. Diese Bedingungen ließen weder eine straffe Gefechtsführung innerhalb der Geschwader noch eine festgefügte Bordorganisation auf den Schiffen zu. Mängel in der Disziplin und Ordnung waren eine weitere Folge. Diese Zustände erklären zum Beispiel auch das Versagen lübischer Schiffe im Seegefecht vom 7. Juli 1565.

In der dänischen Flotte dürften die Dinge nicht anders gelegen haben. Bereits am 9. August 1563 charakterisierte der lübische Flottenführer den dänischen Befehlshaber in einem Schreiben an den lübischen Rat folgendermaßen: «So wird zu Wasser diesmal wenig ausgerichtet werden, denn der Admiral (Peter Skram – d. Aut.) ist ein alter, guter, frommer Mann, der hat bei und um sich wenig und schier gar keine seerfahrenen Kapitäne, die zuvor solche Kriegshändel versucht hatten.»

Keine der beiden Flotten war nach der Schlacht in der Lage, weiter zu kämpfen. Otto Ruds' Bruder Erich übernahm das Kommando über die verbündete Flotte und lief nach Bornholm ab. Die schwedische Flotte, die wiederum von Seuchen geplagt wurde, erreichte am 14. Juli Dalarö. In den Jahren 1565/66 suchten Mißernten und die Pest weite Teile Europas heim. Nur unter großen Anstrengungen konnten die für den Krieg erforderlichen Menschen und Mittel aufgebracht werden. Oft waren die Verluste infolge schlechter Ernährung und Seuchen höher als durch die Kampfhandlungen.

Um die schwedische Seeherrschaft zu demonstrieren und zu festigen, ging Admiral Klas Christerson im September 1565 wieder in See. Nach einem mißlungenen Landungsversuch auf Bornholm kreuzte er mit seiner Flotte in der Arkonasee und vertrieb alle gegnerischen Schiffe aus diesen Gewässern. Unter Ausnutzung der schwedischen Überlegenheit sollen allein im Juni 1565 aus Pommern 60 Schiffe nach Schweden gesegelt sein. Die lübische Flotte kehrte im Herbst 1565, von Kampfhandlungen und Krankheiten gezeichnet, mit 400 Verwundeten an Bord in die Trave zurück.

Im Jahre 1566, dem vierten Kriegsjahr, gestalteten sich die Kampfhandlungen wieder günstiger für die dänisch-lübische Koalition. Obwohl Erich XIV. danach trachtete, die im Vorjahr errungene Seeherrschaft in der Ostsee weiter auszubauen, hatte Schweden sowohl auf dem Landkriegsschauplatz als auch zur See seine Überlegenheit eingebüßt. Sein Flottenbefehlshaber Klas Christerson war nicht dazu in der Lage, folgende ihm übertragenen Aufgaben im vollen Umfange zu erfüllen:

1. Die Hauptmacht unter dem Befehlshaber sollte die Arkonasee und den Sund beherrschen und so die Kräfte der Verbündeten binden.

2. Ein Geschwader unter Hendrik Arvidson hatte feindliche Kauffahrer aufzubringen und zur Unterstützung der Belagerung von Båhus in der Nordsee zu handeln.
3. Unter Erik Filipson sollte ein Geschwader in den Gewässern vor Narva zum Einsatz kommen.
4. Per Larsson hatte mit seinem Geschwader die Seeverbindungen in der Ostsee nach Schweden offen zu halten. Dabei war er berechtigt, den deutschen Kaufleuten, die bereit waren, Schweden anzulaufen, Zollfreiheit zu gewähren.

Ungeachtet der gesamtstrategischen Lage liefen die Hauptkräfte der schwedischen Flotte am 23. Mai 1566 im Bestand von 36 Orlogschiffen und 24 Hilfsfahrzeugen aus Elfsnabben ab und trafen am 10. Juni vor Bornholm ein. Das Flaggschiff des schwedischen Befehlshabers Klas Christerson «St. Erik» hatte eine Kriegsbesatzung von 620 Mann an Bord. Zunächst blockierte Christerson 14 Tage lang die Insel und forderte ihre Besatzung zur Übergabe auf. Der Lübekker Hauptmann von Bornholm lehnte jedoch ab. Er soll erfahren haben, daß die Schweden «nur ein arm, nackend Volk» an Bord hätten.

Am 26. Juni erreichte die schwedische Flotte den Sund. Bei Dragör ging Christerson vor Anker und erhob erneut den Sundzoll. Beim Ansteuern sollen 6 Schiffe in der Köge-Bucht auf Grund gelaufen sein. Unter großen Anstrengungen gelang es, die Schiffe frei zu bekommen. In dieser kritischen Situation befürchtete der schwedische Befehlshaber den Angriff des dänisch-lübischen Verbandes. Als seine Schiffe wieder flott waren, verließ er am 27. Juni mit südlichen Kursen den Sundeingang, um mit seiner Flotte im Raum Bornholm die Seeverbindungen in die östliche Ostsee zu kontrollieren.

Die lübische Flotte unter Admiral Bartholomäus Tinnapfel lag bereits seit dem 14. Mai in Kopenhagen und erwartete die Kriegsbereitschaft der Dänen. Am 26. Juni waren die dänischen Schiffe see- und gefechtsklar. Die verbündete Flotte zählte 36 Einheiten und stand unter dem Oberbefehl von Admiral Hans Lauridsen, als zweiter Admiral und Stellvertreter war Jens Truidsen bestimmt worden. Am 26. Juni bot sich eine günstige Gelegenheit, die Schweden anzugreifen. Das Führerschiff des dänischen Unteradmirals fiel aber aus, und das Gefecht konnte nicht eröffnet werden. Die Schweden entkamen. Die dänisch-lübische Flotte nahm, als das Führerschiff wieder einsatzklar war, die Verfolgung auf, aber erfolglos.

Die dänisch-lübische Flotte ging auf der Reede von Falsterbo vor Anker. Unter dem Geleit von Orlogschiffen führten die Verbündeten eine Flotte von mehreren hundert Handelsschiffen, die bis dahin im Sund festgehalten worden waren, um nicht den Schweden in die Hände zu fallen, in die Ostsee. Als man die schwedische Flotte nicht am Sundausgang antraf, liefen die Kauffahrer allein weiter in Richtung Bornholm. Im Konvoi sollen allein 68 holländische Schiffe gesegelt sein. Vor Bornholm wurden diese von Klas Christerson angehalten und nach Zahlung des Sundzolls entlassen. 50 Salzschiffe aber beschlagnahmte er und kehrte mit ihnen nach Schweden zurück. Am 6. Juli 1566 erschien die schwedische Flotte mit ihrer Beute vor Stockholm.

Die verbündete Flotte segelte in Richtung Oeland, um die Schweden nach dem erneuten Auslaufen abzufangen. Am 26. Juli trafen die beiden Flotten nördlich Oeland aufeinander. Es kam zu einem wenig effektiven Artilleriegefecht, das sich auf Grund von Sturm aus Ostnordost und schwerer See nicht zur Schlacht ausweitete. Die Gegner trennten sich voneinander und suchten unter Land Schutz. Die verbündete Flotte lief nach Gotland ab. Die wenigen Toten, darunter der dänische Unteradmiral, sollten an Land feierlich bestattet werden.

In der Nacht vom 28. zum 29. Juli drehte der Sturm und brach orkanartig über die vor Visby auf ungünstigem Grund ankernden dänischen und lübischen Schiffe herein. 11 dänische und 3 lübische große Fahrzeuge mit 6000 bis 7000 Mann gingen verloren. Beide dänischen Admirale und der lübische Flottenführer sowie 12 Kapitäne kamen ums Leben. Admiral Tinnapfel, der mit seinem Flaggschiff «Morian» vor Gotland gesunken war, liegt in der Marienkirche zu Visby begraben. Auch die Schweden erlitten schwere Verluste.

An Kampfhandlungen in See war auf beiden Seiten nicht mehr zu denken. Die schwedischen Seesoldaten wurden unter Führung ihres Admirals an Land eingesetzt.

Nach dieser Katastrophe, die rasch weithin bekannt wurde, versuchte Kaiser Maximilian II. erneut, einen Friedensschluß zu vermitteln. Für März 1567 wurden die Beteiligten zu einer Versammlung nach Stralsund geladen. Doch auch dieser Vermittlungsversuch scheiterte an der unnachgiebigen Haltung der Kriegsparteien.

Lübeck erlitt, wie auch seine Bündnispartner, durch den Krieg große Verluste und mußte in dessen Verlauf zunehmend größere Lasten tragen. Die sich bekriegenden Parteien standen am Rande des wirtschaftlichen Zusammenbruchs. Die dänische wie die lübische Seite hatten nicht damit gerechnet, daß die Schweden über einen so langen Zeitraum zu ausdauerndem Widerstand in der Lage sein würden.

Von den Hansetagen hatte Lübeck während des Krieges immer wieder Ablehnung auf seine Gesuche um Unterstützung erhalten. Statt dessen unternahmen die Hansestädte 1566 eine Friedensinitiative bei den Königen von Dänemark, Schweden und Polen, da auch ihr Handel schwer unter dem Kriege litt. Erfolg hatten sie freilich nicht. Auch die Friedensbemühungen der Reichsstädte auf dem Reichstag in Augsburg im Jahre 1566 waren vergebens.

Im Jahre 1567 verstärkten sich bei Erich XIV. die Anzeichen von Geistesgestörtheit, was sich zusätzlich hemmend auf die schwedische Politik und Kriegführung auswirken mußte. 1568 setzte Erichs Bruder Johann den kranken König gefangen und bestieg selbst den Thron. In Kopenhagen und Lübeck gingen der Flottenbau und vor allem die Modernisierung der Bewaffnung weiter. So wurden 1565/66 in Lübeck die «Fortuna» für die dänische Flotte und der «Adler von Lübeck» für das lübische Kontingent gebaut und 1567 in die verbündete Flotte eingegliedert. Diese Linienschiffe hatten bereits 3 Artilleriedecks und sollen über 140 beziehungsweise 180 Rohre Artillerie verschiedener Kaliber verfügt haben.

Im Verlauf des Nordischen Siebenjährigen Krieges vollzog sich in zunehmendem Maße die Umrüstung der Schiffe von der geschmiedeten zur gegossenen Artillerie. Dieser Prozeß ist aus der Tabelle zu ersehen.

Im Juni 1569 erschien wieder eine dänisch-lübische Flotte in See und stieß diesmal bis in den Finnischen Meerbusen vor. Am 9. Juli überfiel sie überraschend Reval mit Artilleriefeuer, brachte über 40 Schiffe mit reicher Beute auf und soll 50 weitere versenkt haben. Am 23. August erreichten die Schiffe wieder den Sund.

Nach der Entthronung Erichs XIV. zeigte sich sein Bruder Johann zu Friedensverhandlungen bereit. Zur Unterstützung der schwedischen Verhandlungsposition soll es Johann III. von Schweden im Jahre 1569 noch einmal gelungen sein, eine Flotte von 80 Wimpeln

Schiff	Gegossene Stücke	
	Stand 1566	Stand 1569
«Gabriel»	6	19
«David»	8	14
«Roter Hirsch»	7	12
«Fortuna»	8	12
«Peter und Paul»	7	12
Gesamt:	36	69

zu formieren. Nennenswerte Gefechtshandlungen mit der verbündeten Flotte sind aber nicht überliefert.

Der Nordische Siebenjährige Krieg fand seinen Abschluß im Stettiner Frieden vom November 1570, in dem Schweden zunächst große Zugeständnisse machen mußte. Friedrich II. konnte die politische Stellung Dänemarks in der Ostsee festigen und ihm den Zugang zum Handel mit den östlichen Anliegern sichern. Schweden gab seine Ansprüche auf Schonen und andere dänische Gebiete auf, bestätigte Lübeck die Privilegien und den ungestörten Handel mit Rußland und mußte sich zu einer Wiedergutmachung der Kriegsverluste seiner Gegner bereiterklären. Danach sollten Dänemark 150 000 und Lübeck 75 000 Taler Schadenersatz erhalten. Lübeck konnte mit dem Verhandlungsergebnis durchaus zufrieden sein. Dementsprechend wurden die lübischen Unterhändler auch mit Jubel bei ihrer Heimkehr empfangen.

Die Realitäten jedoch sollten dann ganz anders aussehen: Von der vereinbarten Wiedergutmachungssumme bekamen die Lübecker keinen Pfennig. Das im Jahre 1571 von Johann III. ausgestellte neue Privileg enthielt gegenüber dem früheren wesentliche Abänderungen. So wurde Lübeck das Recht abgesprochen, nach eigenem Ermessen weitere Städte in die Privilegien mit einzubeziehen sowie eine Kontrolle über den schwedischen Außenhandel auszuüben, wie es einst im Privileg von 1523 festgelegt worden war. Bald konnte von einem bedeutenderen hansischen Einfluß in Schweden keine Rede mehr sein. Nur einzelne Städte der zerfallenden Hanse kamen noch in den Genuß gewisser Sonderrechte. So wurden zum Beispiel Stralsund 1583 und Rostock 1586 vom Zoll und anderen Abgaben in Schweden befreit.

In den nächstfolgenden Jahrzehnten war dann Schwedens Aufstieg zur führenden Ostseemacht nicht mehr aufzuhalten. Es eroberte sich den Zugang zur Nordsee und verschaffte sich Zutritt zu allen wichtigen Märkten. Als zum Ende des 16. Jahrhunderts der jährliche Schiffsverkehr durch den Öresund auf 5 000 Durchgänge gestiegen war, nahmen die deutschen Seestädte mit 23 Prozent nur noch den zweiten Platz nach den Niederländern ein. Obwohl in den Seestädten der Hanse noch einmal eine beachtliche Schiffahrtskonjunktur eintrat, war in den konkreten Zahlen die Konzentration auf die an den großen Flußmündungen gelegenen Städte Hamburg, Bremen und Stettin zu erkennen, während der alte Kern der Hanse mehr und mehr an Bedeutung verlor.

Im Nordischen Siebenjährigen Krieg war die Seemacht als Mittel der Politik in den Mittelpunkt der Auseinandersetzungen getreten. Dieser Krieg wurde zur See entschieden. Die Ergebnisse des Landkrieges waren, verglichen am Aufwand, unbedeutend. Erst als Erich XIV. seine Seemacht verloren hatte und wirtschaftlich nicht mehr über die Kräfte verfügte, seine Flotte neu aufzubauen, mußte er auch mit der auf Expansion orientierten Politik scheitern.

Dänemark sah sich bald gezwungen, seine kostspieligen Söldnerwerbungen für den Krieg zu Lande aufzugeben und konzentrierte ebenfalls seine Kräfte auf den Seekrieg. Die dänisch-lübische Koalition strebte nach den Schiffsverlusten im Jahre 1566 danach, mit der Flotte in kürzester Zeit wieder in See präsent zu sein.

Im Marinewesen hatte dieser Krieg den Prozeß des Übergangs vom umgerüsteten Handelsfahrzeug zum speziellen Orlogschiff im Ostseeraum, der bereits früher begonnen hatte, beschleunigt. Der «Adler von Lübeck» entsprach mit seinen 3 Artilleriedecks und 3 000 Tonnen Verdrängung der Größe eines mittleren Linienschiffes der Nelson-Ära.

Davon wurde in diesem Kriege auch die Flottentaktik beeinflußt. Wenn die Seegefechte noch immer im Enterkampf Schiff gegen Schiff gipfelten – das war auch im 17. Jahrhundert noch üblich –, so waren die Bestrebungen, das Artilleriegefecht auf Distanz und nach taktischen Grundsätzen zu führen, deutlicher hervorgetreten.

IV.
Strategischer Einsatz und Taktik hansischer Flottenkräfte

Nachdem im voraufgehenden Kapitel wichtige und zugleich charakteristische Seekriegsunternehmen der Hanse aus vier Jahrhunderten vorgestellt worden sind, erscheint es angebracht, einen systematisierenden Überblick über Strategie und Taktik hansischer Seekriegführung zu entwerfen.

Zeitgenössische hansische Aufzeichnungen zur Praxis oder gar zu allgemeinen Prinzipien der Seekriegskunst stehen uns nicht zur Verfügung – und mit Sicherheit haben sie auch nie existiert. Ebenso wie die Erfahrungen der Schiffer, der Steuerleute und des Schiffsvolks wurden auch die der Seekrieger aller Chargen von Generation zu Generation mündlich weitergegeben und jeweils vermehrt und erweitert. Zweifellos bezog sich das nicht nur auf die elementaren Fragen des Kriegsalltags an Bord, sondern auch – bei den oberen Rängen – auf verallgemeinerte Erkenntnisse über die effektivste Planung und Durchführung von militärischen Unternehmen zur See, das heißt auf Fragen der Strategie und Taktik der Seekriegführung. Den Beweis für diese sonst nirgends dokumentierte Tatsache liefert die Geschichte der hansischen Seekriegsunternehmen selbst: Mittel und Methoden der Kriegführung, die einmal gefunden und erfolgreich erprobt worden waren, wurden immer wieder angewendet und dabei weiter vervollkommnet. Fundierte Kenntnisse der Strategie und Taktik des Seekriegswesens müssen also bei der Führung des Städtebundes und insbesondere bei den Befehlshabern hansischer Flotten vorausgesetzt werden – auch wenn es zu jener Zeit noch keine exakten Begriffssysteme dafür gegeben hat.

Welches strategische und taktische Instrumentarium für die hansische Seekriegführung wesentlich und zugleich charakteristisch war, sei anschließend dargestellt.

Strategischer Einsatz der Flottenkräfte

Die Seeblockade

Unter der Seeblockade wird heute die Isolierung eines Teils oder des gesamten Territoriums des gegnerischen Staates, eines Teils oder seiner gesamten Seestreitkräfte von See her durch Handlungen der Flottenkräfte als militärisches, politisches und wirtschaftliches Druckmittel verstanden.

Die Seeblockade war das älteste strategische Mittel hansischer Seekriegführung zur gewaltsamen Durchsetzung politischer Ziele des Städtebundes gegen einen Feind. Voraussetzung für den Erfolg dieses Kampfmittels waren sowohl die Einhaltung der beschlossenen Handelssperre von allen Hansestädten als auch der strategische Einsatz von Flottenkräften zur Unterbrechung der Seeverbindungen des Gegners.

Mit der Seeblockade dehnte die Hanse ihren Machtbereich bis an die gegnerische Küste aus, indem sie das Seegebiet für die Schiffahrt sperrte und die feindlichen Häfen blockierte. Im Gegensatz zum Kaperkrieg war bei der Blockade die Seeherrschaft in dem betreffenden Raum erforderlich.

Die erste Seeblockade errichtete die Hanse im Jahre 1284 gegen Norwegen. Zum ersten Mal in der Geschichte des gerade im Entstehen begriffenen Städtebundes waren sowohl an der beschlossenen Zufuhrsperre als auch an den Blockadehandlungen in See Städte beziehungsweise Schiffe der Ost- und Nordsee von Reval bis zur Rheinmündung beteiligt.

Die Seeblockade war lange Zeit ein wirksames strategisches Mittel, um handelspolitische Ziele mit Hilfe des Flotteneinsatzes und in Verbindung mit einer Handelssperre zu erreichen. Nie wieder aber wurde ein Blockadebeschluß so einheitlich und geschlossen von den Städten durchgesetzt und befolgt wie 1284. Mit zunehmender Differenzierung der Interessen innerhalb der Hanse schlossen sich einzelne Städte und Städtegruppen vom gemeinsamen handelspolitischen und militärischen Vorgehen gegen einen Kontrahenten aus und mußten zuweilen sogar mit militärischer Gewalt an der Verbindungsaufnahme mit dem Gegner gehindert werden. Solange aber die jeweils am Kriege beteiligten Städte in See stark genug waren, um die Seeherrschaft aufrecht zu erhalten und den Gegner tatsächlich weitestgehend zu blockieren, verfehlte die Seeblockade ihre Wirkung nicht. Ging die Seeherrschaft verloren oder wurde sie von vornherein nicht errungen, dann sprechen wir statt von der Seeblockade vom Kaperkrieg, der zur Zeit der Hanse eine Form taktischer Kampfhandlungen war und nur die Störung der gegnerischen Seeverbindungen zum Inhalt hatte.

Die Einführung der Seeblockade als Kategorie der Seekriegskunst im nordeuropäischen Raum zur Durchsetzung wirtschaftlicher, militärischer und politischer Ziele ist eines der frühesten und zugleich bedeutendsten Ergebnisse seestrategischen Denkens in den Hansestädten.

Die Seelandung

Die Seelandung kann in der Zeit der Hanse als gemeinsames Unternehmen der Flottenkräfte mit an Bord genommenen Landungstruppen zur Besetzung gegnerischen Territoriums von See her, das zur Erreichung eines strategischen oder taktischen Zieles dienen sollte, definiert werden. Ziele der Landungen waren vor allem die Besetzung wichtiger Städte, die Einnahme von Festungen, die für die strategische Beherrschung des Seegebietes von Bedeutung waren, sowie die Inbesitznahme von Inseln.

In den Seekriegen, die von hansischen Städten geführt wurden, spielte die Anlandung von Truppen an der gegnerischen Küste fast immer eine sehr wesentliche Rolle. Sieht man von kleineren Landungsunternehmen ab, die vor allem die Plünderung und Brandschatzung gegnerischer Insel- beziehungsweise Küstenorte zum Inhalt hatten und nur taktischen Charakter trugen, weil sie in keinem Falle kriegsentscheidende Bedeutung erlangten, führte die Hanse in der Mehrzahl Seelandungen mit strategischen Zielstellungen aus.

Besonders in der Zeit vor der umfangreichen Einführung der Schiffsartillerie auf hansischen Schiffen, als die Flotten noch in erster Linie die Plattformen für den Enterkampf stellten, strebten die Städte bei ihrer Kriegführung in der Regel danach, die Kriegsentscheidung auf dem Territorium des Gegners zu erzwingen.

So können die Seelandungen im ersten und zweiten Krieg gegen

König Waldemar IV. von Dänemark als bemerkenswerte frühe große amphibische Operationen in der Seekriegsgeschichte Nordeuropas eingestuft werden. Die hansische Seekriegführung hatte dabei alle Seiten einer solchen Operation zu berücksichtigen und deren Sicherstellung zu gewährleisten.

Wie katastrophal sich dabei Unterlassungsfehler auswirken konnten, bewies der erste Krieg gegen Waldemar IV., als es den Dänen gelang, die ungenügend bemannt vor Anker liegende hansische Flotte aufzubringen beziehungsweise zu vernichten und damit den Sieg zu erringen. Im zweiten Krieg gegen Waldemar IV. aber hatte der hansische Oberbefehlshaber, Bruno Warendorp, bewiesen, daß er in der Lage war, sowohl die Seeherrschaft zur Vorbereitung der Landung zu erringen als auch die an Land gesetzten Truppen zum Sieg zu führen.

Die Flottentaktik

Nach Clausewitz ist die Taktik die Lehre vom Gebrauch der Streitkräfte im Gefecht. Grundlage der Flottentaktik war schon zur Zeit der Hanse das Schiff als manövrierfähige, Kriegsvolk und Waffen tragende Plattform. Die Flottentaktik beinhaltete auch bereits damals den effektivsten Einsatz der Waffen im Seegefecht. Voraussetzung dafür war die zweckmäßige Formierung und Führung der Geschwader und der einzelnen Schiffe.

Die Möglichkeiten und Grenzen taktischer Kampfhandlungen kamen in den Formen, in denen hansische Schiffe, Schiffsgruppen, Flottengeschwader und Flotten zu kämpfen hatten, zum Ausdruck. Als taktische Verbände im Sinne der Gefechtsführung in See können in der Regel Gruppen und Geschwader von Schiffen der Städte beziehungsweise Städtegruppen bezeichnet werden.

Die Verbandstaktik umfaßte den Gefechtseinsatz einer bestimmten Anzahl von Kriegsschiffen in variablen Formationen unter einheitlicher Führung. In dem Maße, wie fernwirkende Waffen den Charakter und Verlauf des Seegefechts bestimmten, nahm auch die Bedeutung der Verbandstaktik und der Verbandsdisziplin zu. Die Städte vermochten ihre besten Vorhaben bei ihrer Kriegführung nicht zu verwirklichen, wenn die Flottengeschwader nicht zum beschlossenen Zeitpunkt auf der festgelegten Position die entsprechende Gefechtsformation eingenommen hatten und nicht bereit waren, auf Signal eine neue einzunehmen.

Die Hansestädte entwickelten ihre Flottentaktik aber nicht nur im Krieg gegen Seestreitkräfte europäischer Feudalmächte, sondern auch in unzähligen Kämpfen mit Piraten. Als um die Wende vom 14. zum 15. Jahrhundert das Piratenunwesen solche Formen und Ausmaße angenommen hatte, daß selbst die Konvoifahrt zeitweilig eingestellt werden mußte, kam es zusätzlich zu den ständig im Einsatz befindlichen Sicherungskräften zur Ausrüstung, Bemannung und Entfaltung von besonderen «Friedeschiffen».

Bei den Piraten, die der hansischen Schiffahrt damals schwersten Schaden zufügten, handelte es sich um Angehörige ganz unterschiedlicher sozialer Kategorien: Die einen waren Adlige aus verschiedenen Ostseeländern, die den Seeraub zur eigenen Bereicherung als eine Art ständigen Kleinkrieges gegen die Hansen betrieben. Die anderen aber entstammten zumeist den untersten Schichten der Stadt- und Dorfbevölkerung. Ihre Piraterie bildete eine besondere, freilich anarchische und perspektivlose Form des Protestes der Unterdrückten und Entrechteten. Anführer dieser «Likedeeler», die sich selbst auch «Gottes Freunde und aller Welt Feinde» nannten, waren Godeke Michels, Wichmann, Klaus Störtebeker und Magister Wigbold, deren Namen und Taten über die Jahrhunderte in der Volksüberlieferung fortlebten.

Die von der Hanse gegen die Piraten eingesetzten Friedeschiffe waren anfangs Handelsschiffe, die durch Umrüstung und zusätzliche Bemannung zu Orlogschiffen hergerichtet wurden. Sie hatten die Aufgabe, die See gegen fremde Gewalt zu befrieden, und wurden darüber hinaus zur Geleitsicherung eingesetzt. Außerdem wurden im Rahmen der Piratenbekämpfung von den Städten sowohl an einzelne Bürger als auch an Fremde Kaperbriefe für den Einsatz von Friedeschiffen ausgestellt. Wenn die Seeherrschaft zeitweilig an die Piraten verlorengegangen war, bildete der Einsatz von Ausliegern, die auf eigene Rechnung und eigenes Risiko kämpften, eine effektive Methode, die eigenen Kräfte zu verstärken und mit den Seeräubern fertig zu werden. Die Erfolge sprachen für sich: Zu Beginn des 15. Jahrhunderts gelang es den von der Hanse und ihren Verbündeten eingesetzten Kräften, die Nord- und Ostsee so weit von Piraten zu säubern, daß die bewaffnete Konvoifahrt wieder möglich wurde. Gänzlich konnte der Seeraub aber nie unterbunden werden.

Allerdings wurde diese Aufgabe nicht nur militärisch gelöst. Hansische Diplomaten verhandelten mit mecklenburgischen und dänischen Feudalherren sowie mit friesischen Häuptlingen, die vielfach als Auftraggeber hinter den Piraten standen. So wurden den Seeräubern die Stützpunkte genommen und die Absatzbasis für das geraubte Gut entzogen.

Die gemeinsamen Seekriegsunternehmungen zum Kampf gegen die Piraten bildeten ein wichtiges Feld für die Entwicklung der hansischen Seekriegskunst. Auf den Hansetagen stand der gemeinsame Einsatz von Friedeschiffen wiederholt auf der Tagesordnung. Neben den Festlegungen zum Einsatz der Schiffe wurden Grundsätze beschlossen, die den Verfahrensweg für die Rückerstattung von hansischen Gütern, die bei der Piratenbekämpfung wiedererlangt worden waren, regelten. Rechtsgrundsatz war, daß nach Abzug der im Kampf entstandenen Kosten das Gut an die Eigentümer, deren Erben beziehungsweise an ihre Heimatstadt übergeben wurde. Schäden, die im Gefecht mit den Piraten entstanden waren, sollten nach einer Festlegung von 1381 gemeinsam getragen werden. Dieser Beschluß wurde 1394 noch einmal bestätigt.

Der Einsatz hansischer Schiffe gegen die Piraten war eine wichtige Schule für die Einzel- und Verbandstaktik des Seegefechts. Die Piratenbekämpfung bildete über Jahrzehnte eine wesentliche Grundlage für die Weiterentwicklung der hansischen Seekriegstaktik, weil hierbei die Kapitäne von Friedeschiffen mit ihren Besatzungen das Seegefecht in seiner untersten Ebene beherrschen lernten.

Das Seegefecht

Das Seegefecht wird heute als bewaffneter Zusammenstoß taktischer Gruppierungen gleich- oder verschiedenartiger Flottenkräfte zweier sich gegenüberstehender Seiten definiert. Dabei streben die beiden Gegner zunächst nach günstigen Ausgangspositionen für den Einsatz der Waffen, trachten den Gegner zu vernichten oder zu schwächen und ihn zur Aufgabe seiner Vorhaben zu zwingen.

Historisch gesehen, ist das Seegefecht die elementarste Erscheinungsform aller bewaffneten Auseinandersetzungen auf See und damit zugleich eine der ältesten und bedeutsamsten Kategorien der Seekriegskunst überhaupt. Über eine lange Periode war das Seegefecht das einzige Mittel, um im Kampf taktische Erfolge und durch deren Summierung die angestrebten strategischen Zielstellungen zu erreichen.

Die hansische Flottentaktik umfaßte sowohl das Seegefecht des Einzelschiffes als auch den Gefechtseinsatz von Schiffen im taktischen Verband, der Schiffsgruppe oder dem Flottengeschwader. Obwohl die Hanse spätestens seit dem ersten Krieg gegen König Waldemar IV. von Dänemark (1361/62) in der Lage war, größere Flotten in den Kampf zu führen, waren weder das Seegefecht im taktischen Verband noch die offene Seeschlacht typisch für die hansische Seekriegführung. Bis weit in das 15. Jahrhundert führten die Städte neben dem Kaperkrieg, bei dem in einigen Fällen Geschwaderstärke erreicht wurde, in erster Linie Landungsunternehmen größeren Maßstabes durch. Dabei wurde das Seegefecht gegen die Flottenkräfte des Gegners als Kampf um die Anlandung geführt. Wiederholt wurde auch versucht, die gegnerische Flotte in ihren eigenen Stützpunkten einzuschließen und zu vernichten.

Mit der Besetzung bestimmter wichtiger Festungen, von denen aus der Seekriegsschauplatz, wie zum Beispiel der Öresund, unter Kontrolle gebracht werden konnte, sowie mit der Einnahme von Städten und Landstrichen war der Krieg militärisch in der Regel entschieden. Welche Anstrengungen dazu allerdings von seiten der Hanse notwendig waren, beweist der zweite Krieg gegen Waldemar IV. (1367 bis 1370), der zwar für den Städtebund mit dem Stralsunder Frieden von 1370 siegreich endete, aber ebenfalls nicht durch eine Seeschlacht entschieden worden war.

Erst als die Qualität und Quantität der Artillerie an Bord der Schiffe einen Stand erreicht hatten, durch den sich der Kampf um die Seeherrschaft auf die offene See verlagerte, waren auch die Hansestädte gezwungen, Orlogschiffe für die Konvoifahrt auszurüsten und im Kriegsfall artilleristisch starke Flottengeschwader zu formieren, die auf die höchste Form taktischer Kampfhandlungen in See, das Seegefecht, vorbereitet werden mußten.

Das Seegefecht der hansischen Zeit läßt sich in 3 Phasen unterteilen: Die erste war durch die Annäherung und die Einnahme günstiger Ausgangspositionen gekennzeichnet. In der zweiten strebten die Kämpfenden an, die Kampfkraft des Gegners zu brechen beziehungsweise für die Endphase des Gefechts entscheidend zu schwächen. In der letzten kam es darauf an zu vernichten, was sich noch über Wasser befand, meist im Enterkampf.

Mit Beginn des Gefechts nahmen die Schiffsverbände als Gefechtsformationen eine Art «Keil vorwärts» beziehungsweise «Dwarslinie» ein und strebten danach, sich selbst in die Luvseite des Gegners zu bringen, um dadurch die notwendigen Manöver für den Einsatz der Waffen zu beherrschen und in der letzten Phase vor dem Entern dem Gegner den Wind aus den Segeln zu nehmen.

Der Enterkampf entschied bis zum Ausgang des 15. Jahrhunderts über Sieg oder Niederlage im Seegefecht. Im 13. und 14. Jahrhundert bildeten die hochbordigen Koggen den Kern hansischer Flottengeschwader. Beim Enterkampf waren natürlich die Schiffe mit den höheren und stärkeren Aufbauten, von denen aus das Entern durch einen Geschoßhagel von oben vorbereitet werden konnte, überlegen. Diesen Erfahrungen entsprach später der Holk noch besser als die Kogge. So begann sich im 15. Jahrhundert, wie in der Schiffahrt allgemein, der Holk auch in den Kriegsflotten zur dominierenden Schiffsklasse zu entwickeln. Diese Schiffe führten bald bis zu drei Masten, hatten verstärkte Vorderkastelle und waren mit mindestens einem Mars, das heißt einem größeren geschützten Mastkorb zur Aufnahme mehrerer Schützen, versehen.

Als dann die Artilleriewaffen den Ausschlag über den Ausgang des Gefechts gaben und die zentrale Führung des Artilleriegefechts von den Flaggschiffen eine wichtige Voraussetzung für den Sieg im Gefecht geworden war, konzentrierten die Befehlshaber zunächst die Artillerie auf die Admiralschiffe des Gegners. Gleichzeitig wurden leichtere Schiffe an das gegnerische Flaggschiff herangeführt. Die Folge dieser Taktik war, daß die Führerschiffe mit Beischiffen versehen werden mußten, denen unmittelbar die Sicherung der Flaggschiffe oblag.

Trotz der konzentrierten Einwirkung der gegnerischen Artillerie trachtete das Flaggschiff mit seinen Beischiffen danach, die Annäherung der Enterkommandos zu verhindern, indem es zunächst aus allen noch intakten Kanonen auf die Näherkommenden schießen ließ. In der letzten Phase sollte dann das Entern mit langen Balken, durch

Beschuß aus den Marsen und durch Kappen der Draggenleinen in den Wanten verhindert werden. War das Entern nicht mehr abzuwenden, dann hatten die Beischiffe mit ihrem Kriegsvolk in den Enterkampf zur Verteidigung des eigenen Flaggschiffes einzugreifen.

Bei dieser Kampfweise wird deutlich, wie wichtig es war, im Seegefecht günstige Ausgangspositionen einzunehmen und sich damit die Initiative zu sichern. Diese Prinzipien galten nicht nur im Kampf Schiff gegen Schiff, sondern auch im Verband trachteten die Flottenführer danach, ihre Schiffe «luward» vom Gegner zu manövrieren, weil sie damit in der Lage waren, den Verlauf des Gefechts, das heißt die Distanz und damit das Kaliber der Artilleriewaffen, mit denen gekämpft wurde, zu bestimmen.

Die Befehlshaber eines hansischen Flottenverbandes, Fritz Grawert und Hermann Falke, wendeten dieses Instrumentarium der Flottentaktik im Kriege gegen Dänemark und Holland (1509 bis 1512) voll an. Mit 18 Schiffen in der Formation stellten sie eine überlegene dänische Flotte am 9. August 1511 vor Bornholm zur Schlacht. Auf beiden Seiten wurde mit Artillerie gekämpft. Die Hansen strebten offenbar danach, zuerst das dänische Flaggschiff zu vernichten. In Artilleriegefechten, die sich bis zum Abend hinzogen, wurden die Dänen, nachdem sie ihr Flaggschiff verloren hatten, zum Abdrehen gezwungen. Nach lübischen Angaben retteten nur ungünstige Winde die Feinde vor der völligen Vernichtung. In dieser Schlacht soll die hansische Flotte kein Schiff verloren haben.

Ein wichtiges Kriterium der militärischen Leistungsfähigkeit hansischer Flottengeschwader war die zügige Formationseinnahme und straffe Führung des Verbandes im Seegefecht. Griff ein Geschwader an, um im laufenden beziehungsweise im Passiergefecht die Feuerwaffen einzusetzen, durfte die Distanz zwischen den Kiellinien unter Berücksichtigung der Reichweite der damaligen Waffen und auf Grund der Unkenntnis der Ballistik kaum 3 bis 5 Kabellängen (500 bis 1 000 Meter) überschritten haben. Dabei ließ man den Gegner in günstige Reichweite kommen, denn das Schießen auf große Entfernung war verboten, um einer Munitionsvergeudung vorzubeugen.

Der Erfolg im Gefecht hing in hohem Maße von den Führungsqualitäten der Befehlshaber und von der seemännisch-nautischen Führungskunst der Kapitäne ab. Leider sind in den Quellen aus früheren Kriegen keine detaillierten Gefechtsberichte überliefert, so daß weder die einzelnen Entwicklungsstufen der hansischen Seekriegskunst genau zu erkennen sind noch eine konkretere Analyse der Seegefechte vorgenommen werden kann.

Die verfügbaren Quellen geben leider nur spärliche Hinweise zur Bordorganisation im Gefecht, zur Gefechtsorganisation im Verband sowie zur Gefechtsausbildung in hansischen Flottengeschwadern. Analysiert man aber die Ergebnisse der hansischen Seekriegsunternehmen, so kommt man zu der Erkenntnis, daß sich in dem Jahrhunderte währenden Kampf um die Sicherheit des Handels auf den Seeverbindungen und um die offensive Durchsetzung handelspolitischer Interessen ein Seekriegswesen entwickelt hat, das neben Führungsqualitäten der Befehlshaber auch eine Gefechtsorganisation sowie Verbandsdisziplin voraussetzte. So ist bekannt, daß im Jahre 1536 nur das Admiralsschiff am Groß- und das Unteradmiralsschiff am Fockmast Flaggen führen durften. Erst auf ein bestimmtes Signal hin setzten alle Schiffe des Verbandes Flaggen. Eine Signalordnung traf grundsätzliche Festlegungen zum Signalverkehr zwischen den Schiffen. Der wichtigste Grundsatz war, daß sich alle Schiffe der Formation nach dem Vorgang des Flaggschiffs zu richten hatten. Zur Übermittlung von Befehlen wurden Schuß-, Flaggen- oder Lichtsignale gegeben. Diese Signale durften, außer im Gefecht und im Falle der Seenot, nur vom Flaggschiff gesetzt beziehungsweise abgefeuert werden.

Als taktische Zeichen für die gegenseitige Erkennung in See im allgemeinen und im Gefecht im besonderen können die an den Schiffen angebrachten Städtewappen gewertet werden. Die im Jahre 1428 getroffene Festlegung lautete: «Es soll eine jede Stadt ihre Schiffe kennzeichnen und bemalen lassen an den Bordseiten und Kastellen mit ihrer Stadt Wappen und ein großes lichtblaues Kreuz, das innen und außen auf die Segel aufgenäht ist, führen.» Auf dieser Grundlage trafen die Städte 1436 mit König Erich von Dänemark eine Vereinbarung, daß ihre Schiffe beim Passieren von Helsingör auf dem Vor- oder Achterkastell das Banner mit dem Wappen ihrer Stadt an einer Stange setzen sollten, um sich gegenüber dem dänischen Zoll als Mitglieder der Hanse auszuweisen.

Vor der Formierung hansischer Flotten, die sich in der Regel aus Fahrzeugen verschiedener Schiffsklassen und -typen zusammensetzten, wurden die Manövrierfähigkeit, Geschwindigkeit und Seetüchtigkeit bei einer ersten Ausfahrt erprobt. So sammelten sich im Nordischen Siebenjährigen Krieg die Schiffe des lübischen Geschwaders auf der Reede von Travemünde und liefen dann in einer losen Marschformation in Richtung Bornholm ab. Auf dem Marsch wurde dann das Geschwader nach den obengenannten Kriterien unter Berücksichtigung der Größe und der Bewaffnung formiert. Ferner wurde nach der Segelordnung das Verbandsfahren geübt. Dabei mußten die Schiffshauptleute lernen, auf Weisung des Führerschiffs ihre Fahrzeuge in der Marsch- beziehungsweise Gefechtsordnung zu führen und die befohlenen Abstände und Peilungen einzuhalten. Das war möglich geworden, als die Schiffe in ihrer Manövrierfähigkeit seit dem Ende des 15. Jahrhunderts wesentlich verbessert worden waren.

Die Notwendigkeit, Gefechtsordnungen auf der Grundlage der Flottentaktik vorzugeben und im Gefecht konsequent anzuwenden, war durch die breite Einführung verbesserter Artilleriegeschütze auf die Tagesordnung gesetzt worden. Die Forderung, den Gegner mit konzentriertem Feuer zu bekämpfen, mußte von allen Flotten erfüllt werden. Es war Aufgabe der Flottenführer, die dafür geeigneten taktischen Verfahren zu entwickeln.

Mit besonderen Ordnungen wurde die Verbandsorganisation durchgesetzt. So legte zum Beispiel Artikel 4 der dänischen Gefechtsvorschrift, die während des Nordischen Siebenjährigen Krieges auch für lübische Schiffe verbindlich war, den Befehl zum Segelsetzen wie folgt fest: Das Flaggschiff gab einen Schuß ab und setzte die Fockrah ins Kreuz. Danach begannen alle anderen Schiffe der Flotte beziehungsweise des Geschwaders die Segel zu setzen. Sollte der Verband Fahrt aufnehmen, so legte sich das Admiralschiff auf Kurs und feuerte wieder einen Schuß als Ausführungssignal ab. Alle Schiffe der Formation hatten zu folgen. Der Artikel 2 legte für das Vorbeisegeln am Flaggschiff 5 Taler Strafe fest. Beabsichtigte der Befehlshaber, bei Nacht ein Segelmanöver durchzuführen, also zu wenden, zu halsen oder auch nur den Kurs zu ändern, dann legte der Artikel 5 fest, daß an der Seite, nach der gedreht werden sollte, zwei Lichter übereinander zu setzen waren. Normalerweise führten alle Schiffe nachts an beiden Bordseiten ein Licht.

Der Artikel 8 legte das Verhalten im Seegefecht fest. Danach eröffnete der Admiral das Gefecht, und alle Schiffe sollten «den Feind ernstlich helfen angreifen». Wollte der Befehlshaber die nachgeordneten Kommandeure zur Beratung auf das Flaggschiff befehlen, wurde aus seiner Kajüte eine Flagge vorgeheißt und gleichzeitig ein Schuß abgegeben. Die Artikel 10 und 11 trafen Festlegungen für die gegenseitige Hilfe bei Gefahr, und der Artikel 12 bestimmte Bornholm als Sammelraum, wenn der Verband bei Sturm auseinandergetrieben würde.

Die Seebefriedung

Die Seebefriedung kann als bewaffnete Seeüberwachung definiert werden, die im Frieden wie in Kriegszeiten dazu diente, überraschende Handlungen von Piraten beziehungsweise feindlichen Ausliegern auf den eigenen Ansteuerungen und Seeverbindungen zu verhindern. Hierfür setzten die Städte oft als «Friedeschiffe» bezeichnete Fahrzeuge verschiedener Klassen ein.

Seematrikeln verpflichteten jede größere hansische Seestadt, der Lage entsprechend solche Schiffe auszurüsten und zu bemannen. Die benachbarten Hansestädte waren aufgerufen, beim Ausrüsten der Schiffe finanzielle und andere materielle Hilfe zu leisten. In der Regel mußten die Städte die Kosten für ihre Friedeschiffe aber selbst tragen, relativ selten wurden ihnen die Ausgaben wenigstens zu einem Teil aus von den Städten gemeinsam erhobenen Abgaben ersetzt. Die eingesetzten Schiffe handelten je nach Lage sowohl einzeln als auch im Verband mehrerer Fahrzeuge. Griffen die Piraten oder in Kriegszeiten die Gegner in Gruppen an, dann wurde auch der Einsatz der Friedeschiffe in den gefährdeten Richtungen beziehungsweise Seegebieten konzentriert. Dazu wurde auf Beschluß der Städte ein Schiffsrat gebildet, der sich aus den Schiffshauptleuten zusammensetzte und während des Unternehmens als Führungsorgan wirkte.

Im Kriege war diese systematische Seeüberwachung ein wesentliches Element zur Aufrechterhaltung günstiger operativer Bedingungen für den Einsatz der eigenen Flotte. Damit war eine Kategorie der Seekriegskunst gefunden worden, die bis heute in den Flotten Bestand hat.

Als die Städte im Krieg gegen Dänemark im Jahre 1428 eine größere Operation zur Sperrung und Vernichtung der dänischen Flotte in ihrem eigenen Stützpunkt vorbereiteten, hatte Lübeck über Gewährsleute erfahren, daß Preußen, Engländer und Holländer in Richtung Sund- und Beltzone segelten. Unmittelbar darauf erging die Aufforderung an Wismar, zur Aufklärung eine Schnigge einzusetzen und dann die eigenen Hauptleute in See zu informieren.

Über Umfang und Zielstellung gewissermaßen alltäglicher Unternehmen zur Seebefriedung im 15. Jahrhundert vermitteln die Aufzeichnungen der Lübecker Kämmerei ein recht anschauliches Bild: Am 9. Juli 1456 sandte der Rat eine Schnigge und ein Boot mit 50 Mann Besatzung unter dem Kommando von zwei Hauptleuten aus, um Seeräuber zu ergreifen, die die Gewässer vor der Travemündung unsicher machten. Die Aktion verlief jedoch erfolglos, da die Piraten entkommen konnten. Am 9. Oktober des gleichen Jahres schickte der Lübecker Rat ein Boot mit 6 Mann auf die Höhe von Skagen, um die Schiffe, die von Danzig nach Holland unterwegs waren, vor Gefahren auf See, von denen man genauere Kenntnis erhalten hatte, zu warnen.

Im Frühjahr 1457 sandten die Lübecker Ratsherren zunächst ein großes Schiff und eine Schute zur Seeaufklärung aus, bevor die Handelsschiffe die Erlaubnis zur Ausfahrt aus der Trave erhielten. Wegen der Piratengefahr bekamen dann die auslaufenden Kauffahrer ein Geleit von 4 städtischen Kriegsschiffen. Ein weiteres Schiff geleitete den Lübecker Vogt nach Schonen, zur Sicherung seiner Rückfahrt mußten sogar 2 Friedeschiffe ausgesandt werden.

Im August 1458 liefen 5 Lübecker Kriegsschiffe aus der Trave aus. Sie standen unter dem Kommando der Ratsherren Alf Greverade und Godeke Burmester, waren mit Bürgern, Söldnern und Schiffsvolk bemannt und hatten den Auftrag, den dänischen Piraten Jesse Mertensen mitsamt seinen Kumpanen, die der Handelsschiffahrt schweren Schaden zufügten, aufzuspüren und unschädlich zu machen. Das Unternehmen dauerte mehrere Wochen, über sein Ergebnis ist aber leider nichts bekannt. 1462 und 1463 führten die Lübekker jeweils 4 Aktionen zur Seebefriedung durch, an denen beide Male 7 Kriegsschiffe beteiligt waren.

Derartige Unternehmungen erforderten einen hohen finanziellen Aufwand. Dieser belief sich zum Beispiel 1447/48 auf mehr als 10 300 Mark, von 1453 bis 1455 auf über 8 600 Mark.

Der Kaperkrieg

Der Kaperkrieg als Form taktischer Kampfhandlungen wurde von den Städten aus den unterschiedlichsten Gründen angewendet. Ein wesentlicher Grund war zum Beispiel das Unvermögen, durch die Kriegsflotte für längere Dauer die Seeherrschaft in den Seeräumen zu gewinnen und zu behaupten, die sowohl für den Gegner als auch für die eigene Seite von entscheidender Bedeutung waren. Dafür konnten die geographische Lage, das jeweilige Kräfteverhältnis oder auch Meinungsverschiedenheiten in den eigenen Reihen die Ursachen sein.

Legte die Hanse in der Auseinandersetzung mit einem Gegner das Schwergewicht auf handelspolitische Zwangsmaßnahmen und stellte für sie militärische Gewalt nur ein Mittel zur Unterstützung von diplomatischen Aktivitäten dar, dann wurde nicht die Blockade, sondern der Kaperkrieg angewendet, der die Störung der feindlichen Schiffahrt zum Ziel hatte und nur ausnahmsweise – so zum Beispiel im hansisch-holländischen Krieg 1438 bis 1441 oder im Krieg gegen England 1469 bis 1474 – strategische Bedeutung erlangen konnte.

Diese «Störung der Seetransporte» ist noch heute eine Kategorie der Seekriegskunst, die zur Anwendung kommt, wenn die völlige Unterbrechung der Seeverbindungen des Gegners durch eine Blockade nicht möglich ist.

Mit den Rüstungen für den Kaperkrieg und mit seiner Finanzierung wurden die Städte jeweils anteilmäßig belastet. Die Kaperverbände konnten gelegentlich eine beträchtliche zahlenmäßige Stärke erreichen. Im ersten Krieg gegen die Hanse (1438 bis 1441) war es den Holländern in kurzer Zeit gelungen, eine schlagkräftige Kaperflotte aufzubauen. Im Bestand von 54 großen und 50 kleinen Schiffen lief der Flottenverband unter dem Kommando von Admiral Hendrik van Borselen am 22. Juni 1438 nach der Trade von Brest aus. Bei dieser Kaperfahrt wurde eine preußische Baiensalzflotte gesichtet und angegriffen. Die Holländer brachten 23 kostbare Schiffe auf. 11 Schiffe der wendischen Städte, die sich ebenfalls im Verband befunden hatten, konnten sich bei Insichtkommen des Gegners in den schützenden Hafen von Brest retten.

Der Einsatz solch großer Kaperflotten blieb aber in allen von der Hanse geführten Kriegen die Ausnahme. In der Regel operierten die

Kaper einzeln oder in kleineren Gruppen. Dieser Taktik des Kaperkrieges mußten die Hansestädte bei der Sicherung ihrer Konvois und beim Aufbau eigener schlagkräftiger Kapergruppierungen Rechnung tragen.

Die hansischen Kaper hatten im wesentlichen zwei Hauptaufgaben zu erfüllen: Zum ersten waren die gegnerischen Seeverbindungen nachhaltig zu stören. Damit wurde der Gegner gezwungen, beträchtlichen Aufwand zur Sicherung seiner Seetransporte zu betreiben, was ein Abziehen von Kräften aus dem Kaperkrieg zur Folge hatte. Die zweite Hauptaufgabe bestand darin, den Kampf gegen feindliche Kaperverbände zu führen. Zu diesem Zweck patrouillierten hansische Schiffsgruppierungen als Voraussicherungen für eigene Konvois oder auf bestimmten Marschrouten, auf denen gegnerische Kaper zu erwarten waren beziehungsweise auf denen sich der Seetransport des Feindes bewegte.

Der bedeutendste Kaperkrieg, den die Hanse in ihrer Seekriegsgeschichte geführt hat, war der Krieg gegen England 1469 bis 1474. Von beiden Seiten rücksichtslos ausgetragen, forderte er viele Menschenopfer und fügte der Wirtschaft große Schäden zu. Jedoch erlangte auch dieser Kaperkrieg keine kriegsentscheidende Bedeutung.

Die Konvoifahrt

Die Konvoifahrt unter Kriegsbedingungen wird heute als Komplex von Maßnahmen zum Schutz der eigenen Seeverbindungen gegen fremde Gewalt und der Konvoi selbst als ein im Kriege von Sicherungskräften geschützter Handelsschiffsverband definiert.

In der hansischen Seefahrtsgeschichte hatte die Sicherung der Seetransporte eine lange Tradition. Schon früh mußte sich der hansische Seemann gegen Piraten und Kaper wehren. Zur besseren Verteidigung von Schiff und Ladung wurden die Besatzungen der Handelsschiffe im Laufe der Zeit verstärkt. Als aber im 15. und 16. Jahrhundert Kriege und Unruhen in den europäischen Gewässern nicht abreißen wollten und Piraten in größeren Gruppen die Meere unsicher machten, wurde die Konvoifahrt zur zwingenden Notwendigkeit.

Die Konvoifahrt war eine defensive Form taktischer Kampfhandlungen und wurde von der Hanse immer dann angewendet, wenn die Städte aus den unterschiedlichsten Gründen nicht dazu in der Lage waren, in den vom Gegner bedrohten Seegebieten die Seeherrschaft zu sichern. Wurde die Konvoifahrt als Pflicht beschlossen, dann galt bei Nichtbefolgung der Rechtsgrundsatz, daß die Hanse als Gemeinschaft nicht für eintretende Schäden aufkam und auch keine Unterstützung bei der Wiedererlangung geraubten Gutes leistete.

In der Mehrzahl der Fälle handelte es sich bei der Festlegung der Konvoifahrt um Maßnahmen gegen den Seeraub. So gefährdeten in den achtziger Jahren des 14. Jahrhunderts norwegische Seeräuber, die offensichtlich mit Duldung der dänischen und norwegischen Königin Margarete handelten, das Skagerrak und die Nordsee derart, daß auf einer Versammlung in Stralsund über die Arretierung norwegischer Waren verhandelt und für Fahrten nach Flandern, die durch dieses Seegebiet führten, die Konvoifahrt beschlossen wurde. Gleichzeitig bemühten sich die Städte um Verhandlungen mit der Königin Margarete. Von Repressalien sah man ab, da die Hanse ein gemeinsames Vorgehen mit dem dänischen Reichsrat gegen die Piraten anstrebte.

Unabhängig von den diplomatischen Bemühungen der Städte nahm die Geleitfahrt konkrete Formen an. Auf gemeinsame Kosten, die beträchtliche Summen erreichten, wurden Friedeschiffe zur Sicherung der Konvois ausgerüstet und bemannt. Am 24. November 1392 beschloß die Tagfahrt zu Marienburg erneut die Flottenfahrt. Es wurde eine Mindestzahl von 10 Schiffen für einen Konvoi vorgegeben. In dem Rezeß vom 31. Mai 1404 wurde die Anzahl der Schiffe eines Konvois aus den preußischen Städten auf mindestens 20 festgelegt. Der Verband sollte unter dem Kommando von 4 Hauptleuten segeln, die von den Städten Elbing (1), Königsberg (1) und Danzig (2) gestellt wurden.

Die Besetzung der Schiffe mit Kriegsvolk wurde je nach Lage und dem Grad der Bedrohung von Fall zu Fall beschlossen. So hatten zum Beispiel zu Beginn des 15. Jahrhunderts preußische Schiffe mit mehr als 60 Lasten Tragfähigkeit je einen Bewaffneten zu stellen. Fahrzeuge unter 60 Lasten Tragfähigkeit sollten jeweils zu zweit einen Kriegsknecht ausrüsten. Die Bewaffneten sowie 100 «gute» Schützen – letztere hatte in dem angeführten Beispiel Danzig anzuwerben – sollten auf 4 großen mit Ballast beladenen Schiffen als Geleitsicherung fahren. Der Hauptmann der Sicherungsgruppe kam aus Elbing.

Für einen nach Flandern fahrenden Konvoi wurde eine Sicherungsgruppe von 3 Schiffen beschlossen. Als Kriegsvolk sollten 100 Mann, zur Hälfte Schützen, auf die Schiffe verteilt werden. Zusätzlich hatten die im Verband segelnden Schiffe auf je 10 Lasten einen Bewaffneten an Bord zu nehmen. Gegen ein so stark gesichertes Geleit waren einzelne Handelsstörer oder kleine Piratengruppen keine ernstzunehmende Gefahr mehr.

Obwohl die in Konvois laufenden Schiffe die vom Seeraub gefährdeten Seegebiete weitaus sicherer passieren konnten, reichten die Sicherungskräfte und die an Bord der Handelsschiffe zusätzlich befindlichen Bewaffneten in manchen Fällen doch nicht aus, wenn kriegsmäßig organisierte Kaperverbände über die Geleitzüge herfielen. Die mehrfach völlig aufgeriebenen hansischen Baiensalzflotten legen davon Zeugnis ab. Die zusätzliche Sicherung und das Geleiten der Konvois in besonders gefährdeten Seegebieten durch den Einsatz hansischer Flottengeschwader war eine vor allem in Kriegszeiten übliche Praxis.

Faßt man diesen Überblick über das strategische und taktische Instrumentarium des hansischen Seekriegswesens zusammen, so erkennt man, daß die Hansen nicht nur im Handel, im Schiffbau und in der Kultur eine beachtliche Kreativität aufbrachten, sondern daß auch sehr bedeutsame Neuerungen im Bereich der Seekriegführung bei ihnen ihren Ursprung haben. Gewiß haben sie auf diesem Gebiet viele Erfahrungen von den Nachbarvölkern im Nord- und Ostseeraum übernommen und weiterentwickelt, wie zum Beispiel in der Durchführung von Seegefechten und Seelandungen, doch 3 Kategorien der Seekriegführung sind ausschließlich ihre Schöpfungen, haben sie erstmalig in großem Stil im nördlichen Europa angewendet: die Seeblockade, das Konvoisystem sowie die Seeüberwachung und -befriedung.

Diese Neuerungen wurden seit der Hansezeit zu wesentlichen Bestandteilen der Seekriegskunst auf den nördlichen Meeren und haben – freilich in zeitgemäß modifizierter Form – ihre Bedeutung bis in die Gegenwart behalten.

Kleines Lexikon

Achtersteven Abschluß des nach hinten auslaufenden Schiffskörpers.
Artikelbrief für Söldner an Bord Grundsatzvorschrift für die an Bord genommenen Söldner, die sie bei Androhung von Strafe einzuhalten hatten. Der A. entsprach in wesentlichen Teilen den im Landkrieg geltenden Vorschriften. Nur die letzten Artikel regelten Fragen des Borddienstes. Während des Nordischen Siebenjährigen Krieges von 1563 bis 1570 nachgewiesen, vermutlich schon in früheren Kriegen praktiziert, in denen Söldner eingesetzt wurden.
Auslieger (Utligger) Bezeichnung für Kaper-, Seeräuber- und auch Friedeschiffe (→ Kaper, → Orlogschiff, Friedeschiff). Fremde Kaperschiffe oder Seeräuber lauerten vor Häfen und Flußmündungen «außen liegend» auf Beute. Die Städte entfalteten ihre A. zur Seeüberwachung oder Seebefriedung vor Reeden und Häfen.
Baiensalz Seesalz, das in großen Mengen in der Baie, das heißt an der französischen Westküste, südlich der Loiremündung bei Bourgneuf, gewonnen wurde.
Bake Feststehendes Seezeichen, das turmartig an Land oder im Flachwasser zur Markierung von Fahrwassern oder Untiefen, Riffen und anderem errichtet wird.
Balinger Hochseesegler, ursprünglich Walfänger. Erreichte in der Hansezeit 80 Lasten Tragfähigkeit, wurde vorwiegend im Nordseeraum gefahren und kam auch als Friedeschiff (→ Orlogschiff, Friedeschiff) oder → Kaper zum Einsatz.
Ballast Zuladung in Form von Sand oder Steinen, um die Stabilität des Schiffes zu erhöhen. Die Hansen verbanden oft das Notwendige mit dem Nützlichen, indem sie anstelle von B. → Baiensalz luden.
Barke, Bardse In der Hanse dreimastiges, kraweelbeplanktes

Hochseeschiff, schnittig gebaut, daher schnell und manövrierfähig. Erreichte eine Tragfähigkeit von 80 bis 120 Lasten. Einsatz sowohl im Seetransport als auch zu Kriegszwecken.

Barse Leichtkalibrige Feuerwaffe. In der Überlieferung sind gegossene, geschmiedete, doppelte und einfache B. belegt.

Besansegel Am achteren Mast, dem Besanmast, gesetztes → Gaffelsegel. Löste das frühere → Lateinersegel ab.

Besteck Schiffsortbestimmung nach geographischer Breite und Länge auf der Grundlage von Beobachtungen und Berechnungen.

Bestückung Ausrüstung eines Schiffes mit Kanonen.

Blide Steinschleuder, Katapult großen Ausmaßes, das einen schweren Stein in Richtung Gegner schleuderte.

Block Im Mittelalter Holzgehäuse mit einer oder zwei drehbar gelagerten Rillenscheiben aus Holz oder Metall zur Führung von Tauwerk. Blöcke waren Bestandteil der Takelage und von → Taljen für das Ladegeschirr sowie zum Richten der Bordkanonen.

Bojer Einmastiges, später zweimastiges, mit → Gaffelsegeln getakeltes Küsten- beziehungsweise Wachschiff aus dem niederländischen Raum. Im 16. Jahrhundert in der Nord- und Ostsee verbreiteter Küstensegler, der als Kleinfrachter und Bojenleger zum Einsatz kam.

Bombarde Mittelalterliches Geschütz, italienische Bezeichnung für Steinbüchse.

Bonnets Aus Segeltuch genähte Streifen zur Verlängerung der Segel. Sie wurden bei schwachen bis mäßigen achterlichen Winden an der unteren Seite des Großsegels befestigt und konnten mit diesem zusammen die Segelfläche verdoppeln.

Brassen Taue, die an den Enden der → Rah befestigt sind und mit denen das Segel um den Mast gedreht werden kann.

Büchsenmeister Erste Artilleristen, die in den Städten hohes Ansehen genossen.

Bugspriet Über den Bug hinausragender Mast zur Befestigung des Ankers und später zum Setzen der Vorsegel.

Busse In der Hanse Transportschiff von 30 bis 50 Lasten Tragfähigkeit. Auch bei der Seebefriedung und als → Kaper bezeugt. Nach 1400 häufiger Einsatz als sogenannter Heringsbüser.

Charter Mietvertrag für ein Schiff für die Dauer eines → Konvois beziehungsweise für ein Seekriegsunternehmen.

Dominium maris Baltici Herrschaft über die Ostsee. Das 16. Jahrhundert ist in diesem Raum durch den beginnenden Kampf um das D. gekennzeichnet.

Draggen Vierarmiger Anker.

Draggenleinen Taue, an denen die beim Entern in die Takelage geworfenen Draggenanker befestigt waren.

Drahtkanone, Stabringgeschütz Aus Eisenstäben mit rechteckigen Querschnitten, die über einen kaliberstarken Kern geschmiedet wurden, gefertigtes Geschütz.

Drittel, Quartiere Gliederung der zur Hanse gehörenden Städte zunächst unter dem Aspekt traditioneller Bindungen in Drittel, später nach vorwiegend regionalen Gesichtspunkten in Quartiere.

dwars Quer, querab.

Entern Stürmen und Inbesitznehmen eines Schiffes durch Niedermachen des gegnerischen Schiffs- beziehungsweise Kriegsvolkes. Mit → Draggen und Enterhaken wurde das angegriffene Schiff an das eigene herangeholt und festgemacht.

Ewer In der Hansezeit kleines seefähiges Segelschiff mit einem Mast, kiellos und flachgehend, mit 25 bis maximal 50 Lasten Tragfähigkeit.

Faden Altes Längenmaß zur Angabe der Wassertiefe beziehungsweise zum Messen von Leinen. Der F. konnte unterschiedliche Länge aufweisen, zum Beispiel der Hamburger F. = 191,9 Zentimeter, der niederländische F. = 1,70 Meter, der preußische F. = 164,2 Zentimeter, der dänische und norwegische F. = 1,88 Meter. Heute entspricht der F. dem hundertsten Teil einer Kabellänge und beträgt 1,83 Meter.

Fähnlein Im Mittelalter und in der frühen Neuzeit in Söldner- beziehungsweise Landsknechtsheeren militärische Einheit unter Führung eines Hauptmanns. Konnte bis zu 500 Mann zählen.

Falkaune, Falkonett leichtes Feldgeschütz, das zweipfündige Kugeln verschoß. Es hatte 300 bis 400 Kilogramm Masse und war in der Regel mit zwei Pferden bespannt.

Firrer Seitenruder, das bis zur Einführung des Stevenruders im 13. Jahrhundert in der Regel an der Steuerbord- beziehungsweise an der Leeseite zum Einsatz kam.

Fleute (Fluite) In Holland entwickeltes, als Bark getakeltes Dreimastschiff (die beiden vorderen Masten trugen → Rahsegel, am achteren Mast [Besanmast] wurde ein → Gaffelsegel gesetzt), das mit Beginn des 17. Jahrhunderts auch von den Hansestädten eingesetzt wurde. Mit der F. wurde der Schiffbau revolutioniert. Das Verhältnis der Länge zur Breite, im hansischen Schiffbau noch 3:1, erreichte bei der F. nicht selten 6:1. Das wiederum führte zu der günstigen Takelage mit den höheren Masten bei geringerem Tiefgang.

Flotte Verband aus Schiffskräften von verschiedenen Städten beziehungsweise Städtegruppen für strategische Aufgaben. Konnte aus mehreren → Geschwadern und → Gruppen bestehen und weit über 12 → Orlogschiffe umfassen.

Friedeschiff → Auslieger, → Orlogschiff, Friedeschiff.

Führung In der hansischen Schiffahrt Warenmenge, die der Seemann an Bord mitführen und im jeweiligen Zielhafen verkaufen durfte.

Gaffel Am oberen Teil des Schiffsmastes nach achtern schräg aufwärts gerichtetes Rundholz, das bei Segelschiffen zur oberen Befestigung des → Gaffelsegels diente. Löste die Schrägrah der → Lateinersegel ab.

Gaffelsegel Viereckiges, ungleichseitiges Segel, das in der Ausgangslage längs zur Schiffsrichtung oben an der → Gaffel befestigt war. Entsprechend dem Verhältnis der Windrichtung zum Kurs können die G. nach Back- oder Steuerbord weggefiert beziehungsweise angeholt werden. Auf hansischen Schiffen wurden Gaffelsegel als Besansegel gesetzt, die eine Weiterentwicklung der → Lateinersegel darstellten.

Galeone Viermastiges, seltener dreimastiges Segelschiff aus dem spanisch-portugiesischen Raum, das sowohl zu Kriegs- als auch zu Transportzwecken zum Einsatz kam. Zwei der vier Masten waren in der Regel rahgetakelt, während an den anderen → Lateinersegel gesetzt wurden. Die Schiffe verfügten über hohe Aufbauten, hatten mehrere durchgehende Decks und konnten bis zu 2 000 Tonnen Verdrängung erreichen. Aus dem → Nao und der → Karavelle als Weiterentwicklung zum Hochseefrachter für die Atlantiküberquerung hervorgegangen, bildeten sie im 17. Jahrhundert den Kern der spanischen Silberflotte. Im Nord- und Ostseeraum wurde Mitte des 16. Jahrhunderts auf der Grundlage der Erfahrungen mit der → Karacke ein leichterer und manövrierfähigerer G.-Typ, die Galione, mit 500 bis 600 Tonnen und bis zu 60 Metern Länge entwickelt.

Geschwader Taktischer Verband von Schiffskräften, der mehrere → Gruppen umfassen und 6 bis 12 Schiffe im Bestand haben konnte.

Gieren Streben des Schiffes nach einer bestimmten Seite, zum Beispiel luvgierig – in den Wind und leegierig – aus dem Wind.

Gissung (vom engl. to giss – schätzen) Ermittlung des Schiffsortes in der Seekarte nach Kompaß, Lot und Geschwindigkeit.

Glasen Anschlagen/Läuten der Schiffsglocke zu jeder halben Stunde. Stammt bereits aus der frühen Segelschiffahrt, als das Stundenglas zum Messen der Segel- und Wachzeiten eingeführt worden war. Diese gläsernen Sanduhren zeigten mit einem Durchlauf eine halbe Stunde an. Nach der ersten halben Stunde der Wache erfolgte ein Glockenschlag – ein Glas –, zwei Glas in Form eines Doppelschlages wurden zur vollen Stunde gegeben. Acht Glas – vier Doppelschläge – zeigten nach vier Stunden das Ende der Wache an. In den Rhythmus des G. wurden auf weiten Routen in der Regel auch die Segelzeiten, das heißt die Zeiten, die das Schiff auf einem bestimmten Kurs lief, eingeordnet.

Gnom Schattenzeiger, der im Mittelalter zur Bestimmung der geographischen Breite mit Hilfe des einfallenden Sonnenlichts genutzt worden sein soll.

Gruppe Kleinster taktischer Verband von Schiffskräften. Sie konnte aus Kaper-, Auslieger- oder Friedeschiffen bestehen und umfaßte 2 bis 5 Schiffe einer Stadt oder Städtegruppe.

Hakenbüchse, Arkebuse Handfeuerwaffe mit Luntenschloß, an dessen Unterseite ein Stützhaken befestigt war, der wegen des Gewichtes der Waffe als Auflage diente und gleichzeitig zum Abfangen des Rückstoßes eingehakt werden konnte (zum Beispiel an der Bordwand).

Hansetag → Tagfahrt, Hansetag

Harnisch Teil der Schutzausrüstung der Ritter, Söldner, Bürger und Bauernkrieger im Mittelalter und in der frühen Neuzeit. Es gab den Brust-, Arm- und Bein-H.

Hellebarde Als Hieb-, Stich- und Reißwaffe gearbeitete Lanze von etwa 2 Meter Länge. Die Spitze war an einer Seite als Beil gestaltet und an der gegenüberliegenden mit einem Reißhaken gegen gepanzerte Reiter versehen. Die H. war eine effektive Waffe des Fußvolkes gegen die Reiterei.

Holk (engl. Hulk) In der Hansezeit Weiterentwicklung der → Kogge zu einem relativ breiten flachbordigen, in der Mitte oft stark durchgebogenem Dreimaster mit festem Vor- und Achterkastell. Der H. führte am Fock- und am Großmast je ein großes rechteckiges → Rahsegel und am Besanmast an einer Schrägrah ein → Lateinersegel. Bis zur Mitte des 15. Jahrhunderts erreichte der H. eine Tragfähigkeit von 100 bis 150 Lasten.

Hovetschiffe Im 15. Jahrhundert im Dienst der Städte befindliche → Orlogschiffe.

Kaper (niederdt. kapen, kapern – aufbringen) Speziell zur Störung gegnerischer Seetransporte, aber auch zur Abwehr gegnerischer Schiffskräfte gleicher Bestimmung hergerichtete Handels- und Kriegsschiffe. Die K.-Kapitäne nahmen – im Unterschied zu den Piraten durch einen K.-Brief ermächtigt – auf eigene Kosten und eigenes Risiko am Seekrieg teil. Von ihrer Beute mußten sie bis zu 50 Prozent an ihren Auftraggeber abführen.

Karacke Dreimaster aus dem Mittelmeerraum, der Anfang des 14. Jahrhunderts erstmals in Genua nachgewiesen ist. Vom 15. bis in das 17. Jahrhundert verbreitete sich diese Schiffsklasse über Spanien und Portugal auch im Nord- und Ostseeraum. Vorderkastelle, langgestreckte Heckaufbauten und mehrere → Marsen machten die Schiffe verteidigungsfähig und als → Orlogschiffe geeignet. Sie sollen anfangs dem → Holk und später dem → Kraweel ähnlich gewesen sein.

Karavelle Kraweelschiffstyp (davon auch der Name abgeleitet), der im 13. Jahrhundert als einmastiges Fischerboot mit → Lateinersegel im portugiesischen Raum nachgewiesen ist und im 14. Jahrhundert als Zweimaster sowie später mit 3 Masten lateinersegelgetakelt zum Einsatz kam.

Kartaune Großkalibrige Feuerwaffen, die an Bord hansischer Schiffe als «Hovetstücke» bezeichnet wurden. In doppelte, ganze, dreiquarter und halbe K. unterteilt, in der Regel Bronzeguß.

Kennung Mittelalterliches seemännisches Entfernungsmaß, entsprach 4 deutschen Meilen (→ Meile, deutsche), heute 16 → Seemeilen. Nach Lübecker und Hamburger Schiffsrecht sind die kleine K. etwa 12 Seemeilen, die gute kleine K. von 14 Seemeilen, die eigentliche K. von 16 Seemeilen und die große K. von 18 Seemeilen überliefert.

Klinkerbauweise Art der Beplankung im Schiffbau, bei der sich die Verbindungen der Planken der Außenhaut dachziegelartig überlappen.
Klipphafen, Überstrandhandel Unerlaubter Handel «über den Strand» unter Meidung der Häfen beziehungsweise unter Ausnutzung nichtprivilegierter Winkelhäfen (Klipphäfen).
Kogge (ursprünglich: der Koggen) In der Hanse hochbordiger, klinkerbeplankter Einmaster mit kurzem und gedrungenem Schiffsrumpf. Anfangs Seiten-, später Stevenruder am Heck. Die K. erreichte eine Tragfähigkeit bis zu 100 Lasten und stellte im Frieden und bei Kriegseinsätzen über 200 Jahre die wichtigste Schiffsklasse der Hanse.
Konvoi Von → Orlogschiffen gegen fremde Gewalt geschützter Handelsschiffsverband.
Kraier Frachtschiff, seetüchtig, in der Hansezeit mit 50 bis 70 Lasten Tragfähigkeit. Im 15. und 16. Jahrhundert häufig Dreimastschiff. Wurde in der Ostsee sowie in der Bergen- und Flandernfahrt verwendet. Auch als → Orlogschiff nachgewiesen. Je nach Größe und Betakelung nur 6 bis 12 Mann Schiffsvolk.
Kraweel In der Hansezeit Weiterentwicklung des Holks auf der Grundlage der → Kraweelbauweise zur größten hansischen Schiffsklasse. In der zweiten Hälfte des 15. Jahrhunderts und im Laufe des 16. Jahrhunderts wurden K. der verschiedensten Typen gebaut.
Kraweelbauweise Art der Beplankung im Schiffbau, bei der die Planken stumpf gegeneinander stoßen und durch Spanten und Dübel verbunden sind. Dabei entsteht eine glatte Außenfläche.
Kreuzen Manövrieren eines Segelschiffes gegen die Windrichtung. Dabei können nach dem Stand der Takelage Amwindkurse (Anströmwinkel für das Segel 80° bis 60°) beziehungsweise Hartamwindkurse (60° bis 40°) gegen den Wind gesteuert werden, um Luvgewinn zu erzielen. In schwerer körperlicher Arbeit für die Besatzung mußten die Kurse zickzackförmig durch Wenden zwischen Backbordbug und Steuerbordbug gegen den Wind in Zielrichtung gesteuert werden.
Last Maß für die Tragfähigkeit eines mittelalterlichen Schiffes. Einen einheitlichen L.-Begriff wird es kaum gegeben haben. Die L. soll der Ladung eines vierspännigen Pferdefuhrwerkes entsprochen haben, sie ist auch als «var» (Fuhre) nachgewiesen. Im wesentlichen

werden die Herings-L., die preußische L. und die hansische L. unterschieden. Die hansische L. wird auf etwa 1 880 Kilogramm geschätzt. Als Faustregel wird eine Last auf 2 Tonnen umgerechnet.

Lastadie Mittelalterlicher Schiffbauplatz.

Lateinersegel Dreiecksegel, das an einer Schrägrah befestigt war, welche nach dem ersten Drittel ihrer Länge am Mast angeschlagen wurde. Das L. ist wahrscheinlich aus dem arabischen Raum übernommen worden.

Laufende See Bewegungsrichtung der Wellen.

Leichter Transportschiff mit geringem Tiefgang, das zum Entladen (Leichtern) der tiefgehenden Hochseeschiffe bestimmt war. In der Hansezeit bereits → Schuten, aber auch → Schniggen und → Ewer.

Leichtern Verringern des Tiefgangs eines Schiffes durch Vonbordgabe von Gütern, Ballast und anderem.

Leuchte, Luchte Seezeichen mit Laterne, das zur Kennzeichnung von Fahrwassern oder Unterwasserhindernissen feststehend als → Bake errichtet oder schwimmend als Boje gelegt sein konnte.

Lot Einfaches Gerät zum Messen der Wassertiefe und zur Bestimmung der Grundbeschaffenheit in den zu befahrenden Gewässern. Es bestand aus dem L.-Körper, in der Regel Gußeisen, und der L.-Leine. Am Boden des L.-Körpers war eine Mulde ausgespart, in die bei Erfordernis Talg oder Wachs geschmiert wurde. Daran festhaftend, konnten Bodenproben an die Wasseroberfläche gefördert werden.

Lotbusse Feuerwaffe, geschmiedetes Geschütz, das Eisenkugeln verschoß.

Loxodrome (griech., Schieflaufende) Auf einer beliebigen Rotationsfläche verlaufende Linie, die alle Meridiankurven unter dem gleichen Winkel schneidet. Auf der Erdoberfläche gibt die L. eine Kurve gleichbleibenden Kurses an und nähert sich in unendlich vielen Windungen beständig dem Pol, ohne ihn je zu erreichen. Durch die Mercatorprojektion erscheint sie in Seekarten als gerade Linie und wird auch als Kursgleiche bezeichnet.

luvgierig → Gieren.

mare liberum («freies Meer») Sich allmählich durchsetzendes neuzeitliches Prinzip des «offenen Meeres», nach dem die Schiffahrt einem jeden offen ist, das aber im Widerspruch zum privilegierten Handel der Hanse stand.

Mark Als Gewichts-M. Maßeinheit für Edelmetalle. In den Hansestädten weit verbreitet war die Kölner M. (231 bis 234 Gramm). Als Zähl-M. in Lübeck und vielen anderen Hansestädten unterteilt in 16 Schillinge zu je 12 Pfennigen. Als Münzeinheit seit 1506 in Lübeck, Hamburg, Lüneburg und Wismar ausgeprägt.

Mars Korbähnliche Mastplattform, die im Mittelalter und in der frühen Neuzeit als Kampf- beziehungsweise Ausguckposition genutzt wurde. Im Zuge der Weiterentwicklung zu geteilten Masten und verbesserter Takelage wurde der M. auf der → Saling rahgetakelter Masten befestigt. Hier wurde auch die sogenannte M.-Stenge, die Verlängerung der geteilten Masten, angesetzt. Diese Stenge trug das Topp- beziehungsweise die Marssegel.

Meile, deutsche Längenmaß im Mittelalter und in der frühen Neuzeit. Entsprach einer → «Weeke see», das sind etwa 4 → Seemeilen.

Nao Zweimastiges Segelschiff, erstmals im 14. Jahrhundert nachgewiesen. Im portugiesischen Raum entstanden, wurde sie im weiteren zum Dreimaster entwickelt; im 15. Jahrhundert war die N. in der spanischen Flotte ein verbreiteter Kraweelschiffstyp.

Nef Einmastiges, der → Kogge ähnliches Frachtsegelschiff, das vermutlich aus den Normannenschiffen sowie aus den ursprünglichen Koggen des Nord- und Ostseeraumes und aus Schiffstypen der Mittelmeerländer hervorgegangen ist. Dieser Entwicklungsprozeß muß zur Zeit der Kreuzzüge eingesetzt haben und erstreckte sich bis zum 16. Jahrhundert. In Westfrankreich vor allem für den Weintransport nach England gebaut, wurde das N. zu Verteidigungszwekken relativ früh mit kastellartigen Aufbauten versehen. Die beiden seitlichen Ruder mußten im 13. Jahrhundert wie bei der Kogge dem Stevenruder weichen. Das N. erreichte eine Tragfähigkeit von 100 Lasten.

Normannenschiff Weiterentwicklung der offenen, sowohl geruderten als auch gesegelten Wikingerschiffe. Die N. waren zum Teil gedeckte Frachtschiffe, die notfalls noch gerudert werden konnten. Sie können als Vorläufer für die → Koggen sowie für die → Nefs angesehen werden.

Orlogschiff, Friedeschiff Kriegsschiff.

Partenreederei Im Mittelalter Zusammenschluß mehrerer Personen, die ein ihnen gemeinsam nach Anteilen gehörendes Schiff auf gemeinsame Rechnung und gemeinsames Risiko einsetzten. Vor allem in unruhigen Zeiten trug die P. zur Verminderung des Risikos durch Aufteilung des Eigentumsrechts an Schiffen in mehrere oder viele «Parten» an verschiedene Partner bei.

Pfennig (lat. denarius) Im größten Teil des mittelalterlichen Europas bis zum 13. Jahrhundert einzige umlaufende Münze aus Silber. In den Hansestädten als Nominale zu ½-, 1-, 2- und 3-P.-Münzen unter verschiedenen Namen ausgeprägt. In Lübeck galt 1 Schilling = 12 P.

Pfundzoll Abgabe zur Finanzierung von Kriegen oder Seekriegsunternehmen, die in der Regel vom Hansetag beschlossen wurde. Der P. bestand in der Zahlung von 4 → Pfennigen pro Pfund vom Wert des Schiffes und der Ladung eines jeden die Hansestädte verlassenden beziehungsweise anlaufenden Warentransports. Verlief die Reise zwischen Hansestädten, mußte im Ankunftshafen die Quittung über den im Abgangshafen entrichteten P. vorgelegt werden.

Pinke Kraweelschiffstyp, in der Hansezeit Dreimastsegler, der in sich die Kampfkraft und Manövrierfähigkeit des aufkommenden → Orlogschiffes mit der Lademöglichkeit der → Barke vereinte. Erreichte 100 → Lasten Tragfähigkeit. Wahrscheinlich aus dem Mittelmeerraum übernommen.

Pleyte In der Hansezeit schwerfälliger, aber seetüchtiger Frachtsegler, der im 15. Jahrhundert eine Tragfähigkeit bis zu 80 → Lasten erreichte. In hansischen Flottenverbänden wurde die P. als Hilfs- und Transportschiff verwendet.

Poop Decksaufbauten auf dem Achterschiff, die nach oben durch das P.-Deck abgeschlossen werden.

Portolan Italienisches mittelalterliches Seehandbuch.

Portolankarten Kompaßkarten, die auf der Grundlage der → Portolani entstanden waren und noch kein Gradnetz enthielten, sondern ein Netz von geraden Linien, die den wichtigsten Kompaßrichtungen entsprachen.

Profoß Strafvollstrecker, der im Flottendienst größere Befugnisse als an Land hatte. Er nahm die richterliche und Polizeigewalt wahr. Ihm unterstanden die Stockknechte, mit deren Hilfe er auch Strafen vollzog.

Rack Tauschlinge, an der bereits bei den → Koggen die Rah am Mast befestigt wurde.

Rah Am Mast von Segelschiffen angeschlagenes Rundholz, das in

Ausgangslage horizontal, quer zur Schiffsrichtung drehbar angebracht wird. An den R. werden die → Rahsegel befestigt.

Rahsegel Viereckiges, später trapezförmiges Segel, das an einem Rundholz, der → Rah, befestigt ist und vor dem Mast angeschlagen wird. Je nach Windrichtung-Kurs-Verhältnis können die Rahen zum besseren Einfall des Windes bis zu einem bestimmten Winkel gedreht werden. Bereits die ersten Hansekoggen waren rahgetakelt.

Reuter (Ruter, Reiter) Kriegsvolk an Bord, Söldner.

Rezeß (lat. recessus) In der Hanse Aufzeichnung des Verhandlungsverlaufs und der Festlegungen eines Hansetages.

Rotte Kleinste militärische Einheit von an Bord eingesetzten Söldnern. Sie wurde von einem Rottmeister geführt und umfaßte in der Regel 10 bis 15 Mann.

Saling Bei geteilten Masten Plattform am oberen Ende des Untermastes. Die geteilten Masten wurden auch im Schiffbau der hansischen Spätzeit mit der Weiterentwicklung der immer größer werdenden Kraweelschiffstypen eingeführt. Sie waren Folge oder Voraussetzung für die Vervollkommnung der Takelage. Die S. war eine Art Zwischenetage, in deren Höhe der Obermast, die Marsstenge, angesetzt war. Die S. selbst ruhte auf den Quer- und Längsbalken der Spreizvorrichtung zum Versteifen des geteilten Mastes.

Schanzkleid Geschlossene Schutzwand, die in Verlängerung der Außenhaut eines Schiffes analog der offenen Reling betimmte Teile des Decks umschließt.

Schiffsklasse Gruppe von Kriegs- oder Handelsseefahrzeugen mit bestimmtem Zweck und gemeinsamen Merkmalen, die sowohl auf Binnen- und Küstengewässern als auch auf See zum Einsatz kommen können. In der hansischen Seefahrtsgeschichte unterscheiden wir im wesentlichen folgende S.: → Kogge, → Holk, → Kraweel, → Schnigge, → Schute, → Ewer, → Kraier, → Barke, → Busse, → Balinger, → Pleyte, → Fleute.

Schiffstyp Untergruppe der → Schiffsklasse, die nach nationalen beziehungsweise regionalen Besonderheiten unterschiedliche Ausführungen einer Schiffsklasse umfaßt. In der hansischen Seefahrtsgeschichte sind zu den einzelnen Schiffsklassen sowohl national als auch regional verschiedene S. nachgewiesen. Beispiel: Kraweelschiffe vom → Vawiker- (Foweyer-) Typ oder der kleinere Lübecker gegenüber dem größeren Danziger Koggentyp.

Schilling Nach dem byzantinischen Solidus, einer Goldmünze, benannte und in den Hansestädten weit verbreitete Silbermünze, von der in Lübeck und den benachbarten Städten jeweils 16 auf 1 → Mark gingen. Der S. der wendischen Städte enthielt im 15. Jahrhundert 1,25 bis 1,50 Gramm Feinsilber.

Schimman Angehöriger des Bootsmannspersonals. Abgeleitet von Schiffsmann, Schippmann, später auch Schiemann genannt.

Schlange Feuerwaffe mittleren Kalibers und größerer Rohrlänge, in der Regel Bronzeguß. Die S. hatte eine Masse bis zu 2 500 Kilogramm und wurde an Land von 21 Pferden gezogen. Es gab auch Halbe Schlangen von etwa 1 000 Kilogramm Masse, die mit 13 Pferden bespannt waren.

Schnigge In der Hansezeit kleines, relativ schnelles Segelschiff, das hauptsächlich in der Küstenschiffahrt und zu Kontrollzwecken in Häfen und auf den Zufahrten eingesetzt wurde. Es erreichte eine Tragfähigkeit von etwa 30 bis 50 Lasten.

Schotbusse Leichtkalibrige Feuerwaffe, die über dem → Schanzkleid in Stellung gebracht wurde.

Schoten Taue, die, über eine → Talje geführt, am unteren Teil des Segels befestigt sind. Mittels der S. werden die Segel an- oder dichtgeholt (gespannt).

Schratsegel (niederdt. schrat = schräg) Segel, die in Längsschiffsrichtung stehen, häufig an einer Rah in Luggerstellung hängende Segel, das heißt, die breitrechteckigen Segel wurden asymmetrisch mit dem längeren Ende der Rah nach achtern am Mast angeschlagen.

Schute In der Hansezeit Küstensegler, der vor allem als Kleintransporter beziehungsweise Leichter eingesetzt wurde. Die S. erreichte eine Tragfähigkeit von 30 Lasten.

Seeblockade Sperrung eines Hafens, eines Seegebietes oder der gegnerischen Küste mit → Orlogschiffen. Die Seeblockade ist historisch das älteste strategische Mittel hansischer Seekriegskunst zur gewaltsamen Durchsetzung der politischen Ziele des Städtebundes gegen einen feudalen Potentaten.

Seegefecht (in der Zeit der Hanse) Taktische Kampfhandlungen von Schiffsgruppierungen mit dem Ziel, Teilkräfte des Gegners, → Konvois, → Geschwader oder Kapergruppen zu vernichten. In der Summe konnten zielgerichtet geführte S. beziehungsweise Kaperhandlungen strategische Bedeutung erlangen.

Seemeile Längenmaß in der Seefahrt, das aus dem Äquatorumfang der Erde abgeleitet wurde. Die S. entspricht der Länge einer Bogenminute = $\frac{1}{60}$ Grad = 1 852 Meter.
Seeschlacht (in der Zeit der Hanse) Kampfhandlungen des Gros der Flotten von strategischer Bedeutung, mit denen bezweckt wurde, die Seestreitkräfte des Gegners zu vernichten, die Seeherrschaft in dem betreffenden Gebiet herzustellen und damit den Krieg zu entscheiden.
Seewurf Leichtern des Schiffes durch Überbordwerfen von Ladungsteilen im Falle der Seenot.
Spill Im Mittelalter Hilfseinrichtung an Deck zum Bewegen von Tauwerk mittels Muskelkraft. Das S. trommelte die Leinen nicht auf, sondern führte sie durch Seilreibung von der Abgangsseite lose weg. Ein Leinen-S. ist auf der Bremer Kogge von 1380 für die Hanse erstmals nachgewiesen.
Spillspake Starke Kant- und Rundhölzer, die als Speichen in den Spillkopf eingesteckt werden. Mit Hilfe der Spaken wurde von der Besatzung das → Spill gedreht.
Stag Haltetau, mit dem Masten und Stengen nach achtern gegen den Winddruck festgesetzt wurden.
Stapel, Stapelzwang Zwangsmittel gegen auswärtige Konkurrenten, die daran gehindert wurden, bestimmte Waren, für die eine Stadt das «Stapelrecht» besaß, frei durch diese beziehungsweise um diese herum zu führen. Sie mußten vielmehr diese Waren in der betreffenden Stadt zunächst «stapeln», das heißt einlagern, und – zu oft bewußt herabgedrückten Preisen – zum Verkauf anbieten.
Steenbusse Geschmiedetes Geschütz, das Steinkugeln verschoß.
Stenge Oberer Mast (Mars-S.) bei geteilten Masten.
Strandrecht Mittelalterliche Rechtsauffassung, nach der ein gestrandetes Schiff, seine Fracht und bisweilen auch die Besatzung Eigentum des Strandherrn wurden.
Tagfahrt, Hansetag Versammlung der Ratsvertreter der zur Hanse gehörenden Städte.
Talje Kräftesparende Anordnung von → Blöcken und Tauwerk nach dem Prinzip des Flaschenzuges, bei der die Blöcke drehbar gelagerte Seilscheiben zur Führung des Tauwerkes enthalten.
Tohopesate Städteverbindungen innerhalb der Hanse, meist regional bestimmt. Sie wurden in der Regel zur Verteidigung städtischer

Rechte gegenüber den Fürsten und zur Sicherung der Handelsstraßen abgeschlossen.

Toppkastell → Mars

Trade Von Hanseschiffen in der Regel befahrene Seewege, die oft mit den in den Segelanweisungen empfohlenen Kursen übereinstimmten. In den hansischen Quellen als «upp de trade»-Fahren belegt. Ist keine geographische Bestimmung, wie zum Beispiel Schweden-T. oder Lübische T., angegeben, so wurde vielfach das Fahrwasser im Kanal zwischen England und dem Festland aus und in Richtung Brest verstanden.

Treibendes Werk (driuendes Werk) Geschoßwerfer, überdimensionale Armbrust, die eisenbeschlagene Pfähle verschoß. Bei Belagerungen auch als Mauerbrecher eingesetzt.

Treidelschiff Ein von Land aus geschlepptes Schiff.

Vawiker- (Foweyer-) Typ Kraweelschiffstyp, in der Hansezeit dreimastiger Segler ähnlich der → Pinke, nach der südenglischen Hafenstadt Fowey, westlich von Plymouth, benannt.

Verhansung Ausschluß aus der Hanse, Verlust der Privilegien.

Vitalienbrüder, Likendeeler Um 1400 in der Ost- und Nordsee handelnde Piraten.

Vitte Saison-Niederlassung in der Hansezeit für Heringsfang, -verarbeitung und -handel.

Wanten Haltetaue, mit denen Masten und Stengen seitlich an der Bordwand (Pütting) festgesetzt wurden.

Webeleine Tauwerk, das zwischen den → Wanten als Sprossen zum Aufentern in die Masten mittels Webeleinenstek eingewebt wurde. W. sind in der hansischen Segelschiffahrt erstmals in den Städtesiegeln von Danzig um 1400 und von Elbing um 1433 nachgewiesen.

Weeke see Längenmaß in der Seefahrt des Mittelalters, würde heute 4 → Seemeilen entsprechen.

Weibel, Feldweibel Dienststellung, später Dienstgrad in den Söldnerfähnlein, der für Taktik und Ausbildung verantwortlich war. Auf dem Marsch hatte er Disziplin und Ordnung durchzusetzen.

Wimpel Dreieckige oder halbrunde lange Flagge, in der Segelkriegsflotte auch Bezeichnung für Schiffe im Verband. Beispiel: Die Flotte zählte 30 Wimpel.

Zeittafel

Allgemeine Geschichte

1. Hälfte 12. Jh.	Beginn der zweiten Hauptetappe der feudalen deutschen Ostexpansion
1142–1180	Heinrich der Löwe Herzog von Sachsen
1147	Wendenkreuzzug
1152–1190	Kaiser Friedrich I. Barbarossa
1154–1189	Heinrich II. von England
1157–1182	Waldemar I. von Dänemark
1167	Heinrich der Löwe unterwirft Mecklenburg
1168	Eroberung Rügens durch die Dänen
1201–1230	Der Schwertbrüderorden erobert Livland und Kurland
1201	Die Grafschaften Holstein und Schwerin unter dänischer Hoheit
1202–1241	Waldemar II. von Dänemark
1212–1250	Kaiser Friedrich II.
1214	Friedrich II. tritt dem Dänenkönig die südwestliche Ostseeküstenregion ab
1219	Waldemar II. erobert Estland und gründet Reval
1227	Waldemar II. wird in der Schlacht bei Bornhöved besiegt
1230–1283	Der Deutsche Orden erobert Preußen
1237	Vereinigung des Schwertbrüderordens mit dem Deutschen Orden
1242	Alexander Newski siegt über den Deutschen Orden in der Schlacht auf dem Peipussee
1246	Bildung von Städtebünden in Westfalen und Niedersachsen

Hansische Geschichte

1143/1159	Gründung Lübecks
um 1157	Privilegien für die Kölner Kaufleute in London durch Heinrich II.
um 1160	Bildung der Genossenschaft der Gotland besuchenden deutschen Kaufleute
um 1184	Gründung des St.-Peter-Hofes in Nowgorod
1201	Gründung von Riga
1218	Stadtrechtsverleihung an Rostock
1226	Reichsfreiheitsprivileg für Lübeck
1229	Wismar erhält Stadtrecht
um 1230	Erster Vertrag zwischen Lübeck und Hamburg
1234	Stralsund erhält Stadtrecht
1234	*Lübisch-dänisches Seegefecht vor Warnemünde*
1241	Erweiterter Vertrag zwischen Lübeck und Hamburg
1249	*Eine Lübecker Flotte landet vor Kopenhagen*
1249	Überfall der Lübecker auf Stralsund

1250–1273	Interregnum in Deutschland
1254–1256	Rheinischer Städtebund
1286–1319	Erich Menved von Dänemark
1304	König Albrecht I. tritt die südwestliche Ostseeküste – mit Ausnahme von Lübeck – an Erich Menved von Dänemark ab
1309	Pomerellen mit Danzig dem Ordensstaat eingegliedert. Verlegung des Hochmeistersitzes auf die Marienburg
1319–1340	Feudale Anarchie in Dänemark
1327–1377	Eduard III. von England
1337–1453	Hundertjähriger Krieg zwischen England und Frankreich
1340–1375	Waldemar IV. Atterdag von Dänemark
1341	Schonen an Schweden abgetreten
1346	Estland von Dänemark an den Deutschen Orden verkauft
1346–1378	Kaiser Karl IV.
1360	Schonen wird Dänemark wieder angegliedert

1252/53	Privilegierung deutscher Kaufleute in Flandern
1259	Erster Vertrag zwischen Lübeck, Wismar und Rostock
1266/67	Hansen der Hamburger und Lübecker in London
1280–1282	Erste hansische Handelssperre gegen Brügge
um 1282	Vereinigung der niederdeutschen Hansen in England
1283	Rostocker Landfriedensbündnis
1284/85	*Hansisch-norwegischer Konflikt*
1293	Bündnis zwischen Lübeck, Wismar, Rostock, Stralsund, Greifswald
1293	Verlegung des Oberhofs für Nowgorod von Visby nach Lübeck
1299	Aufhebung der Gotländischen Genossenschaft
1307–1309	Verlegung der Brügger Niederlassung nach Aardenburg
1307	Lübeck unter dänischer Schutzherrschaft
1311–1317	*Krieg einer dänisch-norddeutschen Fürstenkoalition gegen Wismar, Rostock, Stralsund, Greifswald*
1311	Wismar muß kapitulieren
1312	Rostock durch Verrat an die Fürsten ausgeliefert
1316	Niederlage der Fürstenkoalition vor Stralsund

1347	Statuten des Brügger Kontors
1356	Erster allgemeiner Hansetag
1358–1360	Hansische Handelssperre gegen Flandern
1361	Dänischer Angriff auf Visby
1361/62	*Erster Krieg der Hanse gegen Waldemar IV.*
Mai 1362	Landung einer hansischen Flotte vor Kopenhagen sowie vor Helsingborg auf Schonen

1364–1386	Albrecht von Mecklenburg König von Schweden
1375–1412	Margareta, Königin von Dänemark, Regentin von Schweden und Norwegen
1384–1404	Philipp der Kühne, Herzog von Burgund, Graf von Flandern
1386	Union zwischen Polen und Litauen
1397	Kalmarer Union zwischen Dänemark, Schweden und Norwegen
1410	Niederlage des Deutschen Ordens in der Schlacht bei Tannenberg/Grunwald
1412–1439	Erich von Pommern Nordischer Unionskönig
1419–1467	Philipp der Gute, Herzog von Burgund
1428–1430	Vereinigung der niederländischen Territorien unter Philipp dem Guten
1434	Volkserhebung in Schweden
1439–1448	Christoph III. von Dänemark
1441	Dänisch-holländischer Vertrag
1448–1481	Christian I. von Dänemark
1454–1466	Dreizehnjähriger Krieg im Ordensstaat

1365	Erhebung der Bremer Bürgerschaft. Erstmals Gegenreaktion des Städtebundes
1367	Kölner Konföderation
1367–1370	*Zweiter Krieg der Hanse gegen Waldemar IV.*
April/Mai 1368	Landung hansischer Flottenkräfte vor Kopenhagen, vor Helsingborg auf Schonen sowie auf Langeland, Moen und Falster
1370	Frieden von Stralsund
1375	Braunschweig wegen innerer Unruhen aus der Hanse ausgeschlossen
1388	Unterbrechung der Handelsbeziehungen zu England, Flandern und Nowgorod
1390–1401	Vitalienbrüder
1408–1416	Innere Auseinandersetzungen in wendischen Hansestädten
1418	Hansisches Statut gegen Aufruhr
1419	Gründung der Universität Rostock
1426–1435	*Hansischer Krieg gegen Dänemark*
Juli 1427	Seeschlacht im Sundeingang
April 1428	Landung einer hansischen Flotte vor Kopenhagen sowie Versuch der Sperrung des Hafens
Juni 1428	Landung einer hansischen Flotte vor Kopenhagen sowie Sperrung und Artilleriebeschuß des Hafens
1428/29	Hansische Überfälle auf Bergen in Norwegen
Mai 1429	Dänischer Überfall auf den Stralsunder Hafen
1438–1441	*Hansisch-holländischer Krieg*
1442	Unterwerfung Berlin-Köllns durch den Kurfürsten von Brandenburg
1451–1457	Letzte Handelssperre gegen Flandern
1456	Gründung der Universität Greifswald

1455–1485	Rosenkriege in England
1462–1505	Iwan III., erster «Zar von ganz Rußland»
1466	2. Thorner Frieden: Der Orden unter polnischer Hoheit
1478	Iwan III. erobert Nowgorod
1486–1519	Kaiser Maximilian I., seit 1477 Regent von Burgund
1513–1523	Christian II., letzter Nordischer Unionskönig
1517	Luthers Thesenanschlag
1519–1556	Kaiser Karl V.
1523–1560	Gustav I. Vasa von Schweden
1525	Preußen weltliches Herzogtum unter polnischer Hoheit
1527	Reformation in Schweden
1533–1584	Ivan IV. Zar von Rußland
1534–1559	Christian III. von Dänemark
1536	Reformation in Dänemark
1553	Die Engländer erschließen den nördlichen Seeweg nach Rußland
1556–1598	Philipp II. von Spanien
1558–1603	Elisabeth I. von England
1558–1582	Livländischer Krieg
1561	Livland dem polnisch-litauischen Reich eingegliedert
1561	Schweden annektiert Estland
1561	Kurland weltliches Herzogtum
1563–1570	Nordischer Siebenjähriger Krieg
1566	Beginn der frühbürgerlichen Revolution in den Niederlanden

1469–1474	*Hansisch-englischer Krieg*
1474	Frieden von Utrecht
1494	Schließung des Nowgoroder Kontors durch Iwan III.
1509–1512	*Hansischer Krieg gegen Dänemark und Holland*
Aug. 1511	Seeschlacht vor Bornholm
1518	31 Städte werden aus der Hanse ausgeschlossen
1522	Beginn der lutherischen Reformation in den Hansestädten
1522–1524	*Hansisch-dänischer Krieg*
1533	Aufhebung der Lübecker Privilegien in Schweden
1533–1535	Jürgen Wullenwever Bürgermeister von Lübeck
1534–1536	*Krieg der wendischen Städte gegen Dänemark und Schweden* («Grafenfehde»)
Juni 1534	Landung einer hansischen Flotte vor Kopenhagen
Sept.–Nov. 1534	Dänische Belagerung Lübecks
Dez. 1534	Landung einer hansischen Flotte vor Kopenhagen
April 1535	Landung einer hansischen Flotte vor Kopenhagen
Juni 1535	Vernichtung des Gros der hansischen Flotte im Svendborgsund
1557	Versuch einer Reorganisation der Hanse
1558	Narva und Dorpat von den Russen erobert
1559	Ein Lübecker Flottengeschwader beschießt Reval
1563–1570	*Lübecks Teilnahme am Nordischen Siebenjährigen Krieg*
Aug. 1563	Landung der dänisch-lübischen Flotte auf Oeland
Sept. 1563	Seeschlacht nördlich von Gotland
Mai 1564	Seeschlacht bei Gotland
Sept. 1564	Landung der dänisch-lübischen Flotte auf Oeland
Mai 1565	Seegefechte östlich Rügen
Juni 1565	Seeschlacht nördlich Wismar
Juli 1565	Seeschlacht westlich von Bornholm

1576	Plünderung Antwerpens durch die Spanier («Spanische Furie»)
1579	Utrechter Union – erster bürgerlicher Staat der Weltgeschichte
1581	Unabhängigkeitserklärung der Vereinigten Niederlande
1583	Schweden annektiert Narva, Iwangorod und Ingermanland
1584	Virginia, erste englische Kolonie in Nordamerika
1588	Vernichtung der spanischen Armada
1588–1648	Christian IV. von Dänemark
1600	Gründung der Ostindischen Kompanie in England
1602	Gründung der Niederländisch-Ostindischen Kompanie
1611–1632	Gustav II. Adolf von Schweden
1618–1648	Dreißigjähriger Krieg
1630	Gustav II. Adolf landet auf Usedom
1648	Westfälischer Frieden

Juli 1566	Sturmkatastrophe bei Gotland
Juni 1569	Dänisch-hansischer Artillerieüberfall auf Reval
1567	Privilegierung der Engländer in Hamburg
1568	Fertigstellung des Hansehauses in Antwerpen
1579	Privilegierung der Engländer in Elbing
1597	Kaiser Rudolf II. verbietet den englischen Handel im Reich
1598	Elisabeth I. verfügt die Schließung des Stalhofs in London
1621	Riga unter schwedischer Herrschaft
1628	Belagerung Stralsunds durch Wallenstein
1631	Zerstörung Magdeburgs durch Tilly
1669	Letzter Hansetag

Auswahlbibliographie

Quellenwerke

Hanserezesse, I. Abt. (1256–1430), 8 Bde., 1870–1897; II. Abt. (1431–1476), 7 Bde., 1879–1892; III. Abt. (1477–1530), 9 Bde., 1881–1913; IV. Abt. Bd. I (1531–1535), 1941, Bd. II (1535–1537), 1970.

Hansisches Urkundenbuch, 11 Bde., 1843–1939.

Urkundenbuch der Stadt Lübeck, 11 Bde., 1843–1932.

Tabeller over skibsfart og varetransport gennem Øresund 1497–1660, hrsg. von N. Ellinger-Bang, 2 Bde., København–Leipzig 1906–1933.

Die Chroniken der deutschen Städte vom 14. bis ins 16. Jahrhundert, 37 Bde., 1862–1968.

Annales Danici medii aevi, ed. E. Jørgensen, København 1920.

Hermann Korner, Chronica novella, hrsg. von J. Schwalm, Göttingen 1895.

Albert Krantz, Wandalia. De Vandalorum vera origine, variis gentibus, crebris e patria migrationibus, regnis item, quorum vel autores vel eversores fuerunt, Frankfurt 1580.

Gustav Korlén, Norddeutsche Stadtrechte. II. Das mittelniederdeutsche Stadtrecht von Lübeck nach seinen ältesten Formen (Lunder germanistische Forschungen Bd. 23), Lund/Kopenhagen 1951.

Hansische Geschichtsquellen, 7 und 13 Bde., ab NF, Bd. 6: Quellen und Darstellungen zur hansischen Geschichte, 1875 ff.

Literatur

Alberts, W. Jappe, De nederlandse Hanzesteden, 2. Aufl., Haarlem 1980.

Allgemeine Geschichte des Mittelalters. Von einem Autorenkollektiv unter Leitung von Bernhard Töpfer, Berlin 1985.

Allgemeine Geschichte der Neuzeit 1500–1917. Von einem Autorenkollektiv unter Leitung von Manfred Kossok, Berlin 1986.

Arenhold, Ludwig, Die historische Entwicklung der Schiffstypen vom römischen Kriegsschiff bis zur Gegenwart, Kiel und Leipzig 1891.

Arnhold, Manfred, Die Taktik der Seestreitkräfte und ihre Bestandteile. In: «Militärwesen» Heft 7/1981.

Barthold, Friedrich Wilhelm, Geschichte der deutschen Seemacht. In: Raumers Historisches Taschenbuch, Leipzig 1849.

Behrmann, Walter, Die Entstehung nautischer Kartenwerke Niederdeutschlands und ihr Einfluß auf die Kartographie. In: *Wolfgang Körberer,* Das rechte Fundament der Seefahrt. Deutsche Beiträge zur Geschichte der Navigation, Berlin 1982.

Bensing, Manfred/Hoyer, Siegfried, Der Deutsche Bauernkrieg 1524–1526, Berlin 1982.

Biskup, Marian, Wojna Trzynastoletnia z Zakonem Krzyżackym 1454–1466, Warszawa 1966.

Blümke, Otto, Pommern während des Nordischen Siebenjährigen Krieges, Stettin 1890.

Bogucka, Maria/Samsonowicz, Henryk, Dzieje miast i mieszczaństwa w Polsce przedrozbiorowej, Wroclaw/Warszawa/Kraków/Gdańsk/Lódź 1986.

Brandt, Ahasver von, Die Hanse und die nordischen Mächte im Mittelalter, Köln-Opladen 1962.

Brandt, Otto, Geschichte Schleswig-Holsteins, 5. Aufl. Kiel 1957.

Brehmer, Walter, Geschützausrüstungen lübeckischer Kriegsschiffe im Jahre 1526. In: «Hansische Geschichtsblätter» (HGBll) 1884.

Ders., Die Geschützausrüstungen der Stadt Lübeck im Jahre 1526. In: Zeitschrift des Vereins für Lübeckische Geschichte und Altertumskunde 5/1886.

Bruns, Friedrich/Weczerka, Hugo, Hansische Handelsstraßen. Atlas, Köln–Graz 1962; Textband (Quellen und Darstellungen zur hansischen Geschichte, NF, Bd. 13), Weimar 1967; Registerband, Weimar 1968.

Busley, Carl, Die Entwicklung des Segelschiffes, Berlin 1920.

Clausewitz, Carl von, Vom Kriege. Hinterlassenes Werk des Generals von Clausewitz, Berlin 1957.

Crumlin-Pedersen, Ole, Cog–Kogge–Kaag. Trak af en frisisk skibtypes historie. In: Årbog for Handels- og Søfartsmuseet på Kronborg 1965, Helsingør 1965.

Curti, Orazio, Masten–Rahen–Takelwerk, Bielefeld 1980.

Daenell, Ernst, Die Blütezeit der deutschen Hanse, 2 Bde., Berlin 1905/06.

Deutsche Geschichte, hrsg. vom Zentralinstitut für Geschichte der Akademie der Wissenschaften der DDR, Bd. 2 und 3, Berlin 1983.

Dollinger, Philippe, Die Hanse, 3., überarbeitete Auflage, Stuttgart 1981.

Dudszus, Alfred/Henriot, Ernest/Krumrey, Friedrich, Das große Buch der Schiffstypen, Berlin 1983.

Ebel, Wilhelm, Der Bürgereid als Geltungsgrund und Gestaltungsprinzip des deutschen mittelalterlichen Stadtrechts, Weimar 1958.

Eich, Lothar/Wend, Johannes, Schiffe auf druckgraphischen Blättern, Rostock 1980.

Ellmers, Detlev, Frühmittelalterliche Handelsschiffahrt in Mittel- und Nordeuropa, 2., erg. Aufl. Neumünster 1984.

Ders., Es begann mit der Kogge. In: Der Stader Raum zur Hansezeit 12.–16. Jahrhundert. Ausstellungskatalog, Stade 1980.

Ders., Die Entstehung der Hanse. In: HGBll 103/1985.

Ders., Bodenfunde und andere Zeugnisse zur frühen Schiffahrt der Hansestadt Lübeck. In: Lübecker Schriften zur Archäologie und Kulturgeschichte, Bd. 11, Bonn 1985.

Ders., Die mittelalterlichen Stadtsiegel mit Schiffsdarstellungen an der südlichen Ostseeküste. In: Schiffe und Seefahrt in der südlichen Ostsee, Köln/Wien 1986.

Ders., Die Niederlande in Schiffahrt und Handel Nordeuropas im Mittelalter. Die Aussagen der mittelalterlichen Siegel mit Schiffsdarstellungen. In: Publicatie Nr. 26 van de Stichting, Muiderberg 1986.

Engels, Friedrich, Ausgewählte militärische Schriften, Bd. I und II, Berlin 1958, 1964.

Ders., Der deutsche Bauernkrieg. In: K. Marx/F. Engels, Werke, Bd. 7, Berlin 1976.

Ders., Über den Verfall des Feudalismus und das Aufkommen der Bourgeoisie. In: K. Marx/F. Engels, Werke, Bd. 21, Berlin 1975.

Erben, Wilhelm, Kriegsgeschichte des Mittelalters. In: Beiheft 16 der «Historischen Zeitschrift», München/Berlin 1929.

Ewe, Herbert, Schiffe auf Siegeln, Rostock 1972.

Ders., Abbild oder Phantasie? Schiffe auf historischen Karten, Rostock 1978.

Fliedner, Siegfried, Die Bremer Kogge, 2., erw. und neubearb. Aufl. von R. Pohl-Weber, Bremen 1968.

Ders., Ein Jahrhundertfund in der Weser. In: Die Hansekogge von 1380, Bremerhaven 1982.

Freiesleben, Hans-Christian, Geschichte der Navigation, Wiesbaden 1976.

Friedland, Klaus, Kaufleute und Städte als Glieder der Hanse, In: HGBll 76/1958.

Fritze, Konrad, Stralsund und der Hansekrieg gegen Dänemark 1426–1435. In: WZ Greifswald 1956/57, GSR 1–2.

Ders., Die Hansestadt Stralsund, Schwerin 1961.

Ders., Dänemark und die hansisch-holländische Konkurrenz in der Ostsee zu Beginn des 15. Jahrhunderts. In: WZ Greifswald 1964, GSR 1–2.

Ders., Am Wendepunkt der Hanse. Untersuchungen zur Wirtschafts- und Sozialgeschichte wendischer Städte in der ersten Hälfte des 15. Jahrhunderts, Berlin 1967.

Ders., Die Bedeutung des Stralsunder Friedens von 1370. In: «Zeitschrift für Geschichtswissenschaft» (ZfG) Heft 2/1971.

Gamrath, Helge/Petersen, E. Ladewig, Danmarks historie, Bind 2, Tiden 1340–1648. Andet Halvbind: 1559–1648, København 1980.

Gerhardt, Martin, Norwegische Geschichte, 2. Aufl., neu bearb. von Walter Hubatsch, Bonn 1963.

Geschichte der Kriegskunst. Von einem Autorenkollektiv unter Leitung von I. Ch. Bagramjan, Berlin 1987.

Geschichte der Stadt Stralsund. Im Auftrage des Rates der Stadt Stralsund hrsg. von Herbert Ewe, 2. Aufl., Weimar 1985.

Goetz, Dorothea, Die Anfänge der Artillerie, Berlin 1985.

Götze, Jochen, Von Greifswald nach Stralsund. In: HGBll 88/1970, Teil I.

Ders., Hansische Schiffahrtswege in der Ostsee. In: HGBll 93/1975.

Granzow, Uwe, Quadrant, Kompass und Chronometer, Stuttgart 1986.

Grotefend, Hermann, Zur Eroberung Gotlands durch den Deutschen Orden. In: HGBll 1886.

Haenens, Albert d', Die Welt der Hanse, Antwerpen 1984.

Hagedorn, Bernhard, Die Entwicklung der wichtigsten Schiffstypen bis ins 19. Jahrhundert, Berlin 1914.

Halle, Ernst von, Die Seemacht in der deutschen Geschichte, Leipzig 1907.

Hansische Studien III. Bürgertum–Handelskapital–Städtebünde, hrsg. von K. Fritze, E. Müller-Mertens, J. Schildhauer. (Abhandlungen zur Handels- und Sozialgeschichte, Bd. 15), Weimar 1975.

Hansische Studien VII. Der Nord- und Ostseeraum. Politik–Ideologie–Kultur vom 12. bis zum 17. Jahrhundert, hrsg. von K. Fritze, E. Müller-Mertens, J. Schildhauer. (Abhandlungen zur Handels- und Sozialgeschichte, Bd. 25), Weimar 1986.

Häpke, Rudolf, Der Untergang der hansischen Vormachtstellung in der Ostsee (1531–1544). In: HGBll 1912.

Hasse, Paul, Der Kampf zwischen Lübeck und Dänemark vom Jahre 1234 in Sage und Geschichte. In: HGBll 1874.

Heinsius, Paul, Das Schiff der hansischen Frühzeit, 2. Aufl. Weimar 1986.

Ders., Zur Entwicklung der Seetaktik und des Seekriegswesens im Ostseeraum während des 13. Jh. In: Festschrift für Hermann Aubin zum 80. Geburtstag. Hrsg. von Otto Brunner u. a., Wiesbaden 1965.

Henriot, Ernest, Geschichte des Schiffbaues, Leipzig/Jena 1955.

Ders., Kurzgefaßte illustrierte Geschichte des Schiffbaues, Rostock 1971.

Hoffmann, Max, Geschichte der freien und Hansestadt Lübeck, Lübeck 1889.

Höhlbaum, Konstantin, Zur Geschichte des Nordischen Siebenjährigen Krieges. In: «Mitteilungen des Vereins für Lübeckische Geschichte und Altertumskunde», Heft 8/1897.

Kan, Aleksandr Sergeevič, Geschichte der skandinavischen Länder, Berlin 1978.

Kloth, Herbert, Lübecks Seekriegswesen in der Zeit des Nordischen Siebenjährigen Krieges 1563–1570. In: «Zeitschrift des Vereins für Lübeckische Geschichte und Altertumskunde», Bd. XXI/1921, Bd. XXII/1922.

Koppmann, Karl, Das Seebuch, Bremen 1876.

Ders., Die Wehrkraft der Rostocker Ämter. In: HGBll 1886.

Ders., Ordnung der Lübischen Büchsenschützen. In: HGBll 1890.

Korell, Günter, Jürgen Wullenwever – Sein soziales Wirken in Lübeck und der Kampf mit den erstarkenden Mächten Nordeuropas. (Abhandlungen zur Handels- und Sozialgeschichte, Bd. 19), Weimar 1980.

Kumlien, Kjell, Sverige och Hanseaterna, Lund/Stockholm 1953.

Lahaine, Ludwig, Die Hanse und Holland von 1474 bis 1525. In: HGBll 1918.

Lahn, Werner, Von der Kiellegung zum Stapellauf. In: Die Hansekogge von 1380, Bremerhaven 1982.

Lang, Arend W., Seekarten der südlichen Nord- und Ostsee. Ihre Entwicklung von den Anfängen bis zum Ende des 18. Jahrhunderts, Hamburg–Berlin–Stuttgart 1968.

Langer, Herbert, Stralsund 1600–1630. Eine Handelsstadt in der Krise und im europäischen Konflikt (Abhandlungen zur Handels- und Sozialgeschichte, Bd. 9), Weimar 1970.

Mantels, Wilhelm, Die hansischen Schiffshauptleute Johann Wittenborg, Bruno Warendorp und Tidemann Steen. In: HGBll 1871.

Marx, Karl, Das Kapital. Kritik der politischen Ökonomie, Bd. 1. In: *K. Marx/F. Engels*, Werke, Bd. 23, Berlin 1971; Bd. 3. In: Ebenda, Bd. 26, Berlin 1975.

Metzschke, Horst, Das Seegefecht. In: «Poseidon» Heft 2/1984.

Meurer, Alexander, Seekriegsgeschichte in Umrissen, Leipzig 1942.

Moltmann, Bodo Hans, Geschichte der deutschen Handelsschiffahrt, Hamburg 1981.

Mottek, Hans, Wirtschaftsgeschichte Deutschlands, Bd. 1, 5. Aufl. Berlin 1973.

Müller, Heinrich/Kölling, Hartmut, Europäische Hieb- und Stichwaffen, Berlin 1981.

Olechnowitz, Karl-Friedrich, Der Schiffbau der hansischen Spätzeit (Abhandlungen zur Handels- und Sozialgeschichte, Bd. 3), Weimar 1960.

Ders., Handel und Seeschiffahrt der späten Hanse (Abhandlungen zur Handels- und Sozialgeschichte, Bd. 6), Weimar 1965.

Pagel, Karl, Die Hanse, 4. Aufl. Braunschweig 1965.

Ders., Die Hanse, neubearb. von Friedrich Naab, Braunschweig 1983.

Paul, Johannes, Lübeck und die Wasa im 16. Jh. (Veröffentlichungen zur Geschichte der Freien und Hansestadt Lübeck, Bd. 5, Heft 1), Lübeck 1920.

Pauli, Reinhold, Die Haltung der Hansestädte in den Rosenkriegen. In: HGBll 1874.

Peters, Jan, Die alten Schweden, 2. Aufl. Berlin 1986.

Porre, Eugen de, Quellen zur Militär- und Kriegsgeschichte im Stadtarchiv Bremen. In: Jahrbuch der Wittheit zu Bremen, Bd. XVI/1972.

Röding, Johann Hinrich, Wörterbuch der Marine, Hamburg 1798, Reprint Leipzig 1987.

Rörig, Fritz, Wirtschaftskräfte im Mittelalter. Abhandlungen zur Stadt- und Hansegeschichte, hrsg. von P. Kaegbein, 2. Aufl. Wien/Köln/Graz 1971.

Rostock. Geschichte der Stadt in Wort und Bild, von einem Autorenkollektiv unter Leitung von Lothar Elsner, Berlin 1980.

Rybina, Elena Aleksandrovna, Inosemnyje dvory v Novgorode XII–XVII vv., Moskva 1986.

Samsonowicz, Henryk, Późne średniowiecze miast nadbałtyckich, Warszawa 1968.

Schäfer, Dietrich, Geschichte von Dänemark, Bd. 4 und 5, Gotha 1893, 1902.

Ders., Die Hansestädte und König Waldemar von Dänemark, Jena 1879.

Schiffe und Seefahrt in der südlichen Ostsee, hrsg. von H. bei der Wieden (Mitteldeutsche Forschungen, Bd. 91), Köln/Wien 1986.

Schildhauer, Johannes, Die Hanse. Geschichte und Kultur, 2. Aufl., Leipzig 1986.

Schildhauer, Johannes/Fritze, Konrad/Stark, Walter, Die Hanse, 6. Aufl., Berlin 1985.

Schmalenbach, Paul, Die Geschichte der deutschen Schiffsartillerie, Herford 1968.

Schmidtchen, Volker, Bombarden, Befestigungen, Büchsenmeister, Düsseldorf 1977.

Schnall, Uwe, Bemerkungen zur Navigation auf Koggen. In: Jahrbuch der Wittheit zu Bremen, Bd. XXI/1977.

Schück, Albert, Die Kompass-Sage in Europa (Flavio Gioja), die ersten Erwähnungen desselben dortselbst und nationale Ansprüche an seine Erfindung. In: *Wolfgang Körberer,* Das rechte Fundament der Seefahrt. Deutsche Beiträge zur Geschichte der Navigation, Berlin 1982.

Schwebel, Karl, Der Stralsunder Frieden (1370) im Spiegel der historischen Literatur. In: Jahrbuch der Wittheit zu Bremen, Bd. XIV/1970.

Spading, Klaus, Holland und die Hanse im 15. Jahrhundert. Zur Problematik des Übergangs vom Feudalismus zum Kapitalismus (Abhandlungen zur Handels- und Sozialgeschichte, Bd. 12), Weimar 1973.

Stark, Walter, Untersuchungen zum Profit beim hansischen Handelskapital in der ersten Hälfte des 15. Jahrhunderts (Abhandlungen zur Handels- und Sozialgeschichte, Bd. 24), Weimar 1985.

Ders., Der Utrechter Frieden von 1474 zwischen der Hanse und England. In: «ZfG», Heft 7/1971.

Stein, Walther, Zur Entstehung und Bedeutung der deutschen Hanse. In: HGBll 1911.

Ders., Die Hanse und England. In: Pfingstblätter des Hansischen Geschichtsvereins, Heft 1, Leipzig 1905.

Stenzel, Alfred, Seekriegsgeschichte. Zweiter Teil, Hannover und Leipzig 1909.

Stoob, Heinz, See- und Flußhäfen vom Hochmittelalter bis zur Industrialisierung. In: Städteforschung, Reihe A/Bd. 24, Köln/Wien 1986.

Szelagowski, Adam, Der Kampf um die Ostsee (1544–1621), München 1916.

Szymannski, Hans, Der Ever der Niederelbe. Lübeck 1932.

Techen, Friedrich, Die Bevölkerung Wismars im Mittelalter und die Wachpflicht der Bürger. In: HGBll 1890/91.

Ders., Geschichte der Seestadt Wismar, Wismar 1929.

Timm, Werner, Kleine Schiffskunde. Segelschiffsdarstellungen aus zehn Jahrhunderten, Dresden 1968.

Vogel, Walther, Ein seefahrender Kaufmann um 1100. In: HGBll 1912.

Ders., Geschichte der deutschen Seeschiffahrt. 1. Bd., Berlin 1915.

Ders., Die Einführung des Kompasses in die nordwesteuropäische Nautik. In: HGBll 1911.

Ders., Deutsche Seestrategie in hansischer Zeit. In: HGBll 1930.

Wagner, Hermann, Das Rätsel der Kompasskarten im Lichte der Gesamtentwicklung der Seekarten. In: *Wolfgang Körberer,* Das rechte Fundament der Seefahrt, Berlin 1982.

Waskönig, Dagmar, Bildliche Darstellungen des Holk im 15. und 16. Jahrhundert – Zur Typologie von Schiffen der Hansezeit. In: Hamburg-Altonaer Museum, Bd. 7/1969.

Wernicke, Horst, Die Städtehanse 1280–1418. Genesis–Strukturen–Funktionen (Abhandlungen zur Handels- und Sozialgeschichte, Bd. 22), Weimar 1983.

Wiechell, Heino, Das Schiff auf Siegeln des Mittelalters und der beginnenden Neuzeit. Eine Sammlung von bildlichen Quellen zur Schiffstypenkunde, Lübeck 1971.

Winter, Heinrich, Das Hanseschiff im ausgehenden 15. Jahrhundert, 5. Aufl. Rostock 1978.

Wolf, Thomas, Tragfähigkeiten, Ladungen und Maße im Schiffsverkehr der Hanse, Köln/Wien 1986.

Wolter, Klaus, Die Schiffsrechte der Hansestädte Lübeck und Hamburg und die Entwicklung des Hansischen Seerechts, Phil. Diss. Hamburg 1975.

Wörterbuch zur deutschen Militärgeschichte. 2 Bde. Von einem Autorenkollektiv unter Leitung von R. Brühl, Berlin 1985.

Woywodt, Wolfgang, Untersuchungen zur Geschichte der hansischen Seeleute vom 14. bis zum 16. Jahrhundert, Phil. Diss. Berlin 1957.

Zaske, Nikolaus und Rosemarie, Kunst in Hansestädten, Leipzig 1985.

Zoellner, Klaus-Peter, Vom Strelasund zum Oslofjord. Untersuchungen zur Geschichte der Hanse und der Stadt Stralsund in der zweiten Hälfte des 16. Jahrhunderts (Abhandlungen zur Handels- und Sozialgeschichte, Bd. 14), Weimar 1975.

Vergleichendes Ortsverzeichnis

Åbo	Turku
Braunsberg	Braniewo
Danzig	Gdańsk
Dorpat	Tartu
Elbing	Elbląg
Königsberg	Kaliningrad
Kulm	Chełmno
Marienburg	Małbork
Reval	Tallinn
Stettin	Szczecin
Tannenberg	Stębark
Thorn	Toruń

Personenregister

Skagerrak
Skagen
Kattegat
Belagerung
Mai 1362
Mai 1368
Landungen vor Kopenhagen
Mai 1249
Mai 1362
April 1368
April 1428
Juni 1428
Juni 1534
Dez. 1534
April 1535
1510
HELSINGBORG
HELSINGÖR
1522
1522
KOPENHAGEN
1427
1565
1522
1509-12
1535
1563-70
1563
1535
1566
1511
1565
1565
1247
1368
1510
1510
1427
1429
1565
Schleswig
KIEL
1565
1234
1565
1311
1509
1534
STRALSUND
ROSTOCK
GREIFSWALD
LÜBECK
WISMAR